Ulrike Führmann
Klaus Schmidbauer
**Wie kommt System in die interne Kommunikation?**
Ein Wegweiser für die Praxis

© Talpa-Verlag 2011
www.talpa.de

2. aktualisierte und
überarbeitete Auflage

Alle Rechte vorbehalten
ISBN 978-3-933689-06-1

# Inhalt

9    **01. Einstieg.** Neue Sicht der Kommunikation

10    Wer nicht kommuniziert, verliert
10    Stiefkind Mitarbeiterkommunikation
11    Wegweiser für mehr Weitblick
12    Interne Kommunikation mit einfachen Mitteln


17    **02. Grundlagen.** Damit die große Richtung stimmt

18    Interne Kommunikation braucht Konzept
21    Der Konzeptionsprozess hat feste Regeln
23    Das Kompetenzfeld definieren
27    Die Rollen der Beteiligten aufzeigen
37    Die Brücke zur externen Kommunikation
41    Interne Kommunikation als Element der Unternehmenskultur
45    Von der Unternehmenskultur zur Kommunikationskultur
48    Der beste Weg zum Konzept


55    **03. Analyse.** Ohne Durchblick kein Weitblick

56    Zuerst die Aufgabe festlegen
59    Mit einem Exposé das Konzept auf den Weg bringen
63    Gründlich recherchieren
68    Rechercheklassiker Mitarbeiterbefragung
70    Der Faktenspiegel als Informationskonzentrat
72    Statusanalyse und Instrumenteninventur als Navigationshilfe

## 81   **04. Strategie.** Unterwegs zu neuen Horizonten

82     Der Kommunikation die Richtung geben
82     Wohin? Ziele festlegen
87     Ziele nach Zeit ordnen und ausformulieren
93     Für wen? Die Bezugsgruppen festlegen
97     Bezugsgruppen aus der Nähe betrachtet
100    Auf der Jagd nach den Motiven
103    Wer? Interne Position des Unternehmens bestimmen
104    Eine gute Positionierung entwickelt Geltung
110    Wodurch? Die Kernbotschaften ausformulieren
116    Von Kernbotschaften zu Teilbotschaften
118    Botschaften sinnlich fassbar machen
119    Was? Die Themen für das Jahr konkretisieren
130    Geschichten bewirken mehr
133    Wie? Die strategische Vorgehensweise konkretisieren

## 141   **05. Operative Planung.** Aus Denken wird Handeln

142    Präzisionsarbeit mit wenigen Instrumenten
146    Auswahl der Instrumente
155    Mit Kreativität planen
156    Die Zeit planen
159    Die Kosten in den Griff bekommen

## 165   **06. Durchführung.** Mit System durchstarten

166    Das Konzept präsentieren und abstimmen
168    Die Planung wird Realität
171    z. B. persönliche Kommunikation
173    z. B. Besprechungen
174    z. B. Veranstaltungen
175    z. B. partizipierende Instrumente
176    z. B. Mitarbeiterzeitschrift
178    z. B. Handbücher, Broschüren, Faltblätter & Co.
178    z. B. Schwarzes Brett
178    z. B. Intranet
180    z. B. Mitarbeiterfernsehen
181    z. B. soziale Medien & Web 2.0

191 **07. Erfolgskontrolle**. Nur kein Mittelmaß

192 Ohne Erfolgskontrolle geht es nicht
193 Die Kontrolle hat drei Dimensionen
196 Eine Abschlusspräsentation zieht Bilanz
199 Das letzte Wort ist ein Blick nach vorn


203 **08. Serviceteil**. Infos, die sich nützlich machen

204 Der Phasenplan für das Kommunikationsmanagement
206 Der Zeitplan für die Konzeption
209 Das Muster eines Rechercheplans
210 Die Vorgehensweise Mitarbeiterbefragung
212 Die Inhalte des Faktenspiegels
215 Die Instrumenteninventur
216 Der Themensteckbrief
217 Der Instrumentensteckbrief
218 Der Instrumentensteckbrief am Beispiel einer Mitarbeiterzeitschrift
219 Das Strategieraster im Überblick
220 Das Muster für einen Evaluationsbogen
221 Der Projektplan
222 Literaturliste „Interne Kommunikation"
229 Internetlinks „Interne Kommunikation"
232 Abbildungsverzeichnis
233 Checklistenverzeichnis
234 Stichwortverzeichnis


243 **09. Autoren**. Ein gemischtes Doppel

# Einstieg.
## Neue Sicht der Kommunikation

Die interne Kommunikation steckt voller Talente und entfaltet ungeahnte Kräfte, wenn man eine klare konzeptionelle Linie in die Planung und Durchführung bringt. Unser Praxisbuch führt Sie Schritt für Schritt auf die richtige Spur. Bitte umblättern und weiterdenken ...

# Wer nicht kommuniziert, verliert

Wir leben und arbeiten in einer Informationsgesellschaft. Die Informationsmenge verdoppelt sich alle zwei bis drei Jahre, Informationen sind umfassend und grenzenlos, jederzeit und überall verfügbar. In dieser Informationsgesellschaft reicht es nicht aus, nur starke Leistungen zu bringen, sie müssen auch überzeugend kommuniziert werden. Denn letztendlich entscheiden nicht Tatsachen über den Erfolg, sondern die Bilder, die relevante Personen und Gruppen tatsächlich im Kopf haben – und diese Bilder werden einzig und allein durch Kommunikation geprägt. Für den wirtschaftlichen Erfolg gewinnt professionelle Kommunikation somit erheblich an Bedeutung. Unternehmen, die mangelhaft nach innen und außen kommunizieren, bekommen schnell ein falsches Etikett angehängt und geraten ins Hintertreffen.

Vor diesem neuen Horizont setzt sich zunehmend ein neues Verständnis von institutioneller Kommunikation durch. Kommunikation gewinnt an Gewicht, wird mehr und mehr zu einer zentralen Unternehmensaufgabe. Neue wissenschaftliche Erkenntnisse von der Neuroökonomie über die Komplexitätstheorie bis hin zur Glücksforschung revolutionieren die Sicht der Dinge. Die isolierten Kommunikationsdisziplinen verbinden sich zu ganzheitlichen Wirkungsketten. Es wird stärker langfristig strategisch und weniger kurzfristig aktionistisch geplant. Das tradierte Werbe- und PR-Handwerk entwickelt sich zum ganzheitlichen Kommunikationsmanagement. Breitstreuende Massenkommunikation rückt in den Hintergrund. Die Zukunft gehört der Beziehungskommunikation, aus Zielgruppen werden Bezugsgruppen.

Und genau an diesem Punkt kommen die Mitarbeiter ins Spiel. Denn im Umfeld der Beziehungskommunikation spielen sie plötzlich eine neue zentrale Rolle. Sie werden zu wichtigen Knoten im Beziehungsgeflecht der Unternehmen. Wenn diese internen Knoten zu schwach sind oder sich gar lösen, dann droht das gesamte Geflecht seine Spannkraft zu verlieren.

## Stiefkind Mitarbeiterkommunikation

Gut informierte Mitarbeiter identifizieren sich mit ihrem Unternehmen. Sie sind zufrieden, loyal und arbeiten motiviert und produktiv. Die Folge: Innen können die Prozesse gestrafft und die Leistungen gesteigert werden. Nach außen tritt das Unternehmen geschlossener und kraftvoller auf und steigert seine Kondition für den Wettbewerb. Unternehmensberatungen, allen voran Gallup und Watson Wyatt, liefern seit Jahren Datenmaterial, die den Zusammenhang von gelungener interner Kommunikation, Mitarbeiterzufriedenheit und Geschäftswertbeitrag aufzeigen. Also spricht eigentlich alles für eine starke interne Kommunikation.

Soweit die theoretische Erkenntnis. Aber wie sieht die Wirklichkeit aus? In unserer täglichen Praxis erleben wir immer wieder, dass ausgerechnet die interne Kommunikationsfunktion in den Veränderungsprozessen des Unternehmens hinterherhinkt, teilweise sogar einen erheblichen Rückstand hat. Vom Wind des Wandels kommt in der Mitarbeiterkommunikation oft nur ein laues Lüftchen an. Trotz der gestiegenen Bedeutung der Kommunikation ist und bleibt interne Kommunikation ein Stiefkind, das oft im Schatten der Kreationen und Kampagnen der externen Kommunikation steht. Das zeigt sich nicht nur an den mageren Budgets für interne Instrumente und an der mangelhaften personellen Ausstattung, sondern schlägt sich auch in den Gehältern nieder. Kommunikationsmanager für interne Kommunikation werden in der Regel schlechter bezahlt als ihre Kollegen, die für die externe Kommunikationsarbeit verantwortlich zeichnen.

Aber diese quantitativen Mangelerscheinungen sehen wir nicht als Hauptproblem. Schwerer wiegen die Qualitätsmängel. Vor allem in mittelständischen Unternehmen fehlt es oft am nötigen Managementverständnis. Viele wissen nicht so richtig, wie eine wirksame Mitarbeiterkommunikation einzuführen und auf Dauer zu etablieren ist. Intern wird oft zu spät oder nicht ausreichend kommuniziert. Es wird ganz gerne um den heißen Brei herumgeredet. Wichtige Themen werden nicht erkannt, unwichtige Themen aufgeblasen. Im Intranet verschimmelt uralter Informationsmüll. Die Besprechungskultur ist ausufernd. Die Aufmerksamkeit der Mitarbeiter wird in einer Papierflut ertränkt oder – das andere Extrem – durch spärlich tröpfelnde Informationen in übersteigerten Gerüchtedurst verwandelt. Durch solche Qualitätsprobleme verliert die interne Kommunikation erheblich an Souveränität und Glaubwürdigkeit.

Wo liegen die Ursachen? Wenn man die Verantwortlichen hört, dann stehen die schon beschriebenen Budget- und Kapazitätsprobleme an erster Stelle. Unsere Ursachenforschung kommt zu einem anderen Ergebnis. Es fehlt oft an einer konzeptionellen Vorgehensweise und am strategischen Weitblick. In vielen Unternehmen, die wir in den letzten Jahren kennengelernt haben, bestand interne Kommunikation hauptsächlich aus Ablaufroutinen und Tagesgeschäft. Die Verantwortlichen steckten bis zum Hals in der operativen Abwicklung und hatten kaum Zeit, den strategischen Kurs zu entwickeln und zu halten.

## Wegweiser für mehr Weitblick

Sie fragen: Wie lassen sich diese grundlegenden Kommunikationsmängel besser in den Griff bekommen? Wir sagen: Kippen Sie die lieb gewonnenen, alten Gewohnheiten über Bord, auch wenn es schwer fällt. Das Grundprinzip erfolgreicher Kommunikation ist nicht bewahrende Stabilität, sondern erfinderische Dynamik mit strategischer Ausrichtung! Umdenken ist angesagt: Interne Kommunikation braucht eine permanente Weiterentwicklung mit Weitblick – basierend auf klugen Konzepten.

Wenn wir in Unternehmen vorsichtig nachfragen, warum es kaum Konzepte für interne Kommunikation gibt, hören wir immer die gleichen Entschuldigungen. „Zu so was haben wir keine Zeit!" – „Das ist uns viel zu kompliziert!" – „Wir wissen nicht richtig, wie wir so ein Konzept angehen sollen."

Das muss sich ändern! Damit in Zukunft immer mehr Akteure lernen, wie es geht, haben wir dieses Buch geschrieben. Es versteht sich als Praxisleitfaden, der zeigt, wie man systematisch Konzept in die interne Kommunikation bringt. Wir verzichten auf komplexe Kommunikationsmodelle und methodische Grundlagendarstellungen, sondern arbeiten mit einfachen Faustregeln, übersichtlichen Checklisten und praktischen Anleitungen. Wir bleiben auf dem Boden der Praxis und fühlen uns dem Machbaren verpflichtet. In diesem Sinne ist „Wie kommt System in die interne Kommunikation?" auch kein methodisches Lehrbuch. Es versteht sich als Arbeitsbuch für den Kommunikationsalltag. Unsere Arbeitsschritte in Kombination mit Ihren Erfahrungen und Ideen öffnen neue Perspektiven. Probieren Sie es aus!

Das mit dem „Umdenken" ist im Übrigen nicht als rhetorische Floskel zu verstehen. Es ist eine Notwendigkeit. Denn uns ist aufgefallen, dass an der internen Kommunikationsfront viele verkehrt herum denken und planen – nämlich aus der Froschperspektive, von den Instrumenten her. Auf Seminaren oder in Beratungsgesprächen hören wir ständig Fragen wie „Welches neue Instrument können Sie uns denn empfehlen?" oder „Was sind die Stateof-the-Art-Instrumente, die wir unbedingt einsetzen sollten?". Diese Sicht der Dinge ist zwar menschlich verständlich, denn Instrumente lassen sich besser greifen und an Erfahrungswerten festmachen. Dennoch ist die instrumentenfixierte Sicht falsch und gefährlich. Instrumente sind nur Mittel zum Zweck. Betrachten Sie die Dinge in Zukunft von oben aus der Adlerperspektive. Zuerst müssen Ziel und Zweck geklärt werden, erst danach kommen die Instrumente ins Spiel. Das Grundanliegen unseres Buches ist ein Denkanstoß: weg vom instrumentellen hin zum strategischen Planen und zum themenorientierten Denken. Unser Buch weist den Weg vom klassischen Kommunikationshandwerker hin zum internen Kommunikationsmanager.

## Interne Kommunikation mit einfachen Mitteln

Wir haben die Fachliteratur zum Thema aufmerksam studiert. Es gibt viele gute Bücher zur internen Kommunikation (eine kommentierte Literaturliste finden Sie im Serviceteil – Seite 222). Dennoch ist unser Eindruck ein wenig zwiespältig: Die Fachliteratur zur internen Kommunikation richtet sich vor allem an Kommunikationsverantwortliche in Großunternehmen. Da wird über Corporate TV oder die Einsatzmöglichkeiten des Handys in der Mitarbeiteransprache berichtet. Da wird die Implementierung von Web 2.0 für das Intranet dargestellt und das Management von Mitarbeiterzeitschriften beschrieben. Greifen wir uns als Beispiel die Mitarbeiterzeitschriften heraus. In Deutschland gibt es knapp 1.400 Mitarbeiterzeitschriften, aber über 200.000 mittelständische Unternehmen mit mehr als 20 Mitarbeitern. Die Lücke ist gewaltig. Für die unzähligen Kommunikationsverantwortlichen im Mittelstand sind die großen Entwürfe zwar durchaus lesenswert, aber nur von begrenztem Nutzen für die eigene Praxis.

Was machen mittlere und kleine Unternehmen, die nicht die Größe und das Geld für komplexe Kommunikationslösungen haben? Was macht der mittelständische Maschinenbauer mit 200 Mitarbeitern, der „irgendwie" Probleme mit dem Betriebsklima hat? Was macht das lokale Reinigungsunternehmen mit 120 Mitarbeitern, die zur Hälfte nur Teilzeit beschäftigt sind und meist abends oder frühmorgens überall in der Stadt verteilt die Büros putzen? Wie reagiert der Pressesprecher eines kleinen Wertstoffentsorgers, der vom Chef auch noch die interne Kommunikation aufs Auge gedrückt bekam, obwohl er mit seinen Pressekontakten allein schon genug Arbeit hat?

Unser Buch gibt Antwort, denn es wendet sich vorrangig an kleinere oder mittlere Unternehmen. Für die Herangehensweise in Großunternehmen eignet es sich ebenfalls, allerdings sind dort die Strukturen komplexer. Unsere Leser sind eher Verantwortliche für Mitarbeiterkommunikation, die mit Bordmitteln und kleinen Budgets auskommen müssen. Hauptsächlich für sie haben wir diesen Praxisleitfaden erstellt. Wir wissen nur zu gut, interne Kommunikation ist ein komplexer Prozess. Wir haben diese Komplexität in diesem Buch gezielt reduziert, damit sie sofort handlungsfähig werden. Wir zeigen, wie sie in kurzer Zeit und mit einfachen Mitteln mehr System in die interne Kommunikation bringen. Wir versprechen keine Wunder, aber viele kleine Fortschritte.

Unser Buch beschäftigt sich mit der institutionellen Seite der Kommunikation. Es gibt eine zweite Seite, die genauso wichtig ist und die deshalb zumindest erwähnt werden sollte. Kommunizieren in Unternehmen ist immer auch ein persönlicher Akt, der oft durch Missverständnisse und Vorurteile geprägt ist. Aus diesem Grund sind alle Beteiligten – Unternehmensleitung, Führungskräfte und Mitarbeiter – aufgefordert, nicht nur an der „institutionellen" internen Kommunikation zu arbeiten, sondern auch an ihrem eigenen persönlichen Kommunikationsverhalten. Erst wenn sich beide Seiten konstruktiv stützen und stärken, entsteht im Unternehmen eine gesunde Kommunikationskultur.

Einige Hinweise sind noch erforderlich. Nachdem die erste Auflage vergriffen war und wir den Verlag gewechselt hatten, entschlossen wir uns, das Buch komplett zu aktualisieren und um neue Themen wie Storytelling und Web 2.0 zu erweitern. Vor allem das Thema Web 2.0 hat in der internen Kommunikation erheblich an Aktualität gewonnen. Da startet der Chef einen Blog und ausgewählte Mitarbeiter werden motiviert, über ihre Arbeit zu twittern. Das ist angesagt und liegt voll im Trend, aber kaum einer weiß, welche hohe Verantwortung das Web 2.0 mit sich bringt und welche Folgen ein falsch verstandenes Engagement haben kann. Darauf gehen wir im Kapitel „operative Planung" ein.

Zur besseren Lesbarkeit verwenden wir die männliche Sprachform, auch wenn wir wissen, dass viele unserer Leser Leserinnen sind. Wir schreiben durchgehend vom „Unternehmen", obwohl viele Leser aus Organisationen, Verbänden, Agenturen oder Verwaltungen stammen. Der Einfachheit halber wählen wir für die sperrige Bezeichnung „Kommunikationsmanager für interne Kommunikation" die Abkürzungen „Kommunikationsmanager IK" oder „IK-Manager". Der Handlungsfaden des Buches läuft parallel auf zwei Ebenen. Auf der Sachebene vermitteln wir das nötige methodische Rüstzeug. Auf der Story-Ebene zeigen wir die Methodik im praktischen Einsatz unter der Überschrift „PRAXIS LIVE". Die Story geht von einem tatsächlichen Fall aus, den wir aus Diskretionsgründen anonymisiert und mit fiktiven Elementen angereichert haben.

Berlin, 15. April 2011

Ulrike Führmann               Klaus Schmidbauer

# Grundlagen.
## Damit die große Richtung stimmt

Nur wer die interne Kommunikation von den Wurzeln aus angeht, hat nachhaltig Erfolg.
Deshalb muss gleich zu Anfang geklärt werden, welches Ausmaß das Aktionsfeld der Kommunikation hat, wo die verantwortlichen Kommunikationsakteure stehen und welche Regeln gelten.

## Interne Kommunikation braucht Konzept

Nur in kleinen Unternehmen, in denen alle in einem fast schon familiären Team arbeiten, läuft die interne Kommunikation auf der persönlichen Ebene. Dort braucht man keine spezifischen Konzepte und speziellen Instrumente. Ab welcher Unternehmensgröße eine Institutionalisierung der internen Kommunikation sinnvoll ist, lässt sich nicht eindeutig festlegen. Das hängt von der Branche, der Art der Leistung und nicht zuletzt von der Mentalität der Gruppe ab. Wir haben die Erfahrung gemacht, dass es schon ab 15 – 20 Mitarbeitern angeraten sein kann, einen festen Rahmen und Werkzeuge der internen Kommunikation zu schaffen. Ab 40 – 50 Mitarbeitern wird die systematische Mitarbeiterkommunikation dann eigentlich zur Pflicht. Die Realität sieht freilich anders aus. Uns begegnen immer wieder Unternehmen mit dreistelligen Mitarbeiterzahlen, die nur sporadisch und spontan interne Kommunikation betreiben, ansonsten aber dem Flurfunk das Feld überlassen.

Die Mehrheit der großen und mittleren Unternehmen hat einen Aufgabenbereich „Interne Kommunikation" definiert und personell besetzt. Häufig hat die Mitarbeiterkommunikation dort schon eine lange Tradition und gehört fest zum Selbstverständnis der Firmenpolitik. Uns fällt allerdings auf, dass deutsche Unternehmen in den letzten Jahren – und durch die Finanzkrise sicherlich noch verstärkt – an der internen Kommunikationsarbeit sparen. Budgets mit steigender Tendenz bilden die Ausnahme.

Ausnehmend häufig stoßen wir bei den Verantwortlichen für interne Kommunikation auf eine latente Unsicherheit. Dieses Gefühl scheint uns ausgeprägter zu sein als bei den Kollegen aus den Bereichen der externen Kommunikation. Wir haben nach den Gründen gefragt und allenthalben ähnliche Antworten bekommen: „Durch die ständigen Veränderungen hat unser Betriebsklima in den letzten Jahren ziemlich gelitten. Wir haben schon viel probiert, um das Klima zu verbessern. Doch ganz gleich was wir tun, es geht nicht richtig voran. Es ist, als predigen wir tauben Ohren." Solche Bemerkungen hören wir bei unseren Beratungsgesprächen immer wieder – und unsere Antwort fällt meistens ähnlich aus: „Kommen Sie mit strategischem und konzeptionellem Arbeiten dem Kern der Probleme näher."

Konzepte sind Landkarten für den Kommunikationsdschungel. Sie verbinden den Standort mit den Zielen, lokalisieren Meilensteine für eine bessere Orientierung und lotsen um Hindernisse herum. Wer ohne großen Umweg, zielstrebig und punktgenau zum Ziel kommen will, braucht ein schlagkräftiges Konzept als Grundlage für die interne Kommunikationsarbeit.

Die konzeptionelle Vorgehensweise ist einfach und immer gleich. Weil sich tragfähige Problemlösungen nicht maßgeblich auf Basis von Vermutungen und Bauchgefühlen entwickeln lassen, steht am Anfang eine genaue Analyse der Ausgangssituation im Unternehmen. Davon ausgehend wird eine strategische Linie entwickelt. Sie gibt die große Marschrichtung vor und beschreibt, wem was wie gesagt wird – und wohin das führen soll. Aus der Strategie leiten sich dann Instrumente ab, die zeitlich abgestimmt, budgetiert und später evaluiert werden. Das fertige Konzept ist Wegweiser und Gebrauchsanweisung für die Umsetzung. Es bleibt während der gesamten Umsetzungsarbeit auf dem Schreibtisch liegen und wird immer wieder zur Hand genommen.

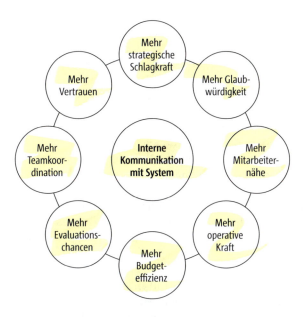

Abbildung 1: Mehrwerte für die interne Kommunikation

Sie haben sich entschlossen, Ihre interne Kommunikation in Zukunft auf konzeptionelle Beine zu stellen? Aber Sie müssen noch Überzeugungsarbeit im eigenen Team oder bei den Vorgesetzten leisten? Dann haben wir für Sie als Argumentationshilfe eine ganze Reihe von Mehrwerten aufgelistet, die eine Arbeit auf konzeptioneller Basis gut begründen:

› **Mehr strategische Schlagkraft** – Durch eine kluge Konzeption lässt sich die interne Kommunikation genau an den vorgegebenen Unternehmenszielen ausrichten und stimmig in die Gesamtstrategie des Unternehmens einfügen.

› **Mehr Glaubwürdigkeit** – Die Konzeption gibt der internen Kommunikation durch abgestimmte Themen und durch den systematischen, dramaturgisch geschickten Einsatz dieser Themen mehr Glaubwürdigkeit und Klarheit.

> **Mehr Mitarbeiternähe** – Die Konzeption unterteilt die Gesamtheit der Mitarbeiterschaft in Bezugsgruppen, die mit den passenden Inhalten über spezifische Kanäle direkt angesprochen werden. So wird mehr Nähe hergestellt.

> **Mehr operative Kraft** – Konzeptionelles Arbeiten stellt sicher, dass nur die Themen und Instrumente zum Einsatz kommen, die passgenau an der Problem- und Aufgabenstellung ausgerichtet sind.

> **Mehr Budgeteffizienz** – Systematische Konzepte vermeiden Streuverluste und Redundanzen. Der Einsatz des Budgets bekommt mehr Transparenz, und der Wirkungsgrad der eingesetzten Mittel wird wesentlich erhöht.

> **Mehr Evaluationschancen** – Ein Konzept hat feste strategische und operative Ordnungslinien. Durch diese klare Linienführung lassen sich die avisierten Ziele, Themen und Instrumente präzise auf ihre Erfolge hin überprüfen.

> **Mehr Teamkoordination** – Durch die konzeptionellen Koordinaten wissen alle an der internen Kommunikation Beteiligten, welchen Kurs die Kommunikation einschlägt. Sie kennen die Richtung und können den Kurs ohne Fehleinschätzungen und Reibungsverluste unterstützen.

> **Mehr Vertrauen** – Systematische Kommunikation fördert Vertrauen. Es dient als Schmiermittel für reibungslose Zusammenarbeit und stärkt das Fundament des Unternehmens, gerade in Veränderungssituationen oder in Krisenzeiten.

Nicht zuletzt gewinnen Sie als Verantwortlicher durch das interne Kommunikationsmanagement mehr Profil. Denn die konzeptionelle Orientierung steigert die „Performance" der internen Kommunikationsfunktion. Ihre Position gegenüber den anderen Kommunikationsbereichen und besonders der Unternehmensleitung wird gestärkt.

## PRAXIS LIVE

Im Brennpunkt unseres Praxisfalls stand Sven Ribbeck, 38 Jahre alt, verheiratet, zwei Kinder. Er arbeitete erst gut zwei Jahre in der Kommunikationsabteilung der SüdWatt AG. Das war ein lokales Stromversorgungsunternehmen in Süddeutschland. Ribbeck trat in erster Linie als Pressesprecher des Unternehmens auf, die interne Kommunikation stellte für ihn nur eine „Nebenbeschäftigung" dar.

Die SüdWatt AG hatte laut aktueller Statistik des Personalchefs 538 Mitarbeiter. Sie versorgte seit Jahrzehnten den Großraum eines süddeutschen Mittelzentrums mit Strom und Gas. Durch die Liberalisierung des Energiemarktes stand das Unternehmen seit ein paar Jahren in starkem Wettbewerb mit Billiganbietern und großen Energieriesen. Vor allem im Segment der Privatabnehmer sank die Zahl der Kunden langsam, aber stetig. Die große Wechselwelle war zwar bisher ausgeblieben, durch weitere Preisexplosionen auf dem Energiemarkt hätte es jedoch schnell zu einem „Erdrutsch" kommen können.

Liberalisierung und Wettbewerb waren natürlich nicht spurlos an Süd-Watt vorbeigegangen. Mehrere Rationalisierungswellen und Umorganisationen hatten die Mitarbeiter verunsichert. Die Kollegen standen auf Distanz und blieben defensiv. Im Flurfunk wurde gerne und ausgiebig „gebruddelt". Das heißt nicht, dass die Kollegen weg wollten, davon konnte keine Rede sein. Irgendwo tief im Herzen standen sie weiter zu Süd-Watt und waren stolz auf ihr Unternehmen. Nur, in den Wandelwirren der letzten Jahre waren diese internen Sympathien und Bindungen verschüttet worden. Wichtig zu wissen ist noch, dass über die Hälfte der Belegschaft schon über 20 Jahre bei der SüdWatt AG in Lohn und Brot stand.

## Der Konzeptionsprozess hat feste Regeln

„Konzeptionelles Arbeiten? Das mache ich. Ich reiche jedes Jahr eine Planung für die interne Kommunikation ein. Das brauche ich, um meine Mittel für das neue Jahr loszueisen." – „Was steht denn drin in Ihrem Plan?" – „Im Wesentlichen schreibe ich die Maßnahmen aus dem Vorjahr rein, vieles hat sich ja bewährt und ich weiß, dass es funktioniert." Solche in Routine erstarrten Maßnahmenplanungen haben wenig mit gründlicher Konzeption zu tun. Konzeptionelles Arbeiten bedingt eine systematische Vorgehensweise.

Die Arbeit unterteilt sich in vier Phasen. Dieser Viererschritt duldet keine Ausnahme. Es darf kein Überspringen geben, auch wenn es noch so eilt. Der Regelkreislauf in der internen Kommunikation braucht einen festen Ablauf:

› **Phase 1: Analyse** – Man fixiert die Aufgabenstellung, sammelt alle notwendigen Informationen zur Aufgabe und bestimmt auf Basis dieser Informationen den aktuellen Ist-Status der internen Kommunikation im Unternehmen.

› **Phase 2: Planung** – Zuerst legt man die grundlegenden Koordinaten der Kommunikationsstrategie fest und fügt danach die dazu passenden Instrumente ein. Das Ganze wird in einem Konzeptionspapier schriftlich festgehalten, im Haus abgestimmt und von den Vorgesetzten genehmigt.

› **Phase 3: Durchführung** – Die im Konzept fixierten Instrumente werden bis ins Detail geplant und dann systematisch gestaltet, produziert und eingesetzt. Die interne Kommunikation zeigt, was sie kann.

› **Phase 4: Kontrolle** – Während der Durchführung werden die Resultate ständig überprüft. Der Kommunikationsmanager IK kontrolliert, ob die interne Kommunikation die gesteckten Ziele erreicht hat, und wie effizient der Einsatz der Mittel war. Es gilt, Schwachstellen aufzuspüren, um den Wirkungsgrad zu optimieren. Die Erkenntnisse der Kontrolle fließen in die nächste Analyse wieder mit ein.

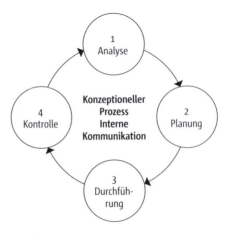

**Abbildung 2: Die vier Konzeptphasen der internen Kommunikation**

Im Serviceteil (Seite 204) finden Sie die einzelnen Phasen detailliert beschrieben. Der Kreislauf schließt sich und der Prozess beginnt von vorn. Im nächsten Zyklus fließen die Erkenntnisse der Kontrollphase in die neue Aufgabenstellung ein. Durch den systematischen Regelkreis entsteht ein kontinuierlicher Verbesserungsprozess, der den Wirkungsgrad der internen Kommunikation von Mal zu Mal erhöht.

Wie lange ein Umlauf im konzeptionellen Arbeitsprozess dauert, ist von Aufgabe zu Aufgabe unterschiedlich. Üblich sind Ein-, Drei- und Fünfjahreszyklen. Im vorliegenden Buch gehen wir von der Erstellung eines Jahreskonzeptes für die Mitarbeiterkommunikation aus. Das heißt, dass sich der Kreislauf von Analyse, Planung, Durchführung und Kontrolle innerhalb von 12 – 14 Monaten schließt.

## PRAXIS LIVE

Eigentlich hatte Sven Ribbeck nicht vor, tiefer in die interne Kommunikation einzusteigen. Er sah sich eher als Pressemann – aber wie das Firmenleben so spielt! Anfang des Jahres hatte sein Chef Dr. Velten eine bekannte Unternehmensberatung beauftragt, die SüdWatt AG zukunftssicher am Markt zu positionieren. Die Berater nahmen das gesamte Marketing unter die Lupe und präsentierten am Ende dem Vorstand ein dickes Strategiepapier. Die Unternehmensberater positionierten SüdWatt verkürzt als „modernen und kundenorientierten Energieberater". Dagegen war an sich nichts einzuwenden, das klang gut und zukunftsträchtig. Nur fiel Dr. Velten sofort auf, dass es bei der neuen Imageposition einen neuralgischen Punkt gab: die Mitarbeiter. Denn die sahen sich bis dato keinesfalls als „moderne Energieberater" und sie waren, da durfte man sich nichts vormachen, auch nur bedingt „kundenorientiert".

Eines war Dr. Velten klar: Um das neue Selbstbewusstsein des Unternehmens durchzusetzen, mussten sich die Kollegen in Verwaltung und Technik damit identifizieren. Und so klingelte eines Tages das Telefon bei Ribbeck und er wurde zu einem Termin beim Chef abkommandiert. Das Gespräch dauerte keine zehn Minuten und danach hatte Ribbeck das beschriebene „Mitarbeiterproblem" ganz oben auf seiner Pflichtenliste stehen. Sein Chef versprach ihm dafür sogar zusätzliche Budgetmittel. Er wollte aber – wie immer – schnelle Erfolge sehen.

## Das Kompetenzfeld definieren

Bevor der IK-Manager mit der konzeptionellen Arbeit beginnt und in den Kreislauf einsteigen kann, muss er in einem Prolog zuerst einige normative und organisatorische Grundvoraussetzungen klären. Zuallererst reflektiert und definiert er sein „Spielfeld" als Kommunikationsverantwortlicher für die interne Kommunikation. Wir haben bei unseren Gesprächen festgestellt, dass von Unternehmen zu Unternehmen unter „Interner Kommunikation" immer etwas anderes verstanden wird. Die Kompetenzfelder und Verantwortungsbereiche sind überall anders abgesteckt. Gar nicht so selten zucken unsere Ansprechpartner mit den Achseln, denn sie kennen ihr Kompetenzfeld selbst nicht so genau. „Das kommt darauf an ...", lautet ihre Eingrenzung. Internes Kommunikationsmanagement funktioniert nur, wenn konturenscharf umrissen ist, was zum eigenen Machtbereich gehört und was in andere Kompetenzbereiche fällt. Die Grenzen des „Spielfeldes" müssen gezogen und markiert sein.

Am besten wir gehen ganz grundsätzlich an die Grenzlegung heran. Es fängt schon bei der Begrifflichkeit an. Interne Kommunikation, Internal Public Relations, interne PR, Mitarbeiterkommunikation, interne Unternehmenskommunikation, Organisationskommunikation, Human Relations, Personalinformation – es gibt zahlreiche Begriffe und noch mehr Kommunikationsauffassungen. Fast jedes Fachbuch, fast jeder Kommunikationsspezialist, fast jedes Unternehmen hat eine eigene Sicht der internen Kommunikationswirklichkeit. Dabei geht es uns gar nicht um eine Vereinheitlichung. Die unterschiedlichen Namen, Auffassungen und Sichtweisen mögen bestehen bleiben. Nur eines ist wichtig: Es muss in jedem konkreten Fall eindeutig klargestellt werden, welchen Umriss die Aufgaben des jeweiligen Kommunikationsmanagers IK haben.

Als allgemeine Orientierungshilfe für die Abgrenzungsarbeit stellen wir eine einfache Definition des internen Kommunikationsmanagements auf. Unsere Definition lautet:

*Das interne Kommunikationsmanagement ist ein integrierter Bereich der gesamten Kommunikation des Unternehmens. Vorrangige Aufgabe ist die Information, Motivation und Bindung der Mitarbeiter, mit dem Ziel, die organisatorischen Abläufe zu optimieren und die angestrebten Unternehmensziele zu erreichen. Auf Basis gründlicher Analyse werden mit schlanker Strategie und schlüssigen Themen schlagkräftige Instrumente entwickelt, die eine stimmige Kommunikation von Führungskräften und Mitarbeitern ermöglichen.*

Um den Aufgaben die richtigen Grenzen geben zu können, muss man wissen, dass das interne Kommunikationsmanagement nur einen Teil der gesamten internen Unternehmenskommunikation darstellt. Es gibt nämlich fließende Übergänge vom internen Kommunikationsmanagement hin zur jobbezogenen Fachkommunikation und der personenbezogenen Beziehungskommunikation.

Abbildung 3: Interne Kommunikation im Spannungsfeld

Das dynamische Spannungsfeld der Kommunikation im Unternehmen besteht also aus drei großen Komponenten:

› **Die jobbezogene Fachkommunikation** – In jedem Unternehmen geht es in erster Linie um Aufträge und Verkäufe, um Projekte und Jobs, um konkrete Leistungserstellung. Jeder Mitarbeiter ist vor allem Fachkraft mit festen Aufgaben, die in der Stellenbeschreibung definiert sind. Im Rahmen der Leistungserbringung arbeiten Kollegen, Abteilungen und Teams zusammen. Sie kommunizieren, um ihren Job machen zu können. Diese jobbezogene Kommunikation ist Sache der beteiligten Fachressorts wie Vertrieb, Beschaffung oder Qualitätskontrolle und liegt nicht im direkten Verantwortungsbereich des Kommunikationsmanagers IK. Im Sinne einer übergreifenden Netzwerkfunktion gibt es für die interne Kommunikation aber auch keine klare Abgrenzung. Denn zum einen ist die interne Kommunikation verpflichtet, mit den eigenen Kommunikationsinstrumenten die Leistungserstellung und die Zusammenarbeit der Fachabteilungen zu unterstützen. Zum anderen sind in manchen Unternehmen dem Kommunikationsmanager IK sogar spezielle Kompetenzen zugewachsen, die – methodisch gesehen – eher im Bereich der Fachabteilungen zu Hause wären. Beispielsweise kann die jährliche Vertriebstagung – eigentlich ein Instrument der Vertriebsabteilung – in der Verantwortung der Abteilung „Interne Kommunikation" liegen. Eine solche Kompetenzerweiterung ist möglich und legitim. Wir fordern an dieser Stelle nur: Die Verantwortungsbereiche und Schnittstellen zu den Fachabteilungen müssen in diesem wie in jedem anderen Fall eindeutig definiert sein.

> **Die personenbezogene Beziehungskommunikation** – Im Vordergrund stehen die persönliche Kommunikation von Mensch zu Mensch und deren psychologische und soziologische Aspekte. Jeder einzelne Mitarbeiter sollte nicht kommunizieren „wie ihm der Schnabel gewachsen ist", sondern sich durch ein ausgewogenes und einfühlsames Kommunikationsverhalten in die Gemeinschaft einfügen. Idealbild für das Unternehmen ist eben nicht der „ellenbogenstarke Karrierist" sondern der „homo reciprocans" – ein Mensch, dessen Verhalten von fairem Geben und Nehmen geprägt ist. Moderne Unternehmen haben die Chancen erkannt und überlassen die persönliche Kommunikation nicht dem Zufall. Sie sensibilisieren und trainieren das Kommunikationsverhalten ihrer Mitarbeiter. In der Regel ist hier vor allem die Abteilung Personal in der Pflicht. In größeren Unternehmen bieten sie Instrumente wie zum Beispiel Coachingrunden für Führungskommunikation oder Konflikttrainings an. Uns ist sogar schon eine Schulung unter dem Titel „Lerne lächeln!" begegnet. Auch in die Beziehungskommunikation kann der Kommunikationsmanager eingebunden sein. Er stellt die Infrastruktur bereit und stimuliert Interesse, um z. B. die Angebote der Personalabteilung im Unternehmen angemessen ins Gespräch zu bringen. Je nach Unternehmen kann es passieren, dass die interne Kommunikation sogar direkt involviert ist. So kennen wir einen IK-Manager, der die Stelle eines Ombudsmannes für die Mitarbeiter geschaffen hat und mit systematischer Kommunikation begleitet. Auch hier gilt die Regel: Alles ist möglich. Es müssen nur die Schnittstellen unmissverständlich definiert sein.

> **Das interne Kommunikationsmanagement** – Kommen wir zum verbindenden Element. Wie schon gesagt, das interne Kommunikationsmanagement

kennt keine klare Demarkationslinie hin zur joborientierten Fachkommunikation und zur persönlichen Beziehungskommunikation. Die Übergänge sind fließend. Die interne Kommunikation funktioniert wie ein Kapillarnetzwerk, das sich über alles legt und die gesamte Organisation mit dem lebensspendenden Stoff der Informationen versorgt. Die Aufgabenstellung ist integrierend und moderierend. Das IK-Management beweist Übersicht und vermittelt das „Big Picture". Es liegt in der Natur von Menschen, Gruppen und Gesellschaften, dass sie ein tieferes inneres Bedürfnis nach Neuigkeiten, nach Information und Austausch haben. Wo immer Menschen zusammenkommen, schließen sie sich zu Kommunikationsnetzwerken zusammen und tauschen sich aus. Diese Gesetzmäßigkeit gilt auch in Unternehmen. Das interne Kommunikationsmanagement überlässt die Netzwerkbildung nicht dem Geratewohl, sondern stellt die erforderliche Infrastruktur zur Verfügung und bietet die motivierenden Inhalte an. Es tut alles, damit sich eine lebendige Kommunikationskultur im Unternehmen etablieren kann.

Soweit unsere kurze Beschreibung des „Spielfelds" für die interne Kommunikation. Jetzt sind Sie an der Reihe. Schreiben Sie auf, was Ihre Kompetenzbereiche im Rahmen der internen Kommunikation sind. Wenn es keine feste Stellen- und Aufgabenbeschreibung gibt, aus der Sie abschreiben können, dann skizzieren Sie Ihre Kompetenzbereiche am besten aufgrund der in Ihrem Hause üblichen Praxis und der daraus resultierenden „Gewohnheitsrechte und -pflichten".

| Kompetenzbereich | Kurzprofil |
|---|---|
|  |  |
|  |  |
|  |  |

Check 1: Kompetenzbereiche der internen Kommunikation

Die ausgefüllte Checkliste sollten Sie zur Hand behalten. Sie wird später bei der Entwicklung von Analyse und Strategie wieder zum Einsatz kommen.

## PRAXIS LIVE

Ribbeck kramte im Schreibtisch nach seiner Stellenbeschreibung. Aber als er die schließlich gefunden hatte, half sie ihm auch nicht weiter, denn da wurde sein Job als Pressesprecher ausführlich beschrieben, zu seinen internen Kommunikationsaufgaben jedoch fanden sich nur drei dürre Worte „Information der Mitarbeiterschaft". Bisher war er auch gar nicht auf die Idee gekommen, seine Kompetenzen genauer zu umreißen. Er hatte eine Handvoll Instrumente von seinem Vorgänger geerbt – Intranet, Schwarzes Brett, Mitarbeiterfest und den Rundbrief – ja, und die führte er routiniert weiter, wie das eben so ist.

| Kompetenzbereich | Kurzprofil |
|---|---|
| Pläne und Projekte des Vorstands „verkaufen" | Relativ regelmäßige Personalinformation über Intranet, Schwarzes Brett und Rundbriefe |
| Miteinander der Mitarbeiter fördern | Fallweise Information über Neuigkeiten im Kollegenbereich; als Höhepunkt das Mitarbeiterfest |

Das Zusammenstellen der Checkliste ging fix. Von einem vielfältigen Kompetenzspektrum konnte nicht die Rede sein. Sven Ribbeck fielen nämlich nur zwei grundlegende Bereiche ein, von denen das Schwergewicht eindeutig auf dem Bereich „Pläne und Projekte des Vorstands verkaufen" lag. Wenn man die Sache realistisch sah, war er vornehmlich das Sprachrohr von Dr. Velten.

## Die Rollen der Beteiligten aufzeigen

Die Grenzen des „Spielfelds" sind gezogen. Im nächsten Schritt stellen wir die „Spielmacher" auf das Feld und nehmen ihre gegenwärtigen Rollen unter die Lupe. Dabei konzentrieren wir uns auf die drei Hauptrollen: Führungskräfte, Mitarbeiter und Kommunikationsmanager IK sowie zwei Nebenrollen: Personalabteilung und Betriebsrat.

Ganz oben steht die Rolle der **Führungskräfte**. In der internen Kommunikation bestimmt das Top-Management das Spiel. Seine Ziele und Vorgaben prägen den Kommunikationskurs. Vor diesem Hintergrund hat es fatale Folgen, wenn die Führung die interne Kommunikation vernachlässigt. Solange der Chef die Mitarbeiteransprache als „nebensächlich" abwertet, hat die interne Kommunikation nur geringe Entfaltungsmöglichkeiten. Der Kommunikationsmanager IK darf eine solche Geringschätzung nicht hinnehmen. Auch wenn es nicht einfach wird, muss er „missionarisch" tätig werden und geduldig am Rollenverständnis seiner Vorgesetzten arbeiten.

Durch stete Überzeugungsarbeit verankert der IK-Manager in den Köpfen seiner Vorgesetzten die wachsende Bedeutung der internen Kommunikation. Dazu sollte er permanent in die Spitze hineinwirken und Aufklärungsarbeit leisten. Gleichzeitig beinhaltet die interne Kommunikationsfunktion immer auch die Erziehung der Führungskräfte zu konsequentem Kommunizieren. Nicht „Management by Objectives" (sprich: Führung durch harte Zielvorgaben) sondern „Management by Communication" heißt unserer Meinung nach der Führungsstil der Zukunft. Führungskräfte können sich nur durch intensive Kommunikation im Unternehmen eine zukunftssichere „Vertrauensstellung" schaffen. Das ist leicht gesagt – und doch so schwer zu leben, denn Führen ist ein ständiger Balance-Akt. Den betriebswirtschaftlichen Erfolg fest im Blick, müssen Vorstände und Geschäftsführer entschlossen und zielorientiert auftreten. Gleichzeitig wird von ihnen aber auch menschliche Kompetenz gefordert, man erwartet von ihnen, dass sie einfühlsam auf die Mitarbeiter eingehen. Gute „Leader" verlieren den „Return on Investment" des Unternehmens im harten Wettbewerb nie aus den Augen, aber sorgen zugleich für eine Atmosphäre der Fairness, in der sich die Mitarbeiter wohlfühlen und engagiert mitarbeiten.

Weil vielen Geschäftsführern und Vorständen das erforderliche Kommunikationstalent fehlt, fällt es ihnen schwer, in der internen Kommunikation die nötige Balance zu halten. Deshalb ist Erziehung zur konsequenten Führungskommunikation zwar ein wichtiges Prinzip, aber in der Realität häufig nur schwer einzulösen.

Manche Chefs neigen zu großen Proklamationen und mächtigen Auftritten. So eine Führungsrolle mag beim ersten Auftritt imposant wirken, sie verschleißt sich aber schnell. Proklamationskommunikation wirkt nur im ersten Moment mächtig. Wenn die Substanz fehlt, dann geht ihr schnell die Luft aus. Interne Kommunikation sollte nie zur Machtdemonstration genutzt und strategisch manipulativ eingesetzt werden. Eine gute Führungsrolle besinnt sich auf die eigene Kompetenz und beweist Understatement. Sie ist unaufgeregt und anschaulich. Sie verzichtet darauf, Kommunikationsinhalte unnötig aufzublasen. Sie braucht keine ständigen Dekrete und kann im Dialog bestehen.

Andere Chefs sehen ihre Kommunikationsrolle vorzugsweise in der Defensive hinter den Kulissen. Auch das ist keine ideale Führungsposition. Mitarbeiter wollen Führung (im positiven Sinne) spüren. Sie wollen wissen, wofür ihr Chef steht. Das geht nicht aus der sicheren Distanz, dazu muss die Führungskraft „auf Tuchfühlung" und „in die Bütt" gehen.

Leider begegnen uns auch immer wieder Chefs, die keinerlei Respekt gegenüber ihren Mitarbeitern zeigen. Sie kanzeln rüde ab und lassen sich in der internen Kommunikation zu emotionalen Ausfällen hinreißen, die bis zur Beleidigung reichen. Für die interne Kommunikationsfunktion sind solche Chefs eine Katastrophe. Führungskräfte müssen ihre Mitarbeiter ernst nehmen und ihren Wert richtig einschätzen.

Aber auch das andere Extrem gibt es. Hin und wieder treffen wir auf Chefs, die wollen von allen geliebt werden. Sie machen ständig Schönwetter und vermeiden es, unangenehme Themen anzusprechen. Führung ist jedoch keine Kuschel-Rolle. Führungskräfte müssen lernen, verlässlich und standhaft zu kommunizieren. Sie bringen die richtigen Botschaften klar und überzeugend zum passenden Zeitpunkt an – und wenn es denn sein muss, machen sie sich damit auch unbeliebt.

Es wären da noch die schlecht ausbalancierten Vorgesetzten zu nennen, deren Führungsrolle es ist, alles besser zu wissen. Sie haben noch nicht mitbekommen, dass im Informationszeitalter jede Information für alle zugänglich ist, so dass die Mitarbeiter heute häufig besser informiert sind als die Führungsebene. Deshalb müssen die Chefs lernen, gut zuzuhören, um zu verstehen, was Mitarbeiter wissen und wollen. Sie müssen lernen, Probleme mit ihren Mitarbeitern zu diskutieren und Meinungsverschiedenheiten zuzulassen. Sie werden immer stärker als Moderatoren gefragt. Sie entscheiden nicht mehr einsam und allein, sondern führen Entscheidungen im Team herbei.

Und dann begegnen uns die Führungskräfte, die intuitiv und mit Leichtigkeit alles richtig machen. Wir nennen sie „Leader" und grenzen sie ganz bewusst von dem Begriff „ Führungskraft" ab. Der „Leader" versteht es, die Mitarbeiter mit Charisma und mit einer Vision beim Herzen zu packen. Die Mitarbeiter sind keine Untergebenen, sondern der „Leader" begegnet ihnen auf Augenhöhe und vermittelt klare Werte, die der Orientierung dienen und an die er sich auch selbst hält. Er ist eine Art Coach, der seine Mitarbeiter wertschätzend unterstützt und sie ermutigt, auch ungewöhnliche Wege einzuschlagen. Er setzt auf ihre Stärken und versteht ihre Bedürfnisse. Dabei erkennt er die Wichtigkeit der internen Kommunikation und informiert offen, zeitnah, liefert Interpretationshilfe und scheut den Diskurs mit seinen Mitarbeiter nicht.

Ganz gleich, wie gut oder schlecht die Führungsrolle in Ihrem Unternehmen besetzt ist, eine Regel gilt in jedem Fall: In der Realität kann die interne Kommunikation nicht diametral zum Stil der Führungsrolle laufen. Der IK-Manager muss sich immer an den Stärken und Schwächen der vorhandenen Führungspersönlichkeiten orientieren und sie in ihrer Balance wirkungsvoll unterstützen. Er kann abfedern und nachsteuern, aber er darf nicht die Gegenrichtung einschlagen. Das heißt, eine autoritätsbetonte Führung verlangt eine eher autoritätsbetonte Kommunikation. Ein defensiver Führungsstil zieht einen defensiven Kommunikationsstil nach sich. Die Führung gibt die Richtung vor.

Wechseln wir über zur Rolle der **Mitarbeiter**. Heute einfach pauschal von „unserem Personalbestand" zu reden, lässt ein sträfliches Unverständnis der Realitäten erkennen. Das uniforme Heer der Arbeiter und Angestellten existiert schon lange nicht mehr. Die Zahl der Hilfskräfte und einfachen Arbeiter sinkt seit Jahren. Die Quote der gut gebildeten Spezialisten und Könner steigt immer weiter an. Die Mitarbeiter von heute begreifen sich im westlichen Kulturkreis als Individuum und weniger als Teil eines Kollektivs. Die Mitarbeiter von heute sind selbstbewusster, informierter und energischer als noch vor 20 Jahren. Und damit steigen auch die Ansprüche an die Mitarbeiteransprache. Interne Kommunikation der Zukunft ist gezielte und differenzierte Beziehungskommunikation.

Die Erfahrung zeigt, dass für die Mitarbeiter die wichtigste Informationsquelle im Unternehmen die Mitarbeiter selbst sind. Erst danach folgen als Informationsquellen die klassischen IK-Instrumente mit dem Intranet an der Spitze, sofern es im Unternehmen ein Intranet gibt. Die Information durch die eigenen Vorgesetzten fällt überraschend weit zurück. Was „die da oben" sagen, scheint nur bedingt Akzeptanz zu finden.

Die Schuld hierfür liegt nicht allein in der Chefetage. Es mangelt auch am offenen Rollenverständnis der Mitarbeiter. Vielen gelingt es nicht, über den Tellerrand ihrer Interessen hinauszuschauen und zu akzeptieren, dass ein aktives und verständiges „Geführt werden" notwendig ist. Mitarbeiter haben die Pflicht, Rückmeldungen an ihre Führungskräfte zu geben und auf Informationsdefizite aufmerksam zu machen. Mitarbeiter haben das Recht, den Dialog einzufordern und eigene Ideen und Vorschläge einzubringen. Aber Information und Dialog sind keine reine Bringschuld der Vorgesetzten, sondern immer auch eine Holschuld des gesamten Teams. Verantwortungsbewusste Mitarbeiter gestalten die Kommunikationskultur des Unternehmens aktiv mit und fühlen sich für diese Kultur verantwortlich. Das neue Rollenverständnis der Mitarbeiter im Unternehmen lässt sich treffend durch „Mitdenken und Mitwirken!" auf eine kurze Formel bringen. Eine Aufgabe der internen Kommunikation ist es daher auch, eine Bühne für das Mitwirken zu schaffen. Interne Kommunikation beteiligt die Kollegen. Interne Kommunikation gibt Impulse und lobt die Erfolge. Nur wer seinen Platz im Unternehmen kennt, sich beachtet und gewürdigt fühlt, wird mit an einem Strang ziehen. Der große Psychologe und Organisationsentwickler Kurt Lewin hat es treffend formuliert: „Wir sind eher bereit, unser Verhalten zu verändern, wenn wir an der Problemanalyse und Lösungserarbeitung beteiligt sind und zudem Entscheidungen ausführen, die wir selbst mit formuliert haben."

Kommen wir in schnellem Wechsel zur Rolle des **Kommunikationsmanagers IK**. In neun von zehn deutschen Unternehmen gibt es keine eigene Abteilung für interne Kommunikation. Häufig gibt es nicht einmal einen spezialisierten Kommunikationsmanager IK als Einzelkämpfer. In der Mehrzahl der mittelständischen Unternehmen hat der entsprechende Mitarbeiter eine Mischfunktion. Neben der Mitarbeiterkommunikation wurde er noch für andere Aufgaben eingeteilt und in eine andere Fachabteilung eingegliedert. Am gängigsten ist die Integration in den Bereich der Unternehmenskommunikation. Hier und da begegnet uns die Zuordnung als Stabsstelle der Geschäftsleitung oder die Integration in die Personalabteilung. Speziell die Eingliederung in die Personalabteilung führt des Öfteren zu Reibungsverlusten. Mitarbeiter trauen sich nicht, mit dem IK-Manager aus der Personalabteilung ein offenes Wort zu reden, weil er nicht „neutral" scheint und sie disziplinarische Konsequenzen befürchten.

Mit der faktischen Rolle der IK-Manager ist es in vielen deutschen Unternehmen nicht gut bestellt. Die meisten begreifen sich selbst nicht als „Kommunikationsmanager", weil sie bis zum Hals in der Alltagsarbeit versinken. Sie arbeiten zweifellos routiniert, handwerklich sauber und haben „ihren Laden" im Griff. Alles läuft auf „Nummer Sicher". Aber ihnen fehlt der nötige Freiraum für strategisches und konzeptionelles Arbeiten. „Echte" Kommunikationsmanager begegnen uns zwar immer öfter, aber noch lange nicht häufig genug. Ein Schlüsselproblem scheint auch zu sein, dass viele interne Kommunikationsleute nicht die nötige Anerkennung bei ihren Vorgesetzten finden. Sie können ihre Strategie- und Managementkompetenz nicht richtig ins Spiel bringen, obwohl sie dicht am Puls der Mitarbeiter sind und ihrem Chef wertvolle Ratschläge geben könnten.

Überhaupt hat der Kommunikationsmanager IK eine schwierige Position zwischen oben und unten, zwischen den Chefs und den Kollegen. Beide Seiten versuchen, ihn auf ihre Seite zu ziehen. Die Chefetage kann dafür enorme Zugzwänge entfalten. Dem muss der IK-Manager möglichst widerstehen. Seine Aufgabe ist es, das Gleichgewicht zwischen dem ökonomischen Prinzip „Gewinnmaximierung" und dem humanen Prinzip „Pflege der Mitarbeiter" zu wahren. Er ist der „Hüter der Balance". Er kann Dispute, Missverständnisse, Konflikte und Spannungen im Unternehmen nicht verhindern, die gehören zu jedem Gruppenprozess. Seine Aufgabe ist es, eine lebendige und stabile Kommunikationskultur zu schaffen, die solche Friktionen auffangen und abfedern kann. Machen wir uns aber nichts vor: Der IK-Manager kann dabei der Impulsgeber sein und die verschiedenen Komponenten dirigieren, die Verantwortung liegt jedoch nicht alleine bei ihm, sondern ist Führungsaufgabe.

Vielleicht ist diese schwierige Position zwischen den Kräften auch der Grund dafür, dass manche Kommunikationsverantwortliche überfordert sind und aus der Rolle fallen. Wir erinnern uns an Beratungsgespräche, da wurden die Kollegen als „faules Pack" oder „dumme Sesselpupser" tituliert. Eine solche Haltung disqualifiziert. Zyniker haben speziell in der internen Kommunikation nichts zu suchen. Nur wer seine Kollegen schätzt und respektiert, ist hier im richtigen Job. Allen anderen wird geraten, baldmöglichst den Aufgabenbereich zu wechseln.

Zwischen Führungsspitze und Mitarbeiterbasis angesiedelt, muss man in der Rolle des internen Kommunikationsmanagers in vielen Sätteln gerecht sein. Für uns verbindet die ideale Besetzung folgende Talente:

› **Psychologe**, der an den Einstellungs- und Verhaltensmustern der menschlichen Psyche interessiert ist und neue Entwicklungen der Verhaltenspsychologie und der Neurowissenschaft im Auge behält

› **Kommunikationswissenschaftler**, der um die Komplexität und Emotionalität des menschlichen Kommunikationsverhaltens weiß

› **Soziologe**, der sich mit den Mechanismen von Gruppen auskennt und diese auf das soziale Gefüge des Unternehmens anwenden kann

› **Coach**, der insbesondere die Führungskräfte anleitet, sie berät und eventuell sogar im Kommunikationsverhalten trainiert oder trainieren lässt

› **Betriebswirt**, der die Kommunikationsprozesse zielgerecht gestaltet, effizient steuert und sich im Projektmanagement auskennt

› **Journalist**, der aus trockenen Informationen eine spannende Story aufbauen kann und dabei die Erkenntnisse der modernen Leseforschung umsetzt

› **Animateur**, dem es tagtäglich viel Spaß macht, mit Menschen umzugehen und Menschen zu motivieren und zu aktivieren

› **Detektiv**, der eine Spürnase für die großen und kleinen Themen des Unternehmens hat und dabei auch die Zwischentöne im Ohr behält

› **Zukunftsforscher**, der offen für neue Wege ist und seine interne Kommunikationsarbeit permanent weiterentwickelt

Sie runzeln die Stirn? Okay, okay, vielleicht ist uns diese Stellenbeschreibung etwas zu emphatisch geraten. Aber der Kern hat Bestand. In erster Linie ist der Kommunikationsmanager IK ein Generalist, der ein breites Feld überblickt und alle Kräfte integriert.

Damit der IK-Manager dieser Rolle gerecht werden kann, braucht er in jedem Fall ein funktionierendes Netzwerk im Unternehmen. Er hat überall im Haus direkte Drähte oder baut sie sukzessive auf. Alle Abteilungen sind einbezogen, vor allem die, bei denen das wichtige Fach- und Insiderwissen sitzt. Falls der IK-Manager über mehrere Standorte oder vielleicht sogar über die Ländergrenzen hinweg kommuniziert, sollte er zumindest einmal alle anderen

Standorten einen Besuch abstatten, um Kontakte zu knüpfen. Der Aufbau eines Netzwerkes ist besonders wichtig:

> um in jeder Richtung die nötigen Einblicke und Durchblicke zu erhalten,
> um sich frühzeitig und schneller als andere über aktuelle Probleme zu informieren,
> um über beste Quellen für Themen und Neuigkeiten zu verfügen,
> um Rückhalt für die konzeptionelle Planung in der Firma zu sichern.

Ein Netzwerk funktioniert nicht nur einseitig, es muss immer auch eine „Gegenleistung" erbracht werden, wobei Gegenleistung nicht in Geld- oder Sachwerten gemessen wird. Es geht um ideelle Dinge wie Vertrauen, Kollegialität, Ansehen, Informationsvorsprung, Verständnis oder ein offenes Ohr.

Kommen wir zu den Nebenrollen der internen Kommunikation. Für den IK-Manager ist eine gute Zusammenarbeit mit der **Personalabteilung** selbstverständlich. Die Instrumente der Personalführung, -entwicklung und -bindung sind eng mit denen der internen Kommunikation verzahnt. In manchen Bereichen wäre die Arbeit der Personalabteilung ohne die Kommunikationsplattformen der IK-Abteilung gar nicht möglich – zum Beispiel bei der Durchführung von Mitarbeiterbefragungen oder der Forcierung der betrieblichen Weiterbildung. Beide Abteilungen müssen zwar ihre Verantwortungsbereiche sauber abgrenzen, aber ansonsten Hand in Hand arbeiten und sich gegenseitig austauschen. Damit der Austausch im üblichen Projektstress nicht zu kurz kommt, empfehlen wir die Institutionalisierung durch einen regelmäßigen Jour Fixe.

Nicht nur die Manager IK, sondern auch der **Betriebsrat** hat das Anliegen, die Kollegen zu informieren – beide jedoch mit unterschiedlichem Rollenverständnis. Der Kommunikationsmanager steht irgendwo zwischen „Anwalt" der Mitarbeiter und „Sprachrohr" der Leitung. Er ist auf jeden Fall an die Weisung des Unternehmens gebunden, während die Mitarbeiter den Betriebsrat als „einen von uns" sehen. Der unabhängige Betriebsrat ist dem Wohl der Mitarbeiter verpflichtet und der Unternehmensleitung kaum Rechenschaft schuldig. Deshalb verfügt er nicht selten über mehr Glaubwürdigkeit und hat oft einen direkteren Zugang zu den Kollegen als der Manager IK.

Fatal ist es, wenn der interne Kommunikationsmanager von der Führung angehalten wird, den Betriebsrat als „Feind" zu sehen. Ein ständiger Grabenkrieg ist die Folge, der einen wertvollen Teil der Kommunikationskraft der internen Kommunikation absorbiert. Der Kommunikationsmanager IK sollte sich stattdessen um eine vernünftige Kooperation bemühen und den Betriebsrat als Gesprächspartner angemessen einbeziehen. In Arbeitstreffen informieren sich beide Seiten und stimmen gemeinsame Themen ab. Sobald die Verantwortungsbereiche des Betriebsrats direkt tangiert sind, ist eine solche Abstimmung sogar unbedingt erforderlich. Dabei ist eine gewisse respektvolle Distanz zwischen beiden Seiten notwendig. Ein Verdacht des „Gekungels" darf nie aufkommen.

In der Rollenbeschreibung von Führungskräften und Mitarbeitern war nicht ohne Grund von der hohen Bedeutung der stimmigen Kommunikation zwischen Führungskräften und Mitarbeitern die Rede. Zwischen den beiden Seiten verläuft die Hauptachse der internen Kommunikation. Die beiderseitigen Kommunikationsströme können prinzipiell fünf Richtungen haben:

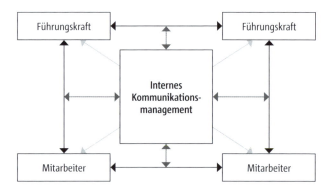

Abbildung 4: **Die internen Kommunikationsrichtungen**

Der Kommunikationsmanager IK muss alle Richtungen im Auge behalten und auf die Ströme konstruktiven Einfluss nehmen:

› **Die Top-Down-Richtung** – Das interne Kommunikationsmanagement unterstützt die Führungskräfte in der Kommunikation mit den Mitarbeitern, um deren Führungsfunktion zu stärken und zu stabilisieren. In vielen Unternehmen laufen die Hauptkommunikationsströme von oben nach unten. Das geht teilweise soweit, dass die Chefetage die interne Kommunikation schlichtweg als ihren verlängerten Arm betrachtet und vereinnahmt.

› **Die Bottom-Up-Richtung** – Das interne Kommunikationsmanagement stellt den Mitarbeitern Foren und Instrumente zur Verfügung, um in einen offenen Dialog mit den Führungskräften zu treten. Ein neuer Trend geht sogar noch weiter und proklamiert Bottom-Up als zukunftsweisende Kommunikationsrichtung unter dem Begriff „grasrooted" – von der Graswurzel aus. In den meisten deutschen Unternehmen etabliert sich der Kommunikationsstrom von unten nach oben jedoch nur in schmalen Rinnsalen.

34

› **Die Equal to Equal on Top-Richtung** – Das interne Kommunikationsmanagement engagiert sich für Kommunikationswege und -instrumente, über die Führungskräfte mit Führungskräften kommunizieren. Diese Richtung ist zwar nur eine Nebenroute, sie rückt aber unter dem Begriff „Führungskräftekommunikation" zunehmend in den Blickpunkt. Die Idee dahinter ist, dass sich moderne Führungskräfte nicht mehr als einsame Einzelkämpfer, sondern als offene Teamworker sehen.

› **Die Equal to Equal on Bottom-Richtung** – Das interne Kommunikationsmanagement schlägt Brücken von Mitarbeiter zu Mitarbeiter. Das Ziel ist, aus der Belegschaft eine „dufte Truppe" und eine „große Familie" zu machen. Jeder in der Gruppe soll sich wohlfühlen und seiner Firma treu bleiben. Diese Basisverbindung stellt eine zentrale Vorfahrtsroute für ein gutes Betriebsklima dar. Die interne Kommunikation muss die Route pflegen und ausbauen, denn Mitarbeiter sind für Mitarbeiter stets die wichtigste Informationsquelle im Unternehmen.

› **Fach- und hierarchieübergreifende Richtungen** – Mehr und mehr Unternehmen arbeiten interdisziplinär und abteilungsübergreifend. Institutionelle, aber auch persönliche Netzwerke bilden sich. Die fünfte Kommunikationsrichtung bezieht alle Richtungen ein und bildet ein synergetisches Geflecht. Die multiplen Verbindungen sollten im Zeitalter der digitalen Vernetzung mit strategischem Weitblick und Fingerspitzengefühl weiterentwickelt werden.

Falls das Unternehmen seine interne Kommunikation nicht in alle Richtungen klug und einfühlsam reguliert, bricht sich der Drang nach Information und Neuigkeiten schnell informelle Bahnen. Die informelle Kommunikation ist unter dem Gesichtspunkt einer einheitlichen Kommunikation der große Gegenspieler des Kommunikationsmanagements. „Gerüchteküche" und „Flurfunk" konterkarieren eine geregelte Kommunikationsfunktion. Im Extremfall regieren sie die Kommunikationskultur des Unternehmens und stellen die interne Kommunikation ins Abseits. Um einem Missverständnis vorzubeugen: Informelle Kommunikation ist nicht per se schlecht. In Maßen hat informelle Kommunikation durchaus Vorteile. Sie verkürzt den Dienstweg oder bringt die Mitarbeiter einander näher. Beim informellen Feierabendbier lässt sich anders über Projektschwierigkeiten reden als im offiziellen Meeting. Beim Plausch am Kaffeeautomaten wird ein Problem bisweilen schneller aus dem Wege geräumt als auf dem offiziellen Dienstweg. Es geht also nicht darum, die informelle Kommunikation auszuschließen, sondern sie in moderate Bahnen zu lenken, damit sie nicht zu Legendenbildungen und Gerüchtefluten führt.

Nachdem wir die Rollen auf dem Spielfeld der internen Kommunikation beleuchtet haben, sind Sie wieder an der Reihe. Denken Sie einen Moment nach und bestimmen Sie dann die typischen Rollenmuster in Ihrem Unternehmen. Beziehen Sie dabei Überlegungen und Beobachtungen zu den fünf Kommunikationsrichtungen mit ein. Bringen Sie die Hauptrollen (Leitungsebene, Mitarbeiter und IK-Manager) mit wenigen Schlagworten auf den Punkt und seien Sie, wie immer, ehrlich. Das Ergebnis sollte das reale Rollenspiel in Ihrem Umfeld widerspiegeln, so wie Sie es täglich erleben.

| Rollenverteilung | IK-Manager | Mitarbeiter | Leitungsebene |
|---|---|---|---|
| IK-Manager | Wie arbeitet IK zusammen? (Nur bei einem IK-Team) | Wie kommuniziert der IK-Manager mit den Kollegen? | Wie gut ist der Draht des IK-Managers zum Chef? |
| Mitarbeiter | Wie schätzen die Mitarbeiter den IK-Manager ein? | Wie gehen die Mitarbeiter miteinander um? | Wie sehen die Mitarbeiter ihre Chefs? |
| Leitungsebene | Welchen Rang gibt der Chef dem IK-Manager? | Was hält der Chef von seinen Mitarbeitern? | Wie gehen die Führungskräfte miteinander um? |

Check 2: Die Rollenverteilung

Fertig? Dann schauen Sie sich das Ergebnis in Ruhe an. Können Sie mit dieser Rollenverteilung vernünftig arbeiten? Oder gibt es krasse Fehlentwicklungen in bestimmten Rollenbeziehungen? Eventuell lassen sich aus der Checkliste ja schon konkrete Aufgaben für Ihr internes Kommunikationskonzept ableiten, z. B. für die Führungskräftekommunikation. Wir werden darauf zurückkommen.


## PRAXIS LIVE

Rolle und Rollenverteilung? Wie bitte? Sven Ribbeck hatte daran noch nie einen Gedanken verschwendet. Als er jetzt erstmals darüber nachdachte, bereitete ihm speziell seine eigene Rolle großes Unbehagen, denn plötzlich fiel es ihm wie Schuppen von den Augen: Er hatte sich bisher nie mit seiner Rolle identifiziert, er hatte die interne Kommunikation nie bewusst gestaltet. Um ganz ehrlich zu sein, er hatte sie als lästige Pflicht gesehen. Drei Ergebnisse ragten für Ribbeck aus der Checkliste heraus. Zum einen war da diese Trennungslinie zwischen der Technik und der Verwaltung. Die Techniker arbeiteten in der Regel schon seit ewigen Zeiten für SüdWatt und bildeten einen eigenen Kreis, der wie eine große Familie zusammengluckte. Die Verwaltung konnte man als zweiten Zirkel sehen, der aber aufgrund höherer Fluktuation nur locker zusammenhielt.

| Rollenverteilung | IK-Manager | Mitarbeiter | Leitungsebene |
|---|---|---|---|
| IK-Manager | Solo | Ich trete als Pressesprecher auf. | Als Pressesprecher gut; im IK-Bereich warte ich auf Anwendungen. |
| Mitarbeiter | Ribbeck ist erst zwei Jahre dabei und hat den Stallgeruch nicht. | Die Technik sieht sich als alte Familie. Die Verwaltung bildet einen zweiten Kreis. Dazwischen gibt es eine Grenze. | Große Distanz der Mitarbeiter zu den Chefs, aber keine Verachtung. Dr. Velten als „Neuling", Zweiter Vorstand (Technik) im Hintergrund. |
| Leitungsebene | Velten sieht mich als Pressesprecher. | Velten versucht zunehmend, an die Basis zu gehen. | Die ca. 50 Führungskräfte haben keine gemeinsame Plattform. |

Zum Zweiten fiel Ribbeck auf, dass die Führungskräfte zu wenig miteinander kommunizierten und wahrscheinlich wenig voneinander wussten. Das schien bisher niemanden gestört zu haben, obwohl er erst kürzlich gelesen hatte, wie wichtig zielgerichtete „Führungskräftekommunikation" für die Motivation der Mitarbeiter war. Zum Dritten hätte er beinahe den zweiten Vorstand links liegen lassen, der für die Technik zuständig war und sich mehr im Hintergrund hielt. Ribbeck nahm sich vor, bei Gelegenheit noch einmal in Ruhe über dessen Rolle nachzudenken. Und noch etwas fiel ihm bei genaueren Überlegen ein: Er hatte keinen Draht zur Personalabteilung. Im Gegenteil: Die Zusammenarbeit war schwierig, wohin gegen er mit dem Betriebsrat kollegial verbunden war und sich regelmäßig zum Mittagessen traf. Wie viele offene Baustellen es für die interne Kommunikation noch gab! Das war in einem Jahr alles gar nicht zu schaffen.

## Die Brücke zur externen Kommunikation

Die interne Kommunikation steht im Unternehmen nicht allein, gleich nebenan gibt es den weit größeren Bereich der externen Kommunikation. In welchem Verhältnis stehen die beiden Kommunikationsbereiche? Generell muss der Kommunikationsmanager IK zu allen Abteilungen einen guten Draht aufbauen, um interessante Themen aufzuspüren. Er weiß immer, was im Haus passiert. Aber gerade zu den Abteilungen und Mitarbeitern, die für die externe Kommunikation verantwortlich sind, sollte er besondere Verbindungen pflegen. Im Sinne einer modernen ganzheitlichen Kommunikation sind externe und interne Kommunikation wie verschiedene Instrumente in einem Orchester zu sehen. Sie mögen zwar unterschiedliche Klangfarben und andere Melodielinien haben, sie mögen überaus virtuelle Solisten sein, aber dennoch spielen sie gemeinsam in einem Orchester.

Abbildung 5: **Schnittstelle interne und externe Kommunikation**

Die externe Kommunikation unterteilt sich in vielen Unternehmen in zwei große Aufgabenbereiche. Da ist die imagebezogene Unternehmenskommunikation mit dem Schwerpunkt PR auf der einen Seite und auf der anderen Seite die promotionsbezogene Marketingkommunikation mit dem Schwerpunkt Werbung. Die Mitarbeiterkommunikation versteht sich als enger Partner beider Bereiche.

Immer mehr Unternehmen arbeiten zudem mit einem Dachkonzept, das alle Kommunikationsbereiche vereint und stimmig ausrichtet. Falls es bei Ihnen ein übergeordnetes Konzept gibt, nehmen Sie es zur Hand. Die Regeln des Dachs gelten auch für die interne Kommunikation. Die interne Konzeptionsarbeit darf nicht als Insellösung geplant und durchgeführt werden. Falls eine solche ganzheitliche Planung noch nicht existiert, sollten Sie in Abstimmung mit den anderen Kommunikationsbereichen einen entsprechenden Vorschlag machen. Ohne Integration geht es nicht mehr! Isolierte Kommunikationsarbeit verschenkt Kommunikationswirkung und verschwendet die Budgets.

Ob so oder so, der gute Kontakt des Kommunikationsmanagers IK zu den Abteilungen der externen Kommunikation sollte in jedem Fall intensiv gepflegt werden. Von der Herkunft her mögen sich viele IK-Manager dem Bereich Unternehmenskommunikation mehr verbunden fühlen. Vorsicht, die Verbindung zur Marketingkommunikation ist genauso wichtig, denn auch im Marketing geht es mehr und mehr um Beziehungskommunikation, bei der die Mitarbeiter als Botschafter und Mitwirkende voll einbezogen sind.

Checken Sie bitte kurz, welche Formen der Zusammenarbeit es zwischen der internen und externen Kommunikation in Ihrem Unternehmen gibt.

| Kommunikationsschnittstellen | Ja | z. T. | Nein |
|---|---|---|---|
| Gibt es ein gemeinsames Dachkonzept für alle Kommunikationsbereiche? | | | |
| Wird die interne Kommunikation aktiv in die Entwicklung von externen Konzepten einbezogen? | | | |
| Sind interne Elemente in externe Kommunikationskampagnen integriert und werden diese mit IK abgestimmt? | | | |
| Wird IK frühzeitig über aktuelle externe Kommunikationsaktionen und -maßnahmen in Kenntnis gesetzt? | | | |
| Gibt es einen ständigen Informationsaustausch zwischen interner und externer Kommunikation? | | | |
| Gibt es feste Gremien, in denen sich interne und externe Kommunikation miteinander abstimmen? | | | |

**Check 3: Kooperation zwischen Intern und Extern**

Falls sich im Check herausstellt, dass Ihre Verbindungen zu den anderen Kommunikationsabteilungen eher locker und sporadisch sind, sollten Sie das anstehende Konzept zum Anlass nehmen, um die Zusammenarbeit zu systematisieren. Wünschenswert wäre:

> Regelmäßiger Informationsaustausch zwischen den betreffenden Abteilungen als feste Institution
> Gemeinsame Kommunikationssitzungen zur Vermeidung von Reibungsverlusten und zur Abstimmung von Kooperationen
> Frühzeitige Abstimmung aller Konzepte und Kreationen, um Schnittstellen zu finden und Synergieeffekte zu erzeugen
> Operative Vernetzung von konkreten Maßnahmen und Aktionen der internen und der externen Kommunikation
> Eventuell sogar räumliche Zusammenlegung aller Kommunikationsabteilungen, um den informellen Austausch der Teams zu fördern

Die interne Kommunikation kann die enge Verbindung mit der externen Kommunikation gut gebrauchen, weil erfolgreiche externe Kommunikation das Selbstwertgefühl der Mitarbeiter erhöht und Loyalität und Stolz nach dem Motto: „Seht her, das sind wir!" generiert. Die externe Kommunikation hilft, das Unternehmen in den Köpfen der Mitarbeiter wirklicher zu machen. Außerdem kann die externe Kommunikation gezielt als ein Hebel der internen Kommunikation eingesetzt werden. Wenn Außenstehende loben, wenn neutrale Dritte sich positiv äußern, dann zählt das externe Lob innen doppelt!

Auch umgekehrt lohnt sich die Verbindung. Die externe Kommunikation profitiert von der internen Kommunikation:

> In der Marketingkommunikation entfaltet die externe Kampagne erst dann die volle Wirkung, wenn die Mitarbeiter, motiviert durch interne Kommunikation, sich voll und ganz hinter die Kommunikationsbotschaften stellen und die Kampagne leben.

> In der Unternehmenskommunikation lassen sich z. B. interne Instrumente als Träger der externen Ansprache nutzen. Erfolg versprechend wäre beispielsweise, den Bürgermeister auf die Abonnentenliste der Mitarbeiterzeitschrift zu setzen.

In Zeiten des weltweiten Netzes ist noch ein weiterer Aspekt zu beachten. Es gibt keine sichere Abgrenzung mehr zwischen intern und extern. Alles, was nach innen kommuniziert wird, dringt wahrscheinlich auch nach außen – und das inzwischen in Echtzeit. Schlechte Zeiten also für Geheimnisse, Diskretion ist kaum noch möglich. Der Kommunikationsmanager IK muss einkalkulieren, dass seine internen Themen und Botschaften jederzeit einen externen Nachhall bekommen können. Beispielsweise finden sich eine neue Vorstandspersonalie und ein geplanter Stellenabbau, die heute unter dem Siegel der Verschwiegenheit einem kleinen internen Kreis mitgeteilt werden, gleich morgen in der Tagespresse wieder. Wirtschaftsexperten der jungen Generation setzen sich deshalb für das transparente Unternehmen ein. Sie sagen, wer offen kommuniziert, der gewinnt innen und außen erheblich an Glaubwürdigkeit.

Trotz aller Transparenz nach außen gilt eine Maxime wie eh und je: Intern geht vor extern. Die Mitarbeiter müssen darauf bauen können, dass sie Informationen, die ihre Belange tangieren, vor der externen Öffentlichkeit erfahren. Wenn der Brief des Vorstandsvorsitzenden an die Mitarbeiter bereits in der Sonntagszeitung zitiert wird, bevor der Brief die Mitarbeiter am Montag erreicht, dann ist das ein Super-GAU für die interne Kommunikation. Den Mitarbeitern wird öffentlich dokumentiert, dass sie nur Mittel zum unternehmerischen Zweck sind.

## PRAXIS LIVE

Die Kommunikationsabteilung von SüdWatt AG war direkt dem Vorstand Dr. Velten zugeordnet, der damit auch als direkter Chef amtierte. In der Abteilung saßen drei Mitarbeiter: Sven Ribbeck, der als Pressesprecher eingestellt wurde und die interne Kommunikation verwaltete; Margot Lenzen, die sich um das SüdWatt-Veranstaltungsprogramm kümmerte (ihr Kochstudio galt als ein Renner in der Region) und Sigrid Heiler (seit 28 Jahren im Unternehmen), die für die Kundenwerbung und alle Printmaterialien zuständig war. Die drei saßen in getrennten Büros auf der gleichen Etage und wurden manchmal durch einen Azubi verstärkt.

„Checken Sie bitte kurz, welche Formen der Zusammenarbeit es zwischen der internen und externen Kommunikation in Ihrem Unternehmen gibt." stand im Kopf der Checkliste, und so sahen die Antworten von Pressesprecher Ribbeck aus:

› Gibt es ein gemeinsames Dachkonzept? – „Nein, es gab bisher noch nie ein richtiges Konzept bei uns, nur Maßnahmenpläne in Tabellenform."

› Wird die IK aktiv in die Entwicklung der externen Kommunikation einbezogen? – „Nur intuitiv, ab und zu, eine Systematik steckt im Grunde nicht dahinter."

› Sind interne Elemente in externe Kommunikationskampagnen integriert? – „Ja, wenn es Sinn macht. Aber dabei kommen nur die üblichen internen Instrumente zum Einsatz."

› Wird IK frühzeitig über aktuelle externe Kommunikationsaktionen informiert? – „Logo, wir sind ein gutes Team, das sich gegenseitig informiert und hilft."

› Gibt es einen ständigen Infoaustausch zwischen interner und externer Kommunikation? – „Ja, täglich."

› Gibt es feste Gremien, in denen sich interne und externe Kommunikation abstimmen? – „Nein, das passiert alles im persönlichen Gespräch über den Flur."

## Interne Kommunikation als Element der Unternehmenskultur

Wir haben das „Spielfeld", die „Spieler" und deren Rollen in den Grundzügen umrissen. Jetzt fehlen uns noch die normativen kulturellen „Spielregeln".

Das interne Kommunikationsmanagement hat seine Wurzeln tief im normativen Fundament des Unternehmens verankert. Aus gutem Grund, denn das Unternehmen ist – nach der Familie – der wichtigste soziale Bezugsraum für den arbeitenden Menschen. Die Mitarbeiter wollen „ihre Firma" als Heimat, zweite Familie und Lebensraum sehen. Unter negativen Vorzeichen kann die

Firma aber auch zu Feindesland, Hinterhalt oder Fremde werden. Um den Mitarbeitern eine Heimat zu bieten, muss interne Kommunikation deshalb Ausdruck sozialer Wertschätzung und menschlicher Verlässlichkeit sein. Ihre soziale Funktion macht die Mitarbeiterkommunikation zu einem zentralen Bestandteil der Unternehmenskultur.

Die interne Kommunikation darf nicht jedem taktischen Kalkül gehorchen. Sie ist verpflichtet, sich an den kulturellen Regeln und Gepflogenheiten der jeweiligen Unternehmenskultur zu orientieren. Damit die Orientierung gelingt, ist es notwendig, im Vorfeld der Konzeptentwicklung die wesentlichen Richtgrößen der jeweiligen Unternehmenskultur zu bestimmen.

Zum Begriff „Unternehmenskultur" gibt es viele unterschiedliche Definitionen und Auffassungen. Für uns repräsentiert Unternehmenskultur eine institutionelle „Persönlichkeit" zwischen Humanität und Ökonomie, deren Wertesystem verlässlich ist und deren Charakterzüge aufrichtig und wünschenswert sind. Das Credo der Unternehmenskultur manifestiert sich in offiziellen Spielregeln, die in Leitbildern oder Mission Statements schriftlich festgelegt werden. Darüber hinaus existieren aber immer auch ungeschriebene Spielregeln, die sich subtil und informell vermitteln und die Umgangsformen der Kollegen untereinander prägen. Oft sind diese Spielregeln kaum erkennbar, zeigen sich dennoch z. B. als Widersprüche zu den festgeschriebenen Werten.

Wie es unterschiedliche Menschen und Mentalitäten gibt, so gibt es auch ganz unterschiedliche Unternehmenskulturen. Von introvertiert bis extrovertiert, von distanziert zurückhaltend bis eloquent verbindlich. Zwar proklamieren einige Fachbücher die positive, dynamische und dialogorientierte Unternehmenspersönlichkeit als Idealtypus, doch wir sind da anderer Meinung. Unserer Erfahrung nach muss eine Unternehmenskultur nicht zwangsläufig mitteilsam, kollegial oder gut gelaunt sein. Auch Eigenschaften wie „bestimmt", „nachdenklich", „zurückhaltend" oder „ernst" können eine Unternehmenskultur positiv ausprägen. Uns begegnen sogar (zumeist inhabergeführte) Unternehmen, die ausgesprochen patriarchalisch geführt werden und dennoch ein inneres Gleichgewicht haben. Die Mitarbeiter fühlen sich beschützt und gut aufgehoben. Käme hier die interne Kommunikation locker und dialogisch daher, würde sie sofort in Widerspruch geraten und einen Unternehmenskulturschock auslösen.

In großen Unternehmen ist es üblich geworden, die Ansprüche an die Unternehmenskultur in einem fest umrissenen Leitbild zu manifestieren. Sobald dieses Leitbild von den Mitarbeitern breit akzeptiert und im Arbeitsalltag gelebt wird, muss sich die interne Kommunikation an diesem Leitbild orientieren und darf kein Jota davon abweichen.

Befragen wir Mitarbeiter in Unternehmen nach ihren Leitbildern, erleben wir aber oft nur ein verschämtes Achselzucken. „Wir haben eins, aber ich weiß gar nicht genau, was darin steht.""Warum soll ich mich daran halten? Mein Vorgesetzter tut es doch auch nicht". In vielen Unternehmen sind Leitbilder nur Papiertiger ohne großen Rückhalt im Kollegenkreis. Die fehlende Anknüpfung der großen Worte an die Unternehmensrealität scheint ein Grundübel zu sein, die Beliebigkeit und Austauschbarkeit der Bilder ebenso. Und noch etwas anderes stört uns an Leitbildern: der oft langwierige Prozess der Leitbildentwicklung. Dieser Prozess zieht sich in der Regel über Monate hin, kostet erhebliche finanzielle und personelle Ressourcen. Nur selten begegnen wir Leitbildern, die uns begeistern, in denen sich die eigene Identität und der besondere, unverwechselbare Charakter eines Unternehmens markant widerspiegeln. Wir behaupten: Wenn der Unternehmenszweck und die Unternehmensziele transparent und klar auf die einzelnen Abteilungen heruntergebrochen und in kleinen, überschaubaren Gruppen diskutiert werden und wenn es zusätzlich einen gelebten Verhaltenskodex im Unternehmen gibt, dann kann man sich das verordnete Leitbild getrost sparen.

Da die Unternehmenskultur einen festen Orientierungsrahmen für das interne Kommunikationsmanagement darstellt, kommen Sie nicht drum herum, zum Einstieg in die konzeptionelle Arbeit die wesentlichen Kultureigenschaften Ihrer Firma schlaglichtartig zu bestimmen. Sollte es ein akzeptiertes Leitbild geben, dann übertragen Sie im Grunde nur aus der entsprechenden Leitbildbroschüre in die Checkliste. Existiert ein solches Leitbild nicht, dann gehen Sie bei Ihrem Check der Unternehmenskultur von Erfahrungswerten und Einschätzungen aus.

| Unternehmenskultur | Einschätzung |
| --- | --- |
| Welche positiven Werte zeichnen Ihr Unternehmen aus? | |
| Welche essenziellen Probleme gibt es im Unternehmen? | |
| Worauf sind die Mitarbeiter besonders stolz, wenn sie an das Unternehmen denken? | |
| Wie schätzen Sie das gegenwärtige Betriebsklima ein? | |
| Welche Rolle spielen Veränderungen in Ihrem Unternehmen? | |
| Wie geht die Führung mit den Mitarbeitern um? | |

Check 4: **Die Merkmale der Unternehmenskultur**

Wir schlagen folgende Fragen vor, die jeweils für den gegenwärtigen Stand der Dinge zu beantworten sind:

› Welche positiven Werte zeichnen Ihr Unternehmen aus? – Wird Ihr Unternehmen von Wandel oder Beständigkeit, Wettbewerb oder Kollegialität, Sachlichkeit oder Emotionalität geprägt?

› Welche essenziellen Probleme gibt es im Unternehmen? – An welchen Punkten bleibt Ihr Unternehmen hinter den kulturellen Ansprüchen zurück und entwickelt deutliche Defizite?

› Worauf sind die Mitarbeiter besonders stolz, wenn sie an das Unternehmen denken? – Wie lassen sich die wichtigen Identifikations- und Loyalitätsgründe der Kollegen umschreiben?

› Wie schätzen Sie das gegenwärtige Betriebsklima ein? – Welche Stimmungen und Strömungen bestimmen die Atmosphäre im Hause?

› Welche Rolle spielen Veränderungen in Ihrem Unternehmen? – Wie ausgeprägt ist der Wandel? Wie stehen Führungskräfte und Mitarbeiter zum Wandel?

› Wie geht die Führung mit den Mitarbeitern um? – Wird eher aus der Distanz angeordnet oder hat der Dialog eine Chance? Herrscht aufrichtiger Respekt oder Restriktion vor?

Die Checkliste gibt einen allgemeinen Standardrahmen vor. Wenn Sie der Auffassung sind, dass in Ihrem Unternehmen eine Frage nicht passt oder eine zusätzliche Frage gestellt werden sollte, dann nehmen Sie die entsprechenden Änderungen vor.

Falls Sie mit dem Ist-Profil der Unternehmenskultur in Ihrer Firma nicht zufrieden sind, weil es hinter den Erfordernissen zurückbleibt, können Sie im Rahmen Ihrer Konzeptionsarbeit einen Wandel der Unternehmenskultur zur Kommunikationsaufgabe machen. Aber gehen Sie nicht mit zu hohen Erwartungen an diese Aufgabe. Unternehmenskulturen sind zähe Gebilde mit tiefen Wurzeln. Sie lassen sich meist nur langsam in mehrjährigen Prozessen nachhaltig verändern. Es sei denn, es kommt zu massiven Schocks, dann verliert eine Kultur quasi über Nacht ihr Gleichgewicht.

## PRAXIS LIVE

Um es gleich vorwegzunehmen, SüdWatt hatte kein Leitbild. Es wurde zwar mal im Vorstand über dieses Thema diskutiert, es ist aber nie realisiert worden. Pressesprecher Ribbeck zog seine bisherigen Notizen zu den Rollen und der Rollenverteilung zu Rate. Wo er sich nicht ganz sicher war, antwortete er nach Gefühl. Sein Chef Dr. Velten würde die Dinge eventuell hier und da etwas anders sehen, aber darüber könnte man ja diskutieren.

| Unternehmenskultur | Einschätzung |
| --- | --- |
| Welche positiven Werte zeichnen Ihr Unternehmen aus? | › Hohe Versorgungssicherheit<br>› Selbstbewusstsein als Marktführer mit steigenden Umsätzen<br>› Moderne Technikorientierung<br>› Verbundenheit mit der Region |
| Welche essenziellen Probleme gibt es im Unternehmen? | › Verwaltungsmentalität<br>› Distanz zwischen Management und Mitarbeitern |
| Worauf sind Mitarbeiter besonders stolz, wenn sie an das Unternehmen denken? | › Langjährige Tradition<br>› Ihr Können und Fachwissen<br>› Kollegen als „Familie" |
| Wie schätzen Sie das gegenwärtige Betriebsklima ein? | › „Früher war alles besser"-Klima |
| Welche Rolle spielen Veränderungen in Ihrem Unternehmen? | › Wandel wird proklamiert, um auf dem Markt bestehen zu können<br>› Hin zu mehr Beratung und Kundenorientierung |
| Wie geht die Führung mit den Mitarbeitern um? | › Moderat „autoritär"<br>› An Zahlen und Fakten orientiert |

Die Unternehmenskultur von SüdWatt lag für Ribbeck irgendwo im Spannungsfeld zwischen regionaler Tradition und modernem Management. Ihm war klar, Dr. Velten schätzte die alten Wurzeln nicht besonders und setzte mehr auf die Zukunft. Aber speziell in der internen Kommunikation schien es Ribbeck wichtig, in Richtung des „modernen und kundenorientierten Energieberaters" aufzubrechen, aber sich gleichzeitig immer auch zu den Wurzeln zu bekennen, denn die gaben den Kollegen Halt und Sicherheit.

## Von der Unternehmenskultur zur Kommunikationskultur

Ein für unsere Arbeit entscheidendes Element der Unternehmenskultur ist die Kommunikationskultur. Mit der Kommunikationskultur umschreiben wir, wie man im Unternehmen üblicherweise die Weitergabe und den Austausch von Informationen angeht. Bei unseren Beratungen in Unternehmen berichten die IK-Beteiligten meist ausführlich vom spezifischen Kommunikationstemperament ihrer Firma. Schließlich sind sie für die „Chemie" dieser Kultur zuständig – und kommen sich dabei nicht selten vor wie Goethes Zauberlehrling. Für eine Orientierung nutzen wir gerne ein „Kulturkreuz" mit vier Feldern, um die Kommunikationskultur räumlich zu bestimmen und um etwaige Handlungsempfehlungen auszusprechen.

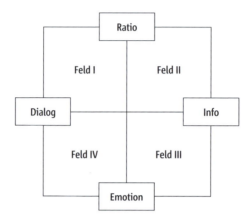

Abbildung 6: Felddiagramm für die Kommunikationskultur

Wir wählen die Pole Emotion, Ratio, Information und Dialog, weil sie nach unserer Erfahrung die Dimensionen der internen Kommunikation am besten charakterisieren:

› **Feld I (Dialog/Ratio)** – Das Unternehmen ist durchaus offen für den Dialog. Man bevorzugt dabei einen sachlichen und ernsthaften Stil. Man orientiert sich an Fakten und hält einen gewissen Abstand zu den Mitarbeitern. Das Gemeinschaftsgefühl ist respektvoll, aber eher etwas unterkühlt. Begeisterung, Leidenschaft und kollegiale Nähe gehören nicht zum Gefühlsspektrum der Kommunikationskultur.

› **Feld II (Ratio/Information)** – Das Unternehmen pflegt die alte Schule der Personalinformation. Die Informationspolitik ist defensiv. Neuigkeiten werden sachlich formuliert und offiziell verkündet. Mitarbeiter setzt man in Kenntnis. Mit Bewertungen und Veranschaulichungen hält man sich zurück. Die Kommunikationskultur pflegt Distanz, Dialoge finden nur in Ausnahmefällen statt.

› **Feld III (Information/Emotion)** – Es wird von oben dirigiert und monologisch informiert. Dialog ist nicht unbedingt gewünscht. Die Kommunikation ist eher von Direktiven geprägt. Aufgrund des besonderen Temperaments der Führungsebene ist der Kommunikationsstil ausgesprochen emotional. Da wird viel mit dem Bauch und mit dem Herzen an die Kollegen appelliert.

Die Mitarbeiter werden aufgebaut oder abgekanzelt, gelobt oder mit Missachtung gestraft, je nach dem.

› **Feld IV (Emotion/Dialog)** – In der Firma pflegt man den offenen Austausch und das gemeinsame Gespräch. Eigene Anregungen und Ideen sind erlaubt, ja sogar erwünscht. Der Stil ist kooperativ und kollegial. Wegen eines konstruktiven offenen Wortes bekommt niemand „den Kopf abgehackt". Interaktionen nicht Instruktionen dominieren den Kommunikationsalltag.

Greifen Sie bei der Bestimmung auf Erfahrungswerte, Beobachtungen oder auch auf Gespräche mit dem Management und den Mitarbeitern zurück. Wo ordnen Sie Ihr Unternehmen im Kulturkreuz ein? Paßt die Position der Kommunikationskultur zur Unternehmenskultur? Oder gibt es Ihrer Meinung nach Verbesserungsbedarf? Falls ja, notieren Sie sich Ihre Soll-Vorstellung und greifen Sie darauf zurück, wenn wir später zu den Aufgaben innerhalb der Analysephase kommen.

## PRAXIS LIVE

Sven Ribbeck überlegte nur kurz und setzte sein Kreuz. Um sicher zu sein, wanderte er mit seinem Kulturkreuz durch mehrere Büros und befragte einige Kollegen. Die reagierten zuerst überrascht, so nach dem Tenor: „Was sind denn das für neue Moden?" Aber nachdem sich die erste Überraschung gelegt hatte, machten sie nach einer kurzen einführenden Erläuterung bereitwillig ihr Kreuz. Wie im Abgleich unschwer zu erkennen war, lagen alle Kreuze im gleichen Feld. Es ergab sich eine Zone, an die Ribbeck spontan „SüdWatt als konventioneller Personalinformierer" schrieb.

In der Summe, fand der Pressesprecher, war die SüdWatt AG in Sachen Kommunikationskultur absoluter Durchschnitt. Der Kommunikationsalltag erschien ihm nicht rundweg steif und sachlich, aber auch nicht inspiriert und lebendig. Dialog war nicht üblich, aber auch nicht vollkommen ausgeschlossen.

Der „konventionelle Personalinformierer" war einfach das gewohnte Schema, das alle im Kopf hatten. Wahrscheinlich ließe sich das ändern, es hat nur noch keiner versucht, dachte sich Ribbeck. Einer für alle – alle für einen! – Ein kooperativer und kollegialer Dialog schwebte Ribbeck als anzustrebende Kommunikationskultur vor. Gleichzeitig wusste er, dass man Kulturen zwar verändern kann, aber dass dabei Geduld gefragt ist. Von heute auf morgen würde das nicht klappen.

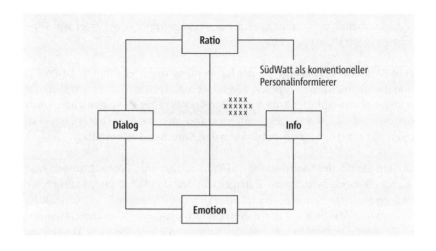

## Der beste Weg zum Konzept

Damit sind die grundlegenden Vorüberlegungen abgeschlossen, die Entwicklung des Konzepts kann beginnen. Klassische Konzeptformen der internen Kommunikation sind:

› **Das Kampagnenkonzept** – Eine Kampagne ist eine schlagkräftige, systematische Großoffensive mit vernetzten Kommunikationsinstrumenten. In der internen Kommunikation könnte es z. B. eine Qualitätskampagne unter dem Motto „Ihre Ideen für mehr Qualität" geben.

› **Das Projektkonzept** – Ein Projekt ist eine fest umrissene, kompakte Kommunikationsaufgabe meist mit einem festen zeitlichen Horizont. Denkbar wäre z. B. ein Konzept für die kommunikative Begleitung des bevorstehenden Umzugs in ein neues Verwaltungsgebäude.

› **Das Themenkonzept** – Ein Thema wird aufgegriffen, das für das Unternehmen von großer Bedeutung ist und über einen bestimmten Zeitraum immer wieder in Szene gesetzt wird. Das Thema „Energieeffizienz und Nachhaltigkeit" wird z. B. mit seinen inner- und außerbetrieblichen Einflüssen und Auswirkungen über Monate thematisiert.

› **Das Maßnahmenkonzept** – Ein Maßnahmenkonzept konzentriert sich auf die Analyse, Strategie und Umsetzung für ein bestimmtes Instrument der internen Kommunikation – wie z. B. die Neupositionierung der altbewährten Mitarbeiterzeitschrift.

> **Das Jahreskonzept** – Im Rahmen des Jahreskonzepts werden die Aufgaben, Themen und Instrumente für das anstehende Planungsjahr möglichst frühzeitig festgelegt. Die interne Kommunikation denkt immer ein Jahr im Voraus.

Wir gehen im vorliegenden Buch beispielhaft von einem Jahreskonzept aus. Mit der Ausarbeitung des Jahreskonzepts startet man am besten im Oktober des Vorjahres, damit das Konzept möglichst noch im alten Jahr „abgesegnet" werden und gleich ab Jahresanfang realisiert werden kann. Die eigentliche Arbeit am Konzept läuft neben dem üblichen Tagesgeschäft und sollte nicht länger als vier bis sechs Wochen benötigen. Dabei gehen Sie in drei Stufen an die Arbeit, die chronologisch ablaufen.

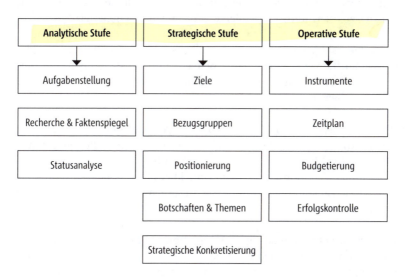

Abbildung 7: Das Drei-Stufen-Konzept der internen Kommunikation

> **Analytische Stufe** – Zuerst definieren Sie Ihre Aufgaben. Dann machen Sie sich schlau, sammeln alle relevanten Fakten in einem Faktenspiegel, um anschließend in einer Statusanalyse die Ist-Situation für die interne Kommunikation auf den Punkt zu bringen.

> **Strategische Stufe** – Auf dem Fundament der Analyse errichten Sie ein stabiles Strategiegerüst mit Zielen, Bezugsgruppen, Positionierung, Botschaften, Themen und einer strategischen Konkretisierung als Brücke zur Umsetzung.

> **Operative Stufe** – In der dritten Stufe überlegen Sie, welche konkreten Instrumente in das Gerüst passen. Außerdem planen Sie Zeit, Kosten und strategische Erfolgskontrolle.

Die Arbeit teilen Sie sich beim ersten Konzept im Rhythmus von 1/3 Analyse, 1/3 Strategie und 1/3 operative Umsetzung ein. Bei späteren Durchgängen können Sie die Analyse leicht verkürzen und die gewonnene Zeit in Strategie und Umsetzung stecken.

Der Wille, ein Konzept zu schreiben, ist da, aber vor Ihnen liegt noch ein weißes Blatt. Sie werden merken, der Einstieg kann schwierig sein. Versuchen Sie sich nicht am perfekten Konzept, sondern wählen Sie einen pragmatischen Ansatz. Konzepte schreiben ist keine schöngeistige Kunst, sondern ein Handwerk, das erlernt werden kann. Die Sicherheit kommt mit der Übung. Ein Konzept ist letztendlich nichts anderes als ein Arbeitspapier, bei dem Arbeitsaufwand und Nutzen in vernünftiger Relation stehen müssen. Um den Einstieg zu erleichtern, empfehlen wir folgende Vorgehensweise:

Holen Sie sich grünes Licht von Ihren Vorgesetzten. Die Chefetage sollte Interesse am Konzept haben, das Arbeitsergebnis ernst nehmen und Ihnen das Mandat erteilt haben. Wenn Sie an dieser Front Rückhalt bekommen, ist schon viel gewonnen.

Überlegen Sie, ob Sie das Konzept im Alleingang realisieren wollen. Ein Sparringspartner, mit dem Sie Überlegungen und Ideen diskutieren können, wäre eventuell hilfreich. Es muss gar kein Kollege aus der Firma sein. Vielleicht findet sich in Ihrem privaten Umfeld ein Freund oder Bekannter, mit dem Sie sich austauschen können. Die Gespräche müssen natürlich vertraulich behandelt werden.

Vielleicht organisieren Sie einen Konzeptionsworkshop mit relevanten Mitarbeitern und Abteilungen Ihres Hauses. So entsteht das Konzept in Teamwork und alle stehen dahinter. Das kann ein großer Vorteil sein. Aber dieser Weg birgt zugleich die Gefahr, dass das Konzept zur internen Kommunikation eine Kompromisslösung mehrerer Abteilungen wird. Der sonst so gelobte „goldene Mittelweg" stellt sich gerade in der Kommunikation häufig als Handicap heraus. Dem eingeschlagenen Strategiekurs fehlt die klare Linie und die Umsetzung bleibt später auf halber Strecke stecken.

Nehmen Sie das Konzept ernst. Interne Kommunikation darf nie Placebo sein. Oberflächliche Kosmetik-Konzepte fallen in der Umsetzung an der Mitarbeiterfront schnell durch. Sind die Themen nicht ehrlich, die Instrumente nicht echt, sondern nur Politur, dann bauen sie Misstrauen auf und verstärken bereits schwelende Antipathien.

Legen Sie zuerst die Arbeitsabläufe fest. Schreiben Sie in kurzen Stichworten auf, wie Sie vorgehen wollen. Teilen Sie sich die Konzeptionszeit ein und halten Sie sich später an die Ablaufplanung und die dazugehörigen Zeitfenster.

Mehr Zeitaufwand bringt nämlich meist nicht mehr Qualität. Im Serviceteil finden Sie eine ausführliche Checkliste (Seite 206).

| Aktion | Bemerkung | Std.-Aufwand | Termin | Verantworlich |
|---|---|---|---|---|
| 1. Recherche & Statusanalyse | | | | |
| 2. Entwicklung der Strategie | | | | |
| 3. Konkretisierung der Maßnahmen | | | | |
| 4. Budgetierung & Zeitplanung | | | | |
| 5. Abstimmungen & Korrekturen | | | | |
| 6. Präsentation Leitung | | | | |

**Check 5: Planung Konzeptentwicklung**

Halten Sie alle Ideen, Arbeitsschritte, Zwischenergebnisse schriftlich fest. Das Konzept sollte schwarz auf weiß dokumentiert sein und nachlesbare Tatsachen schaffen. Wie eine Gebrauchsanleitung wird es später in der Durchführungsphase immer wieder zur Hand genommen.

Es gibt nur wenige gute Vorsätze, die Sie für die konzeptionelle Arbeit brauchen. Aber diese wenigen Vorsätze haben es in sich. Sie dürfen sie in keiner Stufe der Konzepterstellung aus den Augen verlieren:

> **Einfach bleiben** – Auch wenn die internen Kommunikationsprobleme in der Firma ziemlich verworren sind, die konzeptionelle Lösung muss in jedem Fall einfach sein und sich sofort erschließen. Wenn Sie Ihrem Chef nicht in einer Minute das Konzept erklären können, dann ist es zu kompliziert.

> **Kollegen immer im Hinterkopf** – Ihre Kernbezugsgruppe sind die Mitarbeiter. Verlieren Sie die Meinungen, Einstellungen und Ängste dieser Schlüsselgruppe nie aus den Augen. Sie muss sich glaubwürdig angesprochen fühlen.

> **Sofortige Erfolge einbauen** – Bauen Sie das interne Kommunikationskonzept so, dass es in der Umsetzung viele positive Erfolgserlebnisse auslöst. Erfolge entwickeln immense Schubkraft und bringen Ihnen einen wertvollen Vertrauensvorsprung und Glaubwürdigkeit.

> **Sicherheit geben** – Eine starke Urangst ist die Verlustangst. Die Mitarbeiter fürchten den Verlust ihrer Kompetenzen, ihres Arbeitsplatzes, ihres Anse-

hens. Die Verlustangst kann enorme negative Kräfte entwickeln und selbst zurückhaltende Naturen in die Offensive treiben. Ihr Konzept für die interne Kommunikation darf darum in seinen Konsequenzen nicht verunsichern und Ängste erzeugen. Es muss integrieren und schützen, muss Nestwärme und Verlässlichkeit bieten.

› **Machbar bleiben** – Alles, was Sie im Konzept beschreiben, orientiert sich an den realen Verhältnissen in Ihrer Firma. Was Sie vorschlagen, braucht Augenmaß. Das Konzept hat seine Bewährungsprobe erst dann bestanden, wenn es nach der Präsentation nicht in der Schublade verschwindet, sondern tatsächlich umgesetzt wird.

## PRAXIS LIVE

Sven Ribbeck hatte sich entschlossen, die nötige Zeit freizuschaufeln und das Konzept für die von Dr. Velten geforderte interne Kampagne ganz allein zu entwickeln. Wen hätte er auch einbeziehen sollen? Seine beiden Kolleginnen steckten bis zum Hals in laufenden Projekten. Gut, er hatte vor, sich vorher ein Okay von Dr. Velten zu holen und die Kolleginnen zwischendurch mal um Rat zu fragen, aber ansonsten war das Konzept sein großes Solo – hoffentlich mit Applaus zum Abschluss.

# Analyse.
## Ohne Durchblick kein Weitblick

Sie kennen Ihr Unternehmen „wie Ihre Westentasche"? Umso wichtiger ist eine gründliche Analyse, die die festgelegte Sicht- und Denkweisen aufbricht. Alle kommunikationsrelevanten Tatsachen werden gesammelt, geordnet und der Stand der Dinge neu bewertet.

## Zuerst die Aufgabe festlegen

„Meine Aufgabe für das nächste Jahr ist schnell beschrieben. Ich sorge wie immer dafür, dass in der Mitarbeiteransprache alles reibungslos läuft.", berichtet uns ein Kommunikationsverantwortlicher. Wir hören wenig Konkretes und Ambitioniertes, wenn es um die anstehenden Aufgaben für den Bereich der internen Kommunikation geht. Schade, denn eine fehlende oder unscharfe Aufgabenstellung geht zu Lasten der Zielstrebigkeit. Eine klare Aufgabenstellung ist oft nicht mehr als ein Satz, aber wenn man sich den zu Herzen nimmt, dann setzt das enorme Antriebskräfte frei.

Wie kommt man an seine Aufgabe? Wer gibt den konkreten Auftrag? In der externen Kommunikation wird die Aufgabe normalerweise im Rahmen eines Briefings beschrieben. In der internen Kommunikation ist uns das Instrument des Briefings bisher nur selten begegnet.

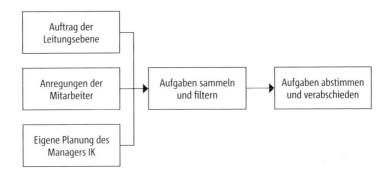

**Abbildung 8: Entwicklung der Kommunikationsaufgaben**

Wenn es um die Herkunft der Aufgaben geht, weist die Rollenverteilung aus dem letzten Kapitel (Check 2 – Seite 36) die richtige Richtung. Erster Auftraggeber ist immer der Vorgesetzte. Er hat die Führungsrolle und sagt, wo es langgehen soll. In erster Linie wird er Aufgaben vorgeben, die sich aus der Unternehmensstrategie ergeben.

Der Chef kann auch andere taktische Aufgaben vorgeben. Man stelle sich vor, am Rande der wöchentlichen Marketingsitzung beklagt sich der Chef beim IK-Manager: „Wenn ich in letzter Zeit so durchs Haus laufe, dann sehe ich überall nur noch müde Gesichter. So geht das nicht weiter, Sie müssen dringend was für die Motivation der Leute tun." Voilà, da ist die Aufgabenstellung.

In zweiter Linie sind auch die Kollegen einbezogen. Sie werden motiviert, ihrerseits Anregungen einzubringen. Ja richtig, wir sehen die Kollegen in der Rolle der Mitwirkenden, und in diesem Sinne sind sie an der Aufgabenstellung angemessen zu beteiligen. Mögliche Aufgaben können informell beim Gedankenaustausch im Flur oder offiziell z. B. mit einem Artikel in der Mitarbeiterzeitschrift abgefragt werden.

Da beschwert sich ein Mitarbeiter: „Mir stößt sauer auf, dass es da eine Reihe von Kollegen gibt, die sind schon viele, viele Jahre im Unternehmen und schuften. Aber keiner kümmert sich um die. Warum eigentlich? Ich finde, die haben ein dickes Lob verdient!"

Der dritte Aufgabensteller ist der IK-Manager. Selbstverständlich kann er sich jederzeit selbst Aufgaben stellen. Die Aufgaben ergeben sich aus anstehenden Ereignissen. Nächstes Frühjahr wird z. B. die neue Kantine eingeweiht und zwei Monate später geht der Seniorchef in Pension. Das sind alles gute Anlässe für interne Kommunikationsaktionen. Auch Mängel in der Rollenverteilung zwischen Führungkräften und Mitarbeitern (Check 2 – Seite 36) oder in der Unternehmenskultur (Check 4 – Seite 43) lassen sich als Aufgabe konstatieren. Der Status zur Kooperation der internen und externen Kommunikation (Check 3 – Seite 39) kann ebenso die Basis für neue Aufgaben sein. Oder der IK-Verantwortliche wertet die Ergebnisse der Erfolgskontrolle vom Vorjahr aus und erkennt Handlungsbedarf. Man stelle sich vor, die Kontrollen ergäben, dass gut die Hälfte der Mitarbeiter die Grundsätze der neuen Unternehmensstrategie noch nicht im Kopf haben, da muss doch was passieren.

Dass die Aufgaben paritätisch von der Leitungsebene, den Mitarbeitern und dem Manager IK kommt, erleben wir selten. In der Mehrzahl der Unternehmen ist die Aufgabenstellung ein Privileg der Leitung. Wir kennen allerdings auch Unternehmen, in denen engagierte IK-Manager die Mehrzahl der Aufgaben in Eigenregie entwickeln. Anregungen aus der Mitarbeiterschaft sind nach unserer Erfahrung eher die Ausnahme.

Egal, wer die Aufgaben initiiert, auf eines kommt es an: Die Aufgaben setzen genau an den akuten Problemstellen an und Verbesserungen dringlich sind. Gängige Aufgaben für die interne Kommunikation sind beispielsweise:

› Mitarbeitermotivation erhöhen
› Identifikation mit dem Unternehmen fördern
› Interne Prozesse und Strukturen verbessern
› Informationswege, z. B. über mehrere Hierarchiestufen, verkürzen
› Über die Unternehmensstrategie und anstehende Ereignisse informieren
› Externe Erfolge darstellen und die Leistungen der Mitarbeiter herausstellen
› Akzeptanz für einen neuen Chef schaffen
› Betriebsklima auffrischen

Zuerst werden in Frage kommende Aufgaben gesichtet und gesammelt. Man nimmt sich einen Notizblock zur Hand und stellt eine Liste möglicher Aufgaben zusammen. Im Anschluss werden die Aufgaben begutachtet, nach Bedeutung gewichtet und auf ein machbares Maß gefiltert. Folgende Filterkriterien können herangezogen werden:

› Welche Probleme sind Auslöser der Aufgabe? Wie akut sind die Probleme?
› Welche Rahmenbedingungen hat die Aufgabe?
› Wie wichtig ist die Aufgabe aus Sicht der Chefs?
› Welche Bedeutung hat die Aufgabe aus Sicht der Kollegen?
› Welchen zeitlichen Horizont hat die avisierte Aufgabe voraussichtlich?
› Welche finanziellen und personellen Ressourcen werden für die Aufgabe benötigt?
› Wie hoch sind die Erfolgsaussichten der Aufgabe?
› Welche Aufgaben sind Pflicht? Und was ist als Kür zu sehen?

Stellt sich grundsätzlich noch die Frage: Wie viele Kommunikationsaufgaben verträgt ein Jahreskonzept? Das kommt darauf an! Mit aller gebotenen Vorsicht würden wir sagen, dass zwei, maximal drei große Aufgaben machbar sind – und dazu vielleicht noch die eine oder andere kleine Küraufgabe. Wenn man sich dagegen sechs, sieben, acht oder noch mehr Aufgaben ins Pflichtenheft schreibt oder schreiben lässt, dann sollte man über einen hohen Etat und viele Mitarbeiter oder alternativ über eiserne Nerven verfügen.

| Aufträge Leitungsebene | Anregungen Mitarbeiter | Eigene Planung Manager IK |
|---|---|---|
|  |  |  |

Check 6: Aufgaben sammeln und filtern

Sammeln Sie mögliche Aufgaben. Im ersten Durchgang darf die Liste ruhig länger sein, aber im zweiten Durchgang filtern Sie rigoros und konzentrieren sich auf das Maß des Machbaren. Dabei macht es durchaus Sinn, die Aufgaben zu priorisieren und ganz gezielt eine der Aufgaben zur herausragenden Schwerpunktaufgabe zu machen. Denken Sie beim Filtern und Priorisieren daran, dass die Aufträge der Leitungsebene einen gewissen Vorrang haben, aber nicht absolut gesetzt sind. Sobald Sie einen Auftrag von oben für problematisch halten, sollten Sie die Aufgabe erst einmal von der Liste streichen. Legen Sie sich aber zugleich ein paar schlagende Argumente für die Streichung parat. Sie werden sie für das anstehende Exposé brauchen.

## PRAXIS LIVE

Am Schwerpunkt der Aufgabenstellung gab es keinen Zweifel. Dr. Velten hatte da eine ganz klare Direktive gegeben. Das neue Selbstverständnis als „moderner und kundenorientierter Energieberater" ist bei den Mitarbeitern auf breiter Front durchzusetzen. Machte es Sinn, darüber hinaus noch weitere Aufgaben zu fixieren?

| Aufträge Leitungsebene | Anregungen Mitarbeiter | Eigene Planung Manager IK |
|---|---|---|
| Schwerpunkt: › Neue Selbstsicht als „moderner und kundenorientierter Energieberater" durchsetzen | › Wesentlich schneller über Neuigkeiten im Unternehmen informiert werden | › Die Führungskräfte kommunikativ besser vernetzen |
| › ~~Freundlichkeitswettbewerb unter den Mitarbeitern im Kundenkontakt veranstalten~~ | › ~~Eine Mitarbeiterzeitschrift installieren~~ | › ~~Die Grenze zwischen Technik und Verwaltung aufweichen~~ › ~~Eine Mitarbeiterbefragung durchführen~~ › ~~Zweiten Vorstand besser profilieren~~ |

Doch, es machte Sinn! Die mangelnde Vernetzung der Führung war ein echtes Ärgernis, das ließe sich ohne große Widerstände angehen und brächte Sven Ribbeck wahrscheinlich Pluspunkte bei Dr. Velten. „Gut mitgedacht!" würde der sagen. Auch, dass sich die Mitarbeiter ständig beschwerten, weil es immer so lange dauern würde, bis die Neuigkeiten bei ihnen ankämen, schien ein lösbares Problem und brächte Ribbeck kurzfristig einen besseren Stand bei den Kollegen. Lange gekämpft hat er mit den Aufgaben „Die Grenze zwischen Technik und Verwaltung aufweichen" und „zweiten Vorstand besser profilieren". Da bestand zweifellos Handlungsbedarf, aber irgendwie wurde er das Gefühl nicht los, dass er sich damit eine blutige Nase holen würde, deshalb hat er diese beiden Aufgaben am Ende erst einmal aufgeschoben, aber nicht aufgehoben.

## Mit einem Exposé das Konzept auf den Weg bringen

Sobald die Aufgaben für das Jahreskonzept fest umrissen sind, holt man sich im Unternehmen mit einem knackigen, aussagekräftigen Exposé grünes Licht für die anstehende Konzeptionsentwicklung. Empfänger des Exposés ist die Leitungsebene. Im Exposé wird dem Chef die interne Lage aufgezeigt, daraus die konkreten Aufgaben abgeleitet und das Prozedere der Konzeptentwicklung skizziert.

Funktion des Exposés ist es, der Unternehmensleitung und eventuell beteiligten Abteilungen die Dringlichkeit und die Chancen des Konzeptes zu verdeutlichen. Vor allem der Chef muss überzeugt werden und dahinterstehen. Hört der Chef das erste Mal vom Konzept, wenn es schon fix und fertig ist, dann kann die ganze Arbeit umsonst sein, weil sie keine Akzeptanz findet: „Was soll denn das jetzt? Haben Sie zu viel Zeit?". Ein Exposé beugt diesem Risiko vor.

| Situation | Wo stehen wir? |
|---|---|
| Aufgaben | Was wollen wir angehen? |
| Nutzen | Was bringt uns das? |
| Vorgehensweise | Welche Schritte sind geplant? |
| Schnittstellen | Wer ist beteiligt? |
| Budget & Personaleinsatz | Mit welchem Aufwand ist zu rechnen? |

**Abbildung 9: Inhalte des Exposés**

Bei Ihrer Analyse der normativen Rahmenbedingungen (Spielfeld, Rolle und Spielregeln) und dem Check Ihrer Kompetenzbereiche (Check 1 – Seite 26) haben Sie sich schon Gedanken zur grundsätzlichen Konstellation gemacht. Zusammen mit Ihren Erfahrungswerten, einer kurzen Vorrecherche und ersten konzeptionellen Ideen, die Sie wahrscheinlich bereits im Kopf haben, verfügen Sie über genügend Stoff für das Exposé. In zwei bis drei Stunden ist das Papier ausformuliert. Weil sich das Exposé als griffiges „Verkaufspapier" versteht, sollte es keinesfalls länger als zwei Seiten werden. Sein Aufbau könnte so aussehen:

› **Situation** – Am Anfang steht ein kurzer prägnanter Bericht zur aktuellen Situation der internen Unternehmenswelt mit Fokus auf die kritischen Problempunkte. Auch wenn Sie an dieser Stelle von Problemen und Fronten berichten, sollten Sie diese Begriffe im Exposé vermeiden. Man löst die Situation besser positiv auf und spricht zum Beispiel von Herausforderungen.

› **Aufgaben** – Aus der Situation leiten sich die Aufgaben für das interne Kommunikationskonzept ab. Machen Sie keine zu großen Versprechungen. Setzen Sie klare Schwerpunkte und definieren Sie nur Aufgaben, die mit den zur Verfügung stehenden Mitteln gelöst werden können. Falls die Aufgaben von den Erwartungen und Wünschen der Vorgesetzten abweichen, muss man diese Abweichungen schlüssig begründen.

› **Nutzen** – Ihren Chef interessiert vor allem, was unter dem Strich dabei herauskommt. Was ist der Nutzen für Unternehmen und Mitarbeiter? Nicht zu vergessen: Warum lohnt sich das Konzept auch für den Chef selbst? Wie steht er am Ende gut da? Der Nutzen kann zum Beispiel in einer Kosteneinsparung durch Prozessverbesserung liegen oder in einer höheren Mitarbeitermotivation, die sich positiv auf die Produktivität auswirkt. Bleiben Sie auch in diesem Punkt Realist. Hüten Sie sich vor überzogenen Versprechungen.

> **Vorgehensweise** – Sie skizzieren in aller Kürze einen Projektplan für die Konzepterstellung. In welchem Zeitrahmen, in welchen Schritten und mit welchen Hilfsmitteln entwickeln Sie das Konzept? Was wird man mit dem fertigen Konzept anfangen können? Nehmen Sie den Entscheidern die Angst, dass hier nur beschriebenes Papier für die Schreibtischschublade produziert wird.

> **Schnittstellen** – Welche interne und externe Unterstützung wird gebraucht? Entwickelt der Kommunikationsmanager sein Jahreskonzept im Alleingang nur mit Bordmitteln? Oder benötigt er die Zuarbeit anderer Unternehmensbereiche? Will er sogar externe Experten oder eine Agentur einbeziehen?

> **Budget & Personaleinsatz** – Falls die Konzeptentwicklung über das normale Maß personelle Kräfte bindet oder besondere Kosten erzeugt, dann werden diese im Exposé transparent gemacht.

Geben Sie das fertige Papier nicht einfach im Chefsekretariat ab. Versuchen Sie, einen Termin beim relevanten Vorgesetzten zu bekommen und stellen Sie Ihr Vorhaben vor. Der Termin ist möglichst so festzulegen, dass die Unternehmensleitung nicht unter Termindruck steht und sich nicht nur „zwischen Tür und Angel" mit Ihrer Initiative beschäftigt. Dazu ist ein guter Draht ins Chefsekretariat nützlich.

Wir kennen Ihren Chef nicht, aber unsere allgemeinen Erfahrungswerte sagen uns, dass er – wie so viele Unternehmensleitungen – wenig Zeit hat, schon gar nicht für das „Kommunikationsgedöns". Darum passt der gesamte Termin in ein Zeitfenster von maximal einer halben Stunde. Für die eigentliche Vorstellung des Exposés benötigt man nicht mehr als zehn Minuten. Sie sollten sich auf den Termin gut vorbereiten, damit Sie zügig zur Sache kommen, Ihren Zuhörern sofort einen greifbaren Bedeutungsrahmen vermitteln.

Unternehmensleitungen brauchen feste Ankerpunkte, um sich entscheiden zu können. Ideale Anker sind klare Zahlen und Fakten, die sofort Klick machen. Bauen Sie unbedingt solche Fakten in Ihr Exposé ein:

> **Beispiel 1** – „Die Mitarbeiterfluktuation ist in den letzten zwölf Monaten um 20% gestiegen. 37 neue Mitarbeiter mussten angeworben und eingearbeitet werden. Pro Mitarbeiter sind das laut Personalabteilung Selbstkosten von rund 47.000 Euro. Wenn es gelingt, durch eine systematische Pflege der Mit-

arbeiterzufriedenheit die Fluktuationsquote um ein Drittel zu senken, dann bringt das unter dem Strich Einsparungen in Höhe von über einer halben Million Euro."

› **Beispiel 2** – „Der Krankenstand in der Produktion hat im letzten Jahr überraschend um 15% zugenommen. Das macht insgesamt rund 1.700 Fehltage aus. Jeder Fehltag kostet laut Branchenbetriebsvergleich in entsprechenden Unternehmen etwa 580 Euro. Durch eine Analyse der Ursachen und gezielte Kommunikation, so haben Erfahrungen gezeigt, ist es mittelfristig möglich, die hohen Krankenstände wieder abzubauen und die Kosten durch Fehltage auf das normale Maß zu senken."

› **Beispiel 3** – „Einige Führungskräfte beklagen eine ausufernde Besprechungskultur im Unternehmen. Die Analyse einer externen Unternehmensberatung bestätigt die „Meetingflut". In den Führungsebenen verbringen die Mitarbeiter durchschnittlich 71% ihrer Arbeitszeit in internen Meetings. Durch die Kommunikation neuer Regeln für Meetings ließen sich laut Unternehmensberatung im Durchschnitt zehn bis zwölf Wochenstunden pro Führungskraft für andere Aufgaben freimachen."

Das Exposé ist präsentiert. Die Zuhörer stellen Fragen und haben Anmerkungen. Der IK-Manager versucht, eventuelle Einwände sofort zu entkräften. Wenn er das Chefbüro verlässt, gibt es drei Ergebnismöglichkeiten:

› **Die Zustimmung wurde erteilt** – Super! Das interne Kommunikationsmanagement hat das Vertrauen des Chefs. Es sollte diese Chance nutzen. Um Missverständnissen vorzubeugen, fasst der IK-Manager die Zustimmung noch einmal in einem kurzen Gesprächsbericht zusammen und sendet ihn den relevanten Vorgesetzten zur Bestätigung zu.

› **Die Zustimmung wurde mit Änderungswünschen gegeben** – Das dürfte der Normalfall sein. Der Vorgesetzte denkt sich in das Vorhaben ein und nimmt Einfluss. Die gewünschten Veränderungen werden schriftlich festgehalten und als überarbeitetes Exposé zur Bestätigung an die Unternehmensleitung geschickt.

› **Das Konzeptvorhaben wurde abgelehnt** – Das ist frustrierend, sollte den IK-Verantwortlichen aber nicht entmutigen. Er forscht nach den Gründen und stellt sich beim nächsten Durchgang darauf ein. In Zukunft versucht er, zu passenden Anlässen mit Einfühlungsvermögen auf das konzeptionelle Arbeiten und die Vorteile für die interne Kommunikation hinzuweisen.

Auch wenn es bürokratisch klingt: Falls die Entwicklung von strategischen Konzepten im Unternehmen Neuland ist, sichert sich der Kommunikationsmanager ab und lässt sich einen schriftlichen Arbeitsauftrag geben. Die Erarbeitung und Umsetzung eines Konzepts birgt Risiken, stimuliert den Widerspruch anderer Abteilungen, im Extremfall wird sogar der eine oder andere Torpedo gegen den Kommunikationsmanager IK abgeschossen. Da ist es anzuraten, dass man sich ausreichend rückversichert.

## PRAXIS LIVE

Sven Ribbeck hatte alle wichtigen Informationen gesammelt, bevor er sich ans Formulieren machte. Er ließ sich dann lieber etwas mehr Zeit, um an den Inhalten des Exposés zu feilen und auf das Wesentliche herunterzudampfen. Am Ende brauchte er nicht einmal eine Seite und die war zudem noch sehr luftig aufgebaut. Die wesentlichen Punkte hatte er mit „Bulletpoints" hervorgehoben. Er wusste nur zu gut, dass Dr. Velten lange Papiere hasste und bei jeder Gelegenheit auf die „verdammte Papierflut" schimpfte. In gebotener Kürze hatte Ribbeck die Schwerpunktaufgabe, die beiden ergänzenden Aufgaben und seine Vorgehensweise beschrieben. Ebenso kurz war der anschließende Termin bei seinem Chef gelaufen. Es dauerte keine fünfzehn Minuten und Ribbeck hatte grünes Licht für seine Vorgehensweise.

## Gründlich recherchieren

Als nächstes steht die Recherche an. „Wozu denn recherchieren? Ich arbeite seit Jahren hier. Ich kenne dieses Unternehmen wie meine Westentasche und habe alles im Kopf." Irrtum! Unser Gehirn funktioniert nach dem heuristischen Prinzip. Um die enorme Komplexität der Umwelt zu bewältigen, lässt die „Heuristik" unser Gehirn ständig Abkürzungen nehmen. Viele Entscheidungen werden aufgrund von Bauchgefühlen und intuitiven Faustregeln getroffen. Dabei kommt es immer wieder zu Verzerrungen und falschen Schlüssen. Gerade bei Mitarbeitern, die lange im Unternehmen arbeiten und tief im Geschehen stecken, begegnen uns diese heuristischen Sichtweisen ständig.

Sich im Rahmen eines strategischen Konzepts auf intuitive Erfahrungswerte zu verlassen, wäre gefährlich. Eine gründliche Recherche muss daher Arbeitsgrundlage jedes Konzepts sein. Der Kommunikationsmanager IK geht dazu „in die neutrale Ecke", er sammelt und sortiert aus dieser Ecke heraus alle aufgabenrelevanten Daten, Fakten und Hintergrundinformationen. Er erschließt sich die betrieblichen Zusammenhänge unvoreingenommen und schaut vor allem auch hinter die Kulissen und achtet auf die Zwischentöne. Welche Fakten gebraucht werden, hängt von der spezifischen Aufgabenstellung ab. Sprich: Im Exposé wurde das Terrain der Aufgabe abgesteckt und bei allem, was innerhalb dieses Terrains liegt, schaut man in der Recherche genauer hin. Alles außerhalb interessiert nicht.

Das Recherchieren und Analysieren der „internen Gesellschaft", ihrer gesellschaftlichen Themen, ihrer Kultur und ihrer Menschen liegt einem guten Kommunikationsmanager im Blut. Er darf kein Bürohocker und Schreibtischtäter sein. Er geht „raus" und mischt sich unter die Kollegen, er fährt seine Antennen aus und sucht das Gespräch. Er fühlt sich in der internen Gesellschaft wohl und ist wie ein „Trendscout" der internen Kulturströmungen. „Ich kann doch nicht überall sein.", werden Sie jetzt einwenden. Da haben Sie Recht. Es wird entscheidend darauf ankommen, dass Sie sich ein Netzwerk aufbauen, das den Strom der Neuigkeiten in Ihre Richtung kanalisiert.

Für die Recherche eines Jahreskonzepts zur internen Kommunikation sollten im Regelfall nicht mehr als drei bis vier Arbeitstage aufgewendet werden. Es geht nicht um akribische wissenschaftliche Arbeit, sondern lediglich um eine aufschlussreiche Situationsskizze.

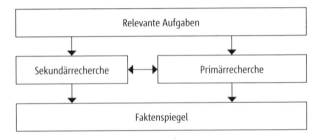

Abbildung 10: Sekundär- und Primärrecherche

Am Anfang steht die Sekundärrecherche. In dieser Phase ist man gezwungenermaßen Schreibtischtäter. Denn innerhalb der Sekundärrecherche wird bereits vorhandenes Material gesammelt, gesichtet und bewertet. Gibt es in Ihrem Hause ein vernünftiges Wissens- und Informationsmanagement, dann liegt das Material meist schon griffbereit vor. Ansonsten muss man sich auf die Suche durch die relevanten Abteilungen begeben und einfordern, was zur Verfügung steht. Gesucht und hoffentlich gefunden werden aufgabenrelevante Unterlagen aus dem gesamten Unternehmen, die zur Lösung der Kommunikationsaufgaben beitragen können – beispielsweise:

› Sachberichte, Memos, Protokolle und Arbeitsanweisungen
› Strategien, Pläne, Konzepte, Ideenskizzen aus allen relevanten Bereichen
› Interne Studien, Analysen, Prognosen, Befragungen, Statistiken
› Reden, Presseinfos, Imagebroschüren, Geschäftsberichte, Biografien

Neben den internen Materialien können auch externe Informationen spannend und wichtig sein. In einem Konzept der lokalen Wirtschaftsförderung zur Standortentwicklung oder in einer Analyse der Arbeitsagentur zu Tendenzen der beruflichen Weiterbildung stecken durchaus wertvolle Informationen. Als Kommunikationsmanager IK ist man Jäger und Sammler.

Nicht alle relevanten Informationen lassen sich aus sekundärem Material ableiten. Es bleiben immer irgendwo Lücken und Widersprüche. Um die Lücken zu schließen und ein authentisches Bild zu bekommen, wird eine gezielte Primärrecherche gestartet. In der internen Kommunikation ist die primäre Recherche im Grunde wichtiger als die sekundäre Recherche, denn sie liefert ein aktuelles und authentisches Bild. Im Unternehmen ist man direkt am Geschehen dran und diese Nähe nutzt man aus, das versteht sich von selbst. Aus methodischer Sicht bedeutet Primärrecherche, dass der Kommunikationsmanager IK hinaus „ins Feld geht" und bestimmte Fakten für das Konzept in direktem Kontakt neu erhebt bzw. erheben lässt. Zwei unterschiedliche Recherchewege können eingeschlagen werden:

> **Quantitative Primärrecherche** – Der IK-Manager stellt seine Recherche auf eine quantitativ messbare Zahlenbasis. Auch wenn diese Basis nicht unbedingt empirisch abgesichert ist, haben quantitative Ergebnisse dennoch eine hohe Überzeugungskraft im internen Entscheidungsprozess, da Zahlen immer klare Referenzpunkte für eine Entscheidung bieten. Der Klassiker der quantitativen Recherche ist die Mitarbeiterbefragung mit einem standardisierten Fragebogen. Erfolg versprechend sind aber auch Beobachtungen. Der IK-Manager „verdonnert" zum Beispiel einen Praktikanten dazu, sich drei Tage in Sichtweite des Schwarzen Bretts zu stellen und zu zählen, wie viele Mitarbeiter sich zu welchen Tageszeiten wie lange vor dem Brett aufhalten.

> **Qualitative Primärrecherche** – Der Kommunikationsmanager IK redet mit ausgewählten Mitarbeitern in Einzelgesprächen oder am runden Tisch. Im Einzelfall kann es sinnvoll sein, zusätzlich die Meinung externer Experten und Meinungsbildner einzuholen. Ganz gleich, wie knapp die Zeit für die Konzeptentwicklung ist, auf solche unmittelbaren Gesprächseindrücke sollte man keinesfalls verzichten. Sie machen relativ wenig Aufwand und bringen fast immer aufschlussreiche Erkenntnisse.

Denken Sie daran, allen Kollegen, die Materialien einbringen, Auskünfte geben und Meinungen äußern, absolute Vertraulichkeit zuzusichern. Ihre Recherchearbeit muss wie bei einem Anwalt oder einem Arzt von Diskretion geprägt sein. Wir haben es erlebt, dass seitens des Chefs das Ansinnen kam: „Da haben einige wohl so richtig vom Leder gezogen. Sagen Sie mir doch rein interessehalber, wer das war." Ein solches Verlangen muss der IK-Verantwortliche auf jeden Fall vehement abblocken.

65

Was soll die Recherche inhaltlich in Erfahrung bringen? Wie gesagt, das hängt stark von der Aufgabenstellung ab. Folgendes Grundraster gibt eine grobe Orientierungshilfe:

› **Normative Fakten** – z. B. Missionen, Visionen, Leitbilder, Unternehmenskultur, Markenbilder, grundlegende Rollenverteilung

› **Organisatorische Fakten** – z. B. Ablauf- oder Aufbaustrukturen, Führungsfunktionen, Gremien und Informationswege

› **Strategische Fakten** – z. B. Zielgruppen, fixe Ziele, angestrebte Positionierung, Dachbotschaften, Themen

› **Operative Fakten** – z. B. anstehende Ereignisse, vorhandene Instrumente, Zeitfaktoren, Kostensituation

› **Externe Fakten** – z. B. Marktsituation, Wettbewerber, externe Multiplikatoren, politische und ökonomische Einflüsse, gesellschaftliche Trends

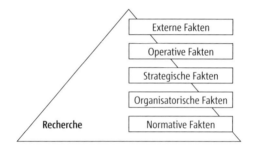

Abbildung 11: Die Bereiche der Rechercheplanung

Um hieb- und stichfeste Antworten auf die Recherchefragen zu bekommen, fragt man am besten bei derjenigen Person oder Abteilung nach, die am dichtesten am Thema dran ist und sich auskennt. Über die Marktkonkurrenten wird Ihnen der Vertriebschef beispielsweise sachkundigere Auskunft geben als der Pressesprecher. Aufschlussreich ist es oft auch, mit mehreren Personen zu sprechen, unterschiedliche Sichtweisen zu erfragen und zu vergleichen. Wenn Sie die Unternehmensleitung über neue Überstundenregelungen befragen, werden Sie eine ganz andere Auffassung zu hören bekommen, als wenn Sie die Kollegen an der Basis zu Wort kommen lassen.

So, nun legen Sie fest, welche Recherchewege Sie einschlagen wollen. Die Aufgabenstellungen aus dem Exposé dienen Ihnen als Orientierungsrichtung. Sammeln Sie zuerst alle vorhandenen Recherchemöglichkeiten. In einem zweiten Schritt streichen sie alle Recherchewege wieder heraus, die einen hohen Arbeitsaufwand und eine geringe Ausbeute an verwertbaren Fakten erwarten lassen. Fixieren Sie den Aufwand, der für den jeweiligen Rechercheweg realistisch ist und halten Sie sich später an diese Vorgabe. Im Serviceteil dieses Buches haben wir ein Beispiel für eine Rechercheplanung platziert (Seite 209).

| Aufgabe | Rechercheweg | Aufwand | Bedeutung |
|---------|--------------|---------|-----------|
|         |              |         |           |
|         |              |         |           |
|         |              |         |           |
|         |              |         |           |

Check 7: Rechercheplanung

## PRAXIS LIVE

Für das Intranet und den Rundbrief musste Ribbeck in der Vergangenheit regelmäßig auf die Suche durchs ganze Haus gehen. Die nötigen Informationen wurden ihm nie auf dem silbernen Tablett serviert, er war hinterher und bohrte nach. Ihm war darum klar, worauf es bei der Recherche ankam, und die Rechercheplanung für sein Konzept ging ihm schnell von der Hand.

| Aufgabe | Rechercheweg | Aufwand | Bedeutung |
|---------|--------------|---------|-----------|
| Neues Selbstverständnis durchsetzen | › Mit Unternehmensberatung reden<br>› Mit „altgedienten" Mitarbeitern sprechen<br>› Entsprechende Fachbücher kaufen und querlesen<br>› Studien und Befragungen zum Thema sichten<br>› Passende interne Ergebnisse und Themen recherchieren | 0,3 Tage<br><br>0,5 Tage<br><br>1,0 Tage<br><br>0,5 Tage<br><br>0,3 Tage | Hoch<br><br>Hoch<br><br>Niedrig<br><br>Mittel<br><br>Hoch |
| Vernetzung auf der Führungsebene fördern | › Mit betroffenen Führungskräften reden<br>› Vorstellung Dr. Velten einholen<br>› Anregungen aus anderen Unternehmen holen<br>› Mögliche Instrumente recherchieren (Internet) | 0,5 Tage<br><br>0,1 Tage<br>0,3 Tage<br><br>0,3 Tage | Hoch<br><br>Hoch<br>Niedrig<br><br>Mittel |
| Kollegen über Neuigkeiten schneller Informieren | › Analysieren, warum das Tempo bisher nicht stimmte<br>› Erwartungshaltung der Mitarbeiter klären | 0,5 Tage<br><br>0,5 Tage | Hoch<br><br>Mittel |

## Recherckeklassiker Mitarbeiterbefragung

In vielen Unternehmen gehören Mitarbeiterbefragungen zum festen Repertoire der internen Kommunikation. Jedoch begegnen uns dabei auch Befragungen, die zwar mit großer Sorgfalt durchgeführt werden, aber kaum Folgen haben. Sie dienen anscheinend nur als Alibi. Nach der Präsentation verschwinden sie sang- und klanglos im Archiv, und es wird wieder zur Tagesordnung übergegangen.

Das Instrument der standardisierten Mitarbeiterbefragung muss mit viel Fingerspitzengefühl eingesetzt werden. Viel zu oft leidet die Glaubwürdigkeit, weil die Erwartungen an die Befragung nicht erfüllt werden. Jede Befragung hat Signalwirkung und weckt bei den Mitarbeitern eine Erwartungshaltung. „Wir werden nach unserer Meinung gefragt. Jetzt muss es aber auch besser werden". Wenn sich am Ende doch wieder nichts tut, und das Echo der Mitarbeiterbefragung ungehört verhallt, dann ist die Enttäuschung groß und schlägt teilweise sogar in Ablehnung um. Deshalb ist es eine wichtige Aufgabe der internen Kommunikation zu dokumentieren, wie die Befragungsergebnisse umgesetzt wurden.

Außerdem müssen die Ergebnisse einer Mitarbeiterbefragung ehrlich und zeitnah kommuniziert werden – auch wenn sie negativ ausgefallen sind. Wir haben schon erlebt, dass Befragungen nach der Auswertung „totgeschwiegen" wurden, weil die Ergebnisse nicht in die Unternehmenspolitik passten und man keinen Mut hatte, die negativen Ergebnisse offen zu diskutieren. Solch ein falsches Spiel untergräbt die Autorität der internen Kommunikation – und zwar nachhaltig.

Um empirisch gesicherte Ergebnisse zu gewährleisten, greifen große Unternehmen gern auf professionelle Meinungsforschungsinstitute als Partner für Planung, Durchführung und Auswertung zurück. Die externen Institute haben den Vorteil, dass sie sich mit der Materie „Meinung" genau auskennen und die Befragungen sicher steuern können. Das kostet allerdings auch gutes Geld und erspart dem Kommunikationsmanager IK nicht den Aufwand der Betreuung. Dagegen gehen komplett intern durchgeführte Umfragen schneller und sind kostengünstiger. Spezielle Fachliteratur, Seminare und Tipps von anderen Kommunikationsmanagern geben Hilfestellung für die Durchführung.

Klären Sie im Vorfeld die Verantwortlichkeiten für die Mitarbeiterbefragung. Oft fällt sie in das Ressort der Personalabteilung und die interne Kommunikation braucht deren Zustimmung, um eine Umfrage zu starten. Für den Kommunikationsmanager IK, der sich für eine Befragung mit Bordmitteln entscheidet, haben wir die maßgeblichen Schritte der Ablaufplanung im Anhang zusammengefasst (Seite 210).

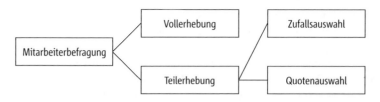

**Abbildung 12: Systematik der Befragung**

Die Mitarbeiterbefragung kann per Intranet, per Telefon, per schriftlichem Fragebogen oder im persönlichen Interview erfolgen. Bei der Durchführung unterscheiden wir im Grundsatz zwischen der Voll- und der Teilerhebung. Bei der Vollerhebung sind alle Mitarbeiter in die Befragung einbezogen. Eine entsprechende Direktive aus der Unternehmensleitung stellt die Teilnahme sicher. Großer Vorteil der Vollerhebung ist das komplette Meinungsbild. Bei einer Befragungsgröße von über 1.000 Personen bringt die Vollerhebung allerdings keine verbesserten Ergebnisse mehr, dann macht die Durchführung nur noch aus klimapolitischen Gründen („Jeder soll seine Meinung sagen können") Sinn.

Die Teilerhebung ist kostengünstiger und geht schneller. Sie kann auch häufiger durchgeführt werden als Vollerhebungen. In bewegten Zeiten ist eine jährliche Fortsetzung empfehlenswert, ansonsten sind alle zwei bis drei Jahre ausreichend. Bei quantitativen Teilerhebungen zeigt sich, dass Teilnehmerzahlen unter 50 Kollegen in der Grundgesamtheit wenig Zweck haben. Die Ergebnisse sind extrem anfällig für Zufälle. Bei kleinen quantitativen Grundgesamtheiten sollte man zudem von allzu spitzen Unterauswertungen absehen. Solche Ergebnisse mit Mini-Ausschnitten haben eher etwas mit Kaffeesatzlesen als mit interner Meinungsforschung zu tun.

Bei den Teilerhebungen gibt es wiederum zwei Vorgehensweisen. Bei der Zufallsauswahl wird z. B. der Mitarbeiterzeitschrift ein Fragebogen beigelegt, die Teilnahme ist freiwillig und vom Zufall abhängig. Die zufällige Zusammensetzung der Stichprobe kann vor allem in polarisierten Situationen zu Verzerrungen führen, weil sich alle verärgerten Mitarbeiter „Luft machen", während die zufriedene Mehrheit den Fragebogen zur Seite legt. Eine gewichtete Quotenauswahl ist deshalb oft der bessere Weg. Bei der Verteilung und Auswertung achtet man darauf, dass bestimmte Quoten – z. B. Geschlecht, Alter, Unternehmensbereich und Betriebszugehörigkeit – eingehalten werden, damit die Befragung einen repräsentativen Charakter erhält.

Wir haben in der Vergangenheit gute Erfahrungen mit der Methode „Storytelling" als Instrument der Mitarbeiterbefragung gemacht und setzen sie immer dann ein, wenn eine standardisierte Befragung nur an der Oberfläche kratzen würde, wo eigentlich Tiefenwirkung gefragt ist. Das ist vor allem bei emotional aufgeladenen Themen wie Mitarbeiterzufriedenheit, Angst vor Arbeitsplatzverlust oder Führungsakzeptanz der Fall.

Das Storytelling läuft parallel auf der faktisch-argumentativen und der narrativen Ebene. Mit dem sachlichen Berichten erfassen wir rationale Fakten, mit dem narrativen Erzählen, dem „Verpacken von Einstellungen und Ereignissen in Geschichten" liefern wir Orientierung und tieferen Sinn.

In einer Gruppe mit bis zu 10 Personen bilden wir zunächst Zweierteams. Die Teams erhalten alle die gleichen Fragen, die jedes Duo für sich beantwortet. Es geht nicht nur ums Erzählen, sondern auch um aktives Zuhören. Mögliche Fragen könnten sein:

› „Stellen Sie sich vor: Sie trinken am Abend mit Ihrem Freund ein Bier und berichten von Ihrem Arbeitstag. Sie befinden sich mitten in einem Veränderungsprozess und erzählen, wie Sie diesen Arbeitstag erlebt haben."

› „Heute Abend beim Abendessen berichten Sie Ihrer Frau, was Ihnen am heutigen Arbeitstag besonders wichtig war und was Ihnen gut gefallen hat. Was erzählen Sie?"

› „Ihr Kollege in der Abteilung hat einen schweren Fehler gemacht und Sie haben es als Einziger bemerkt. Wie gehen Sie mit der Situation um?"

Die Zweierteams fassen ihre Ergebnisse zusammen und präsentieren sie nacheinander der großen Gruppe. Gibt es Übereinstimmungen? Wo liegen die Abweichungen? Positive und negative Ansatzpunkte werden aufgezeigt und mit allen Zwischentönen vertiefend diskutiert. Ein Erfahrungsbericht hält die Ergebnisse anonym, also ohne Nennung von Namen, schriftlich fest.

Gibt es in Ihrer Firma eine aktuelle Mitarbeiterbefragung? Oder wäre es denkbar, eine Storytelling-Runde zu organisieren? Dann sollten Sie die Ergebnisse auf jeden Fall für die konzeptionelle Arbeit zu Rate ziehen. Nehmen Sie vor allem die Resultate näher unter die Lupe, die im Korridor Ihrer Aufgabenstellung liegen.

## Der Faktenspiegel als Informationskonzentrat

Die Recherche ist gelaufen. Vor dem IK-Manager liegt ein ganzer Stapel Material – alles, was er im Rahmen der Recherche gesammelt hat. Im nächsten Schritt heißt es, dieses Material zu filtern. Da liegt zum Beispiel ganz oben im Stapel der letzte Geschäftsbericht. Von den 72 Seiten sind für die interne Kommunikation und die gestellte Aufgabe nur vier Seiten wirklich relevant.

Diese vier Seiten werden ausgefiltert. Und so arbeitet man sich Seite für Seite durch die gesamten Unterlagen. Übrig bleibt das Konzentrat, das sind alle für die gestellte Kommunikationsaufgabe relevanten Fakten. Dieses Informationskonzentrat nennt man auch Faktenspiegel oder Faktenplattform. Die Fakten müssen natürlich übersichtlich geordnet werden, damit Abhängigkeiten und Relationen leicht erkennbar werden. Entweder man kopiert die entsprechenden Seiten und heftet sie sortiert in einem Ordner ab, oder man schreibt die relevanten Fakten in eine Textdatei, sortiert und formatiert sie zu einem Lagebericht.

**Abbildung 13: Faktenspiegel in Filterfunktion**

Der Faktenspiegel darf nicht zu knapp gehalten werden, sonst besteht die Gefahr, dass relevante Fakten, Hintergrundinfos und Erkenntnisse für die weitere Konzeptionsarbeit verloren gehen. Umgedreht sollte der Faktenspiegel aber auch nicht zur Faktenflut ausarten. Um Ihnen einen Hinweis zu geben: In der Textdateiversion sind unsere Faktenspiegel für ein Jahreskonzept im Durchschnitt zwischen 12 und 20 Seiten lang.

Der Faktenspiegel unterteilt sich in zwei Teile. Der Schwerpunkt liegt auf internen Fakten aus dem Unternehmen. Ergänzend hinzu kommen in einem zweiten Teil die relevanten externen Fakten aus dem Umfeld. Die Struktur des internen Faktenteils hängt wiederum von der konkreten Aufgabenstellung ab. Grundsätzlich ist es naheliegend, die Struktur der Recherche zu übernehmen – nämlich: normative, organisatorische, strategische, operative und externe Fakten.

Die Recherche ist übrigens eine endlose Geschichte. Auch wenn der Faktenspiegel fertig vorliegt, geht das betriebliche Leben weiter. Im Laufe der weiteren konzeptionellen Arbeiten entwickeln sich neue Tatsachen, die für die gestellten Aufgaben wichtig sind. Diese neuen Erkenntnisse darf man keinesfalls ignorieren, sie fließen nachträglich in den Status ein. Der Faktenspiegel entwickelt sich ständig weiter und bleibt auf der Höhe der Zeit.

Ihr Faktenspiegel ist fertig und liegt vor Ihnen? Arbeiten Sie ihn noch einmal ganz in Ruhe durch. Lassen Sie alle Fakten Revue passieren und in Ihrem Kopf sacken. Wenn Sie abschließend zufrieden mit dem Kopf nicken und feststellen, dass sich dort die augenblickliche Situation des Unternehmens gut widerspiegelt und es keine Verzerrungen gibt, dann können Sie sich an den abschließenden Analyseschritt machen: die Statusanalyse.

## PRAXIS LIVE

Um im Zeitplan zu bleiben, hatte Ribbeck zuguterletzt seine Recherche-planung doch noch etwas zurechtgestutzt. So verzichtete er zum Beispiel auf das Sichten von Fachbüchern. Einige Recherchen wie die Gespräche mit langjährigen Mitarbeitern brachten nur wenig Verwertbares. Aber speziell das Gespräch mit der Unternehmensberatung war ein Volltreffer. Nach diesem Gespräch hatte er begriffen, welchen gewaltigen Fels er ins Rollen bringen musste, um speziell die langjährigen, altgedienten Kollegen für das neue Selbstverständnis zu öffnen.

Was den Faktenspiegel anging, hatte Pressesprecher Ribbeck eine spezielle Idee. Er stellte weder einen Aktenordner mit Material zusammen, noch tippte er alle Fakten in die Textverarbeitung. An einer Wand seines Büros hing ein riesiges Pinboard. An diese Wand ordnete er mit Dutzenden von Karteikarten und kleinen Nadeln alle relevanten Informationen. Danach trat er drei Schritte zurück und überblickte sein Werk: ein raumgreifender Spiegel der Ist- Situation.

## Statusanalyse und Instrumenteninventur als Navigationshilfe

In der Recherche werden alle Informationen gesammelt, die für die Lösung der Kommunikationsaufgabe wichtig sind. Im Faktenspiegel werden diese Informationen verdichtend geordnet, so dass ein komplettes Bild der Ist-Situation entsteht. Bislang sind es noch sehr viele Fakten und sie stehen, zwar sortiert, aber ansonsten zusammenhanglos, nebeneinander. Der nächste Schritt in der Konzeptarbeit ist die weitere Verdichtung und Verknüpfung der Fakten, um für die anschließende Strategie eine klare Orientierung zu bekommen Man schaut auf die Statusanalyse und erkennt die Zusammenhänge.

Wir haben die Statusanalyse ursprünglich aus der SWOT-Analyse abgeleitet. Die SWOT-Analyse ist das weltweit gebräuchlichste Analysemodell, bei der die unternehmensinternen Stärken und Schwächen den umfeldbezogenen externen Chancen und Risiken gegenübergestellt werden. Der Name SWOT ergibt sich aus den entsprechenden englischen Begriffen Strengths, Weaknesses, Opportunities und Threats.

In der internen Kommunikation lässt sich die SWOT-Analyse aber nicht präzise einsetzen, da die Dimension der externen Chancen und Risiken in der Mitarbeiteransprache nur eine nachrangige Rolle spielt. Ein spezielles Analysemodell für die interne Kommunikation gibt es bisher nicht, uns ist jedenfalls, trotz intensiver Suche, kein praktikables Modell begegnet.

Deshalb haben wir für unsere internen Konzepte, ausgehend vom Prinzip der SWOT-Analyse, ein spezielles Analyseraster für das interne Kommunikationsmanagement entwickelt und angewendet. So sieht das Grundschema unserer Statusanalyse aus:

| Fähigkeiten des IK-Managements | Handicaps des IK-Managements |
|---|---|
| | Eigene Kompetenz und Können des internen Kommunikationsmanagements |
| Potenziale im Unternehmen | Problembereiche im Unternehmen |
| | Aufgabenrelevante Korrelation und Konstellation der Unternehmenswelt |

**Abbildung 14: Schema der Statusanalyse**

Die Statusanalyse ist eine Matrix, die in vier Felder eingeteilt ist. Die Inhalte der Felder speisen sich aus dem Faktenspiegel. Der IK-Manager schaut alle dortigen Fakten noch einmal gründlich an. Die für die Aufgabe herausragend wichtigen Fakten werden je nach ihrem Charakter in die vier Felder eingeordnet. Aus Fakten werden damit konzeptionsbestimmende Faktoren. Schauen wir uns die vier Felder der Matrix einmal näher an:

> **Eigene Fähigkeiten des IK-Managements** – Hier werden die besonderen Talente und Kraftreserven des IK-Bereichs aufgelistet. Der Kommunikationsmanager IK hat diese Faktoren unter Kontrolle, denn sie gehören zu seinem Können und seiner Kompetenz. Er hält sie quasi wie „Trümpfe" in der Hand und kann sie innerhalb des Konzepts möglichst durchgreifend ins Spiel bringen. Mögliche Faktoren können z.B. das „leistungsfähige Intranet" oder eine „regelmäßige Teilnahme des IK-Managers an der Vorstandssitzung" sein.

> **Eigene Handicaps des IK-Managements** – Hier geht es um eigene Fehler und Formschwächen des IK-Bereichs, die die Lösung der anstehenden Aufgaben beeinträchtigen können. Das Ziel muss sein, diese Mangelerscheinungen zu beseitigen. Solche Handicaps könnten z.B. die „mangelhafte Besetzung der Abteilung IK" oder „wenig IK-Erfahrung mit dem Intranet" darstellen.

> **Aufgabenrelevante Potenziale im Unternehmen** – Das sind Faktoren aus allen Bereichen des Unternehmens, die Werte und Entwicklungschancen für die interne Kommunikation beinhalten. Wenn man dort den Hebel ansetzt, lässt sich einiges bewegen. Die Potenziale liegen zumeist im Unternehmen selbst. Im Einzelfall können auch externe Potenziale erfasst werden, soweit

73

sie nachhaltig zur Lösung der Aufgabe beitragen. Zu den Potenzialen gehören Faktoren wie z. B. „die hohe Loyalität der Mitarbeiter" oder „das große Interesse der Kollegen an Informationen aus den neuen Konzernbereichen".
Als externer Faktor könnte zum Beispiel „das positive Interesse der örtlichen Hochschule an einer Zusammenarbeit in der Weiterbildung" erfasst werden.

> **Aufgabenrelevante Problembereiche im Unternehmen** – In diesem Feld werden Gefahrenstellen und Störungen für die interne Kommunikation im Unternehmen festgehalten. Bedeutsame Problembereiche sind zu umgehen oder zu beheben. Zu diesem vierten Feld gehören Faktoren wie z. B. „die mangelnde interne Bekanntheit des neuen Geschäftsführers" oder „Konflikte zwischen Betriebsrat und Personalabteilung".

Soweit zur Funktionsweise der Matrix. Jetzt sind Sie an der Reihe. Nehmen Sie Ihren Faktenspiegel und überlegen Sie, welche Fakten herausragend wichtig für die Lösung der gestellten Aufgaben sind. Zeichnen Sie ein Kreuz mit vier Feldern auf ein großes leeres Blatt und selektieren Sie den Faktenspiegel. Wählen Sie nur die entscheidenden Faktoren aus. Faktoren, die sich direkt auf den IK-Bereich beziehen, kommen in die beiden Felder nach oben. Faktoren, die sich auf die interne Öffentlichkeit und das gesamte Unternehmen beziehen, werden in die beiden Felder unten eingeordnet. Gehen Sie neutral an die Zuordnungen, bewerten Sie nicht und üben Sie keine Zensur. Behalten Sie bei der Arbeit immer die Aufgabenstellung als Maßstab im Blick.

| Fähigkeiten des IK-Managements | Handicaps des IK-Managements |
|---|---|
| | |
| Potenziale im Unternehmen | Problembereiche im Unternehmen |
| | |

Check 8: Die Statusanalyse

Wenn Sie unsicher sind, welche Faktoren ausschlaggebend sind, dann schreiben Sie besser einige mehr in die Matrix, bevor Sie aus Versehen wichtige Faktoren weglassen. In den vier Feldern können im ersten Durchgang alles in allem durchaus 20 bis 30 Faktoren stehen. Diese Faktoren sind die Bausteine, aus denen Sie im nächsten Schritt Ihre Strategie entwickeln. Falls Sie zu viele Faktoren gesammelt haben und Ihnen die Matrix noch zu unübersichtlich erscheint, dann setzen Sie einfach noch einen drauf. Sie gewichten die vorhandenen Faktoren. Dazu gehen Sie durch alle vier Felder der Statusanalyse und stufen Faktor für Faktor in eine der drei Klassen ein:

> **A-Faktoren** – die dominanten Faktoren für die gestellte Aufgabe, auf die sich die Strategieentwicklung fokussiert.

> **B-Faktoren** – die Faktoren mit mittlerer Aufgabenbedeutung, die zwar eine untergeordnete Rolle in der Strategie spielen, aber trotzdem im Spiel bleiben.

> **C-Faktoren** – die Faktoren mit geringer Bedeutung, die vernachlässigt, aber nicht gestrichen werden sollten. Sie können später doch noch an Bedeutung gewinnen.

Gehen Sie die Matrix noch einmal in Ruhe durch und beleuchten Sie erkennbare Verbindungen zwischen den Faktoren. An einer Stelle ergänzen sich vielleicht zwei Fähigkeiten – zum Beispiel lässt sich aus „Neuer Mitarbeiter mit Intranet-Erfahrung" und „Leistungsfähige Intranetsoftware" etwas machen. An anderer Stelle hebt sich ein Handicap durch ein Potenzial auf – z. B. kann man das Handicap „Zeitmangel bei Mitarbeiterzeitschrift" durch das Potenzial „an redaktioneller Mitarbeit interessierte Kollegen" begegnen. Die Zusammenhänge können visualisiert werden, indem die Faktoren zusammengestellt oder mit Verbindungslinien gekoppelt werden.

Methodisch ist jetzt alles gesagt. Damit in der Entwicklung der ersten Statusanalyse nichts schief geht, wollen wir Ihnen noch ein paar Tipps mit auf den Weg geben:

> **Immer ehrlich bleiben** – Bei der Analyse ist Ehrlichkeit oberstes Gebot. Der Kommunikationsmanager IK muss zum Beispiel unter der Rubrik „Handicaps" Farbe bekennen und die tatsächlichen Schwachpunkte benennen. Nur so kann er gezielt an den Fehlern seines Bereichs arbeiten und besser werden. Ist man hingegen in einer Firma beschäftigt, die jeden Fehler sofort sanktioniert, könnte Ehrlichkeit böse Folgen haben. In solchen Unternehmen muss man die Handicaps innerhalb der Statusanalyse diplomatisch geschickt verpacken.

> **Konsequent reduzieren** – Die Statusanalyse ist keine komplexe Generalanalyse des Unternehmens. Es geht lediglich um eine pragmatische Situationsbeschreibung als Basis der konzeptionellen Arbeit. Ziel ist es, die Faktoren zu identifizieren, die entscheidend für die Lösung der gestellten Aufgabe sind. Alle anderen Faktoren haben in der Matrix nichts zu suchen.

> **Den Gegencheck machen** – Um sicher zu gehen, zeigt der Kommunikationsmanager IK ausgewählten Kollegen, denen er vertrauen kann, die fertige

Statusanalyse und bittet sie um ihre spontane Einschätzung. Falls es Brüche gibt, werden sie so an den Tag kommen. Eine gut ausbalancierte Analyse ist wichtig, letztendlich soll sie als Fundament für die anschließende Strategie dienen.

Es sei noch auf Weiterentwicklungen der Statusanalyse hingewiesen, die die analytische Technik verfeinern, den Fokus schärfen und in speziellen Fällen zum Einsatz kommen:

› **Perspektiv-Vergleich** – Die Statusanalyse wird zwei Mal – aus Sicht der Mitarbeiter und aus Sicht der Führungskräfte – zusammengestellt. Das kann immer dann sinnvoll sein, wenn die Recherche gezeigt hat, dass sich die Sichtweisen stark unterscheiden, z. B. in der Unternehmenskultur.

› **Zeit-Vergleich** – Die Statusanalyse wird bereits im zweiten Jahr erstellt. Dann kann es aussagekräftig sein, die Matrix der beiden Jahre gegenüberzustellen, um die positiven und negativen Veränderungen zu bewerten.

› **Bereichs-Vergleich** – Die Statusanalyse wird pro Unternehmensbereich, zum Beispiel für „Konsumgüter" und „Investitionsgüter" oder „Verwaltung" und „Produktion", erstellt. Diese Analyse bewertet Probleme und Potenziale beider Bereiche und zeigt wichtige Relationen für die Strategieentwicklung auf.

› **Standort-Vergleich** – Die Statusanalyse wird für zwei Unternehmensstandorte getrennt erstellt, um Abweichungen aber auch Brücken zu erkennen. Diese Vorgehensweise bietet sich besonders in Change-Prozessen an.

Um die Analysearbeit rund zu machen, fehlt als letzter Schritt noch die Instrumenteninventur. Im Rahmen der Inventur erfasst der Kommunikationsmanager IK alle momentan vorhandenen Instrumente der internen Kommunikation. Er öffnet quasi seinen Werkzeugkasten, sichtet und vermerkt, was an Werkzeugen drin ist. Später im operativen Teil wird er höchstwahrscheinlich Verbesserungen an seinem Instrumentarium vornehmen. Vielleicht nimmt er dann einige Instrumente heraus, oder er ordnet sie in andere Fächer oder ergänzt neue verbesserte Instrumente – je nachdem, was die Strategie erfordert. Jetzt, im Rahmen der Analyse, macht er sich über solche Konsequenzen noch keine Gedanken. Er erfasst lediglich, was augenblicklich im Einsatz ist. In der Regel dürfte der Werkzeugkasten des IK-Managers nicht zu groß sein, so dass die Inventur schnell geht.

Wie sieht es in Ihrem Werkzeugkasten aus? Als Inventurhilfe nutzen Sie am besten eine kurze Checkliste. Wenn Ihnen dieser Check nicht aussagekräftig genug ist, können Sie stattdessen die ausführliche Instrumenteninventur nutzen, die sich im Serviceteil dieses Buches befindet (Seite 215).

| | Kurzprofil | Ziel/Funktion | Bezugsgruppe | Stärke | Schwäche |
|---|---|---|---|---|---|
| Instrument 1 | | | | | |
| Instrument 2 | | | | | |
| Instrument 3 | | | | | |
| Instrument x | | | | | |

**Check 9: Die Instrumenteninventur**

Ihre kurze Inventur der gegenwärtigen Instrumente erfasst in fünf Spalten die wichtigsten kommunikativen Merkmale:

> **Kurzprofil** – Sie beschreiben die Charakteristika, wie z. b. die Erscheinungsweise bei einer Mitarbeiterzeitschrift, die Seitenzahl und das Format einer Infobroschüre oder die Anzahl der Schwarzen Bretter.

> **Ziel/Funktion** – Fixiert wird die vorrangige Zielrichtung des jeweiligen Instruments – z. B. „tagesaktuelle Information und Mitarbeiterservice" als Funktion eines Intranets.

> **Bezugsgruppe** – Wer mit dem Instrument erreicht wird, das steht in der dritten Spalte. Erfasst werden die tatsächlichen und nicht die idealerweise anzustrebenden Bezugsgruppen. Zum Beispiel könnte das bei einem Führungskräfterundbrief die erste bis vierte Führungsebene der Hauptverwaltung sein.

> **Stärke** – Beschrieben wird, wodurch sich das Instrument positiv auszeichnet, z. B. durch eine hohe journalistische Qualität der Mitarbeiterzeitschrift.

> **Schwäche** – Welche spezifischen Schwächen das jeweilige Instrument aufweist, steht in der letzten Spalte, z. b. wirkt das mit großen Hoffnungen gestartete CEO-Frühstück mit ausgesuchten Mitarbeitern steif und gezwungen.

Mit der ausgearbeiteten Statusanalyse und der Instrumenteninventur im leichten Marschgepäck haben Sie alle Vorbereitungen für den nächsten großen Arbeitsschritt getroffen. Sie sind fit für die Strategie!

## PRAXIS LIVE

Einen ganzen Nachmittag verbrachte Sven Ribbeck vor der großen Faktenspiegel-Wand in seinem Büro. Auch für die Statusanalyse hatte er sich etwas Besonderes ausgedacht. Er schleppte zwei mobile Pinnwände aus dem Tagungsraum in sein Büro. Jede Wand unterteilte er in zwei Hälften. „Meine Fähigkeiten" und „Meine Handicaps" stand oben auf der einen

Wand und „Potenziale SüdWatt" und „Problembereiche SüdWatt" oben
auf der anderen Wand. Danach begann er mit dem Umhängen. Jede Fak-
tor-Karte, die ihm aufgabenrelevant erschien, siedelte er vom Faktenspiegel ins entsprechende Feld der Statusanalyse um. Bei einigen Zweifelsfäl-
len ging es hin und her, bis er endlich mit dem Ergebnis zufrieden war.

Am nächsten Tag mit dem nötigen Abstand gewichtete Ribbeck dann die
Faktoren: In wichtige A-Faktoren und nicht ganz so wichtige B-Faktoren.

| Meine Fähigkeiten | Meine Handicaps |
|---|---|
| › Als Pressesprecher bekannt und aner-kannt (A)<br>› Guter Draht zu Dr. Velten (A)<br>› Guter Draht zum Betriebsrat (B)<br>› Velten stellt mir „Sonderetat" zur Verfügung (B)<br>› Bewährte und akzeptierte IK-Instru-mente vorhanden (B)<br>› Ich stehe im Unternehmen für mo-derne PR + frischen Wind (A)<br>› Im nächsten Jahr habe ich inter-essante Themen (A) | › Ich werde als IK-Manager kaum wahrgenommen (A)<br>› Velten sieht mich nicht als IK-Spezialisten (B)<br>› Personelle Ressourcen sind su-perknapp (A)<br>› Instrumente sind ohne Struktur und zu langsam (A)<br>› Ich gelte im Unternehmen als „Zugereister" (B)<br>› Chef will alle meine Themen absegnen (B)<br>› Kommunikation zur Personalab-teilung nur schleppend (B) |
| Unsere Potenziale SüdWatt | Unsere Problembereiche SüdWatt |
| › Feste Wurzeln und treue Mitarbeiter (A)<br>› Alle sehen ein, dass neue Wege not-wendig sind (A)<br>› Wieder positive Unternehmensent-wicklung, Umsatz steigt (A)<br>› Breite, positive Identifikation mit SüdWatt (A)<br>› Wir haben echte Energieexperten (A)<br>› Alle Mitarbeiter arbeiten in der Region, sind schnell erreichbar (B)<br>› SüdWatt hat gute Verbindungen in die Region (A)<br>› Energiesparen + Umweltschutz ist wichtiges Thema für uns (B)<br>› Führungskräfte sind für Austausch aufgeschlossen (A) | › Treue Mitarbeiter relativ unbe-weglich (A)<br>› Mitarbeiter sind Verwalter und nicht kundennah (A)<br>› Starkes Misstrauen gegen neuen Kurs (A)<br>› Die Experten können ihr Wissen nicht vermitteln (A)<br>› Unternehmen besteht dezentral aus mehreren Standorten (B)<br>› SüdWatt gilt in Region eher als „altbacken" (B)<br>› SüdWatt hat keine tollen Energie-spar-/Umweltargumente (B)<br>› Führungskräfte verteilen sich über mehrere Standorte (B) |

Beinahe hätte Ribbeck die Inventur seiner Instrumente vergessen. Da
war aber auch wirklich nicht viel zu erfassen! Von „Werkzeugkasten" zu
sprechen, schien ihm völlig übertrieben, denn im Alltag der internen
Kommunikation nutzte er nur vier einfache Arbeitsgeräte.

| | Kurzprofil | Ziel/Funktion | Bezugsgruppe | Stärke | Schwäche |
|---|---|---|---|---|---|
| **Intranet** | 1 x in der Woche aktualisiert | Schnelle Information, Speiseplan, Telefonlisten etc. | Mitarbeiter in der Verwaltung | Hohe Relevanz bei News (gute Zugriffszahlen) | Datenfriedhöfe, fehlende Regeln zur Archivierung |
| **Mitarbeiterrundbrief** | 4 x im Jahr, 8 Seiten | Information und Mitteilungen des Vorstands | Alle Mitarbeiter | erprobter Prozess | fehlende Glaubwürdigkeit |
| **Mitarbeiterfest** | Immer im Sommer | Gemeinsam feiern bis zum frühen Morgen | Alle Mitarbeiter und Gäste | Große Akzeptanz und Relevanz bei den Mitarbeitern | Personeller Aufwand hoch |
| **Schwarzes Brett** | 2 Standorte | Information, Ankündigungen | Alle Mitarbeiter | Schnell und unkompliziert | Angestaubtes Image |

# Strategie.
# Unterwegs zu neuen Horizonten

Jeder Weg ist der Falsche, wenn man ohne Strategie an die interne Kommunikationsarbeit geht. Deshalb wird erfolgreiche Mitarbeiteransprache stets auf lange Sicht geplant. Sie entwickelt stabile strategische Koordinaten, die im Arbeitsalltag Orientierung geben und sicher zum Ziel führen.

## Der Kommunikation die Richtung geben

Die Ist-Situation ist geklärt. Wir wissen, wo wir stehen. Jetzt wechseln wir von der Analyse zur Strategie, von Ist zu Soll. Vor uns liegt der strategische Weg des Jahreskonzepts und wir legen die maßgeblichen Meilensteine auf diesem Weg fest. Dabei gehen wir nach einer festen Schrittfolge vor:

1. **Schritt: Wohin?** Die Ziele des Jahreskonzepts definieren.
2. **Schritt: Für wen?** Die relevanten Bezugsgruppen festlegen.
3. **Schritt: Wer?** Das Selbstverständnis des Unternehmens bestimmen.
4. **Schritt: Warum?** Die Kernbotschaften ausformulieren.
5. **Schritt: Was?** Die Themen für das Jahr konkretisieren.
6. **Schritt: Wie?** Die strategische Vorgehensweise präzisieren.

Während der gesamten Strategieentwicklung bleiben die Ergebnisse der Analyse immer in Griffweite. Der Kommunikationsmanager nutzt den Faktenspiegel, die Statusanalyse und die Instrumentenstruktur als Navigationshilfe, um den passenden strategischen Rahmen zu finden. Während der Arbeit verliert er nie aus den Augen, dass die Strategie nicht Selbstzweck ist. Ihr Sinn ist es vielmehr, ein langfristig stabiles Raster zu schaffen, in das dann die Instrumente der internen Kommunikation maßgenau eingepasst werden können.

Im ersten Schritt der Strategie sind die internen Kommunikationsziele festzulegen. Wohin soll die konzeptionelle Reise gehen?

## Wohin? Ziele festlegen

„Wir haben doch schon unsere Aufgaben im Blick, damit ist doch klar, wohin es gehen soll. Wozu in aller Welt brauchen wir da noch Ziele?"

Aufgaben und Ziele hängen eng zusammen, sie fädeln sich auf eine Planungskette. Die Aufgaben sind das erste Glied der Kette, und die Ziele bilden hinten das Schlussglied. Die Aufgaben beschreiben unser Vorhaben. Bei den Zielen bestimmen wir, welcher Zustand am Ende erreicht sein soll, wenn das Jahreskonzept komplett umgesetzt ist. Die Aufgaben sind eine allgemeine Beschreibung des Konzeptauftrags – zum Beispiel: „Erhöhen Sie die Bekanntheit unseres neuen Fondsangebots zur Betriebsrente". Als Ziele legen wir möglichst realistische und konkrete Maßgrößen fest – zum Beispiel: „Anfang 2012 kennen über 90% der in Vollzeit beschäftigten Mitarbeiter das neue Fondsangebot zur Betriebsrente."

In vielen Unternehmen arbeiten IK-Verantwortlichen ohne klar definierte Zielstellungen. Sie schlagen gefühlsmäßig eine bestimmte Richtung ein, aber eine greifbare Messlatte, die ohne große Deutungsspielräume festlegt, wo es langgeht, gibt es nicht. Die Folgen hat einst Mark Twain so treffend formuliert: „Nachdem wir das Ziel aus den Augen verloren hatten, verdoppelten wir unsere Anstrengungen."

Unser Appell: Setzen Sie sich für die interne Kommunikationsarbeit genaue Ziele und verlieren Sie die Ziele auch im Arbeitsalltag nie aus dem Blickfeld. Ziele haben wichtige Funktionen:

> **Steuerungsfunktion** – Wer das Ziel kennt, der weiß, welche Richtung er einschlagen muss. Wenn Hindernisse auftauchen, erkennt er diese früher und kann sie ohne große Umwege und Zeitverluste umgehen.

> **Koordinationsfunktion** – Durch die Ziele als feste Bezugspunkte können die Themen und Instrumente der internen Kommunikation nicht mehr „vagabundieren". Die Instrumente werden koordiniert und alle maßgenau auf die Ziele ausgerichtet. Sie bilden eine Zielformation.

> **Motivationsfunktion** – Wer seine Ziele klar vor Augen hat, der arbeitet zielstrebiger. Es liegt in der Natur der Menschen, dass sie wesentlich mehr Schwung entwickeln, wenn sie wissen, wofür sie arbeiten.

> **Kontrollfunktion** – Ziele sind Messlatten. Am Ende des Jahres setzt man das Erreichte in Relation zu den Vorgaben und liest die Resultate ab. Dann ist klar ersichtlich, ob bestimmte Ziele erreicht oder verfehlt wurden.

Der IK-Manager unterscheidet bei der Zielentwicklung nach Kommunikationszielen sowie nach übergreifenden Unternehmens- und nebengeordneten Bereichs- und Abteilungszielen.

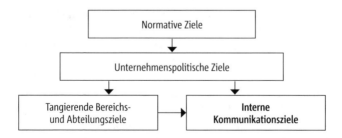

Abbildung 15: Vereinfachte Zielhierarchie

In der Zielhierarchie sind die Kommunikationsziele nur ein Baustein unter vielen. Andere Zielkategorien stehen weiter oben oder nebenan:

› **Normative Ziele** – Grundwerte, Leitbilder, Visionen und Missionen enthalten normative Zielgrößen. Sie sollen für das gesamte Unternehmen beständig Identität stiften. Sie sind so etwas wie die „Leitsterne" der Unternehmenskultur. Ein Beispiel für ein normatives Ziel ist: „Wir tun alles, damit unsere Kunden uns als fairen Berater erkennen und schätzen. Jedes Kundengespräch ist von Fairness geprägt."

› **Unternehmenspolitische Ziele** – Das sind grundlegende Planungsziele der Leitungsebene. Sie definieren den strategischen Kurs des Unternehmens in Markt und Umfeld. Ein Beispiel wäre: „Bis zum Frühjahr 2014 haben wir die Umstrukturierung des Konzerns erfolgreich beendet und den Gang an die Börse geschafft."

› **Tangierende Bereichs- und Abteilungsziele** – Marketingabteilung, Personalabteilung, F&E-Abteilung – alle brauchen für ihre Arbeit einen eigenen Zielhorizont. Mit der Mehrzahl dieser nebengeordneten Ziele hat der Kommunikationsmanager IK nichts am Hut. Aber im Einzelfall kann es passieren, dass die benachbarten Ziele die interne Kommunikation tangieren und es zu Aufgabenüberschneidungen kommt. Nehmen wir die Personalabteilung. Hier könnte ein tangierendes Ziel lauten: „Die Bereitschaft der Mitarbeiter, an Weiterbildungen außerhalb der im Tarifvertrag geregelten Arbeitszeiten teilzunehmen, ist innerhalb von zwei Jahren um 70 % zu erhöhen."

Die Ziele der internen Kommunikation werden stringent von der Hierarchiespitze aus entwickelt. Am Beispiel des weiter oben angeführten Börsengangs lässt sich das Prinzip der Ableitung verdeutlichen. Der Vorstand hat seinem IK-Manager auf die Pflichtenliste geschrieben: „Halten Sie mir beim Börsengang intern den Rücken frei!". Selbstverständlich bekennt sich das interne Kommunikationsmanagement zum erfolgreichen Börsengang als unternehmenspolitisches Ziel, leitet daraus jedoch für die eigene Arbeit konkrete Kommunikationsziele ab: „Alle Mitarbeiter haben bis Ende 2011 alle Informationen zum Börsengang erhalten, verstanden und weitgehend akzeptiert." Oder so: „Die Zustimmung der Mitarbeiter zur Aussage „Ja, ein Börsengang sichert meinen Arbeitsplatz!" ist von 23 % in der Mitarbeiterbefragung 2011 auf 78 % in der Mitarbeiterbefragung 2012 angestiegen."

Der IK-Manager übernimmt die übergeordneten Zielvorgaben, transformiert sie in Kommunikationsziele und stellt klar heraus, dass die interne Kommunikation alles tun wird, um diese großen Vorgaben erfolgreich umzusetzen, dass der Erfolg indes nicht allein in den Händen der IK-Verantwortlichen liegt.

Damit die Übersetzungsarbeit von übergreifenden Dachaufgaben in konkrete Kommunikationsziele gelingen kann, braucht der Kommunikationsmanager IK eine klare Vorstellung davon, was ein Kommunikationsziel ist und was nicht. Als grundlegenden Orientierungsrahmen beschreiben wir die Typen der Kommunikationsziele aus der methodischen Sicht.

| Wahrnehmungsziele (auf kognitiver Ebene) | Einstellungsziele (auf emotionaler Ebene) | Verhaltensziele (auf aktivierender Ebene) |
|---|---|---|
| › Aufmerksamkeit wecken<br>› Erklärungen geben<br>› Erinnerungen schaffen<br>› Interpretationen liefern<br>› Verstehen erleichtern<br>› Lernen ermöglichen<br>› Lösung veranschaulichen<br>› Wiedererkennung sichern | › Image stärken<br>› Zufriedenheit erhöhen<br>› Loyalität stärken<br>› Motivation erhöhen<br>› Stolz fördern<br>› Identifikation schärfen<br>› Sympathie fördern<br>› Akzeptanz erhöhen<br>› Teamorientierung schaffen | › Abrufe auf Intranetseite<br>› Kursanmeldungen<br>› Teilnahme Mitarbeiterfest<br>› Abruf Infomaterial<br>› Anrufe Mitarbeiterhotline |

Abbildung 16: Die drei Arten der Kommunikationsziele

Es gibt drei große Arten von Kommunikationszielen, die fest miteinander verbunden sind:

> **Kognitive Kommunikationsziele** (Wahrnehmungsziele) – Mitarbeiter und Führungskräfte müssen die interne Kommunikation zunächst auf der kognitiven Stufe wahrnehmen und aufnehmen. Und schon auf dieser ersten Stufe geht in der Praxis vieles schief. Bis die Informationen in den Köpfen der Mitarbeiter angekommen sind, dauert es oft länger, als der Kommunikationsmanager IK gedacht hat. Prägnante Informationsimpulse und ständige Wiederholung sind erforderlich, um ans kognitive Ziel zu kommen. Wie oft eine Information wiederholt werden sollte, bis sie tatsächlich bei der Bezugsgruppe ankommt, hängt von unterschiedlichen Faktoren ab, z. B. der Relevanz für die Bezugsgruppe oder der Komplexität des Themas. Zur Veranschaulichung folgt ein typisches Wahrnehmungsziel: „Bis September 2011 haben nahezu alle Mitarbeiter, die in Kundenkontakt stehen, die neuen englischen Produktnamen gelernt und sprechen sie richtig aus."

> **Emotionale Kommunikationsziele** (Einstellungsziele) – Einstellungen sind Bedeutungsrahmen, die in unseren Köpfen fest verankert sind und unser tägliches Handeln steuern. Einstellungen zu ändern, braucht Zeit und viel Kraft, meist muss der Kommunikationsmanager IK über einen langen Zeitraum hinweg konsistente Überzeugungsarbeit leisten. Dabei hat sich gezeigt, dass man die Abwehrhaltung noch verstärkt, sobald man die Einstellungen der Mitarbeiter frontal angreift und in die negative Ecke stellt. Die Psychologen bezeichnen dieses Phänomen als „Reaktanz". Wächst unter den Mitarbeitern das reaktante Verhalten, sollten beim IK-Manager sofort alle Alarmglocken schrillen. Um spürbar Bewegung in die Einstellungen zu bringen, hilft nach

85

Einschätzung der Kommunikationspsychologie eigentlich nur eins: Es muss der internen Kommunikation gelingen, den vorhandenen Bedeutungsrahmen in den Köpfen der Kollegen durch einen neuen, attraktiveren Rahmen zu ersetzen. Das ist schwierig und geht oft nur über Umwege. Ein typisches Einstellungsziel in der internen Kommunikation könnte lauten: „Bis Ende 2011 bekennen sich neun von zehn Managern der zweiten und dritten Führungsebene zu den neuen Corporate Governance-Regeln."

› **Aktivierende Kommunikationsziele** (Verhaltens- oder Handlungsziele) – Es geht darum, Entscheidungen, Handlungen und Verhaltensweisen der Mitarbeiter herbeizuführen. Wahrnehmung, Einstellung und Einsicht lösen bestimmte intendierte Handlungen aus. Das heißt in der Konsequenz, nur wenn die Ziele auf der kognitiven und emotionalen Stufe die nötigen Impulse angestoßen haben, wird sich der Mitarbeiter entsprechend in Bewegung setzen. Gibt es in der Kette noch Lücken oder Widerstände, dann tut sich wenig oder gar nichts. In einem Konzept Handlungsziele zu bestimmen, ist kein Zwang, aber wir verzichten selten darauf, denn aktivierende Ziele kommen vor allem bei der Leitungsebene im Unternehmen besonders gut an. Solche Ziele sind handfest und leicht messbar. Es tut sich etwas – und alle können die Wirkung sehen. Ein Verhaltens- bzw. Handlungsziel wäre zum Beispiel: „Bis zum Ende des Jahres 2011 haben sich die Abrufe unserer Intranetseiten durch die Mitarbeiter aus der Verwaltung mehr als verdoppelt."

Wenn der Kommunikationsmanager IK seine Ziele definiert, hat er immer im Auge, dass die drei Zielarten eng zusammenhängen. Erst wenn es gelungen ist, bei den Mitarbeitern die kognitive und emotionale Stufe zu nehmen, greifen die Verhaltensziele. Sobald man also ein Verhaltensziel definiert, geht man am besten zurück auf die beiden anderen Stufen und hält nach vorgelagerten Hürden oder Lücken Ausschau. Ob es solche Hemmnisse geben könnte, erkennt der IK-Manager, wenn er noch einmal zu Faktenspiegel und Statusanalyse greift und dort nach Indizien und warnenden Vorzeichen forscht.

Das systematische Kontrollieren und Ergänzen von Kommunikationszielen wollen wir mit einem Beispiel verdeutlichen. Nehmen wir an, ein Kommunikationsmanager bekommt die Aufgabe, die Anzahl der Verbesserungsvorschläge im betrieblichen Vorschlagswesen zu erhöhen. Daraus leitet er für das Konzept folgendes Verhaltensziel ab: „Die Zahl der nutzbaren Verbesserungsvorschläge aus dem Kreis der Mitarbeiter hat sich bis zum Ende des nächsten Geschäftsjahres um 40% erhöht." So weit, so gut. Im nächsten Schritt schaut er in den Faktenspiegel und kontrolliert, ob der Weg zum Ziel frei ist. Er stellt fest, dass die Mitarbeiter das Vorschlagswesen, den betreffenden Ansprechpartner und die Spielregeln gut kennen. Die kognitiven Voraussetzungen stimmen, auf dieser Stufe sind keine Probleme zu erwarten. Allerdings fällt ihm beim Weiterlesen auf, dass viele Mitarbeiter in den letzten Jahren anscheinend schlechte Erfahrungen mit dem Vorschlagssystem gemacht haben, da die Umsetzung der Vorschläge nur schleppend oder gar nicht erfolgte. Das hat sich inzwischen im ganzen Haus herumgesprochen, beim Thema Vorschlagswesen winken alle ab. Die Konsequenz für unseren IK-Manager ist klar. Er muss ein entsprechendes emotionales Einstellungsziel (z. B. „höhere Akzeptanz") ergänzen, damit sein Verhaltensziel (z. B. „mehr Verbesserungsvorschläge") tatsächlich greifen kann.

Versuchen Sie, die bisherigen Schritte zur Zielsetzung für Ihr eigenes Konzept nachzuvollziehen. Dazu nehmen Sie Ihre anstehenden Konzeptaufgaben zur Hand (Check 6 – Seite 58):

> **Zielvorgaben übernehmen** – Alle vorgegebenen Aufgaben, die voll in Ihren Kompetenzbereich fallen, übernehmen Sie als Kommunikationsziele.

> **Übergreifende Ziele umwandeln** – Alle Aufgaben, die über Ihr Kompetenzfeld hinausreichen und andere Abteilungen oder die Unternehmensführung tangieren, erfassen Sie als übergreifende Ziele und wandeln sie in Kommunikationsziele um. Formulieren Sie noch keine Ziele aus, das kommt später, geben Sie an dieser Stelle nur die Zielrichtung vor.

> **Ziellücken schließen** – Jetzt greifen Sie zu Faktenspiegel und Statusanalyse und überprüfen die Zielstrecke auf Hürden und Lücken. Falls notwendig, tragen Sie zusätzliche Kommunikationsziele, die Lücken schließen helfen, in der Liste nach. Das Bündel der Kommunikationsziele ist damit komplett.

| Übergreifende Ziele | |
|---|---|
| Kommunikationsziele | |

Check 10: Ziele trennen, Kommunikationsziele ausbauen

## Ziele nach Zeit ordnen und ausformulieren

Auf der Checkliste stehen jetzt alle für das Konzept relevanten Zielansätze grob skizziert und lückenlos aufgelistet. Aus leidvoller Erfahrung wissen wir, dass manche Ziele viel Zeit brauchen – vor allem auch, weil die Mittel zur Erreichung der Ziele meist knapp bemessen sind. Um eine machbare Zielkonstellation zu entwickeln, sollte der Kommunikationsmanager IK im nächsten Schritt die gelisteten Zielansätze, die vorhandenen Mittel und den erforderlichen Aufwand miteinander vergleichen und eine zeitliche Einordnung in kurz- bzw. mittel- und langfristige Zielansätze vornehmen. Bezogen auf das anstehende Jahreskonzept wäre der kurzfristige Zielhorizont auf ein Jahr bemessen. Der mittel- bis langfristige Horizont läge zwischen drei und sieben Jahren. Zeitlich weiterreichende Ziele kommen in der internen Kommunikation selten vor, da der rasante Wandel in Unternehmen und Märkten es unmöglich macht, weiter nach vorne zu blicken. Niemand im Unternehmen kann einschätzen, was in zehn Jahren sein wird. Das von uns genannte Zeitraster stellt einen Durchschnittswert dar, der von Branche zu Branche abweichen kann. In der Modebranche beispielsweise werden die kurzfristigen Ziele gerne für die Saison und damit nur für jeweils sechs Monate festgelegt.

|  | Kurzfristig | Mittel- und langfristig |
|---|---|---|
| Übergreifende Ziele |  |  |
| Kommunikationsziele |  |  |

**Check 11: Ziele nach Zeit ordnen**

Entscheiden Sie, welche Ziele kurzfristig angegangen werden und welche Ziele mehr Zeit brauchen. Es sollte stets eine Unterscheidung in kurze und lange Distanz geben. Die kurze Distanz fixiert konkrete, messbare Zielvorgaben für die anstehende Kommunikationsperiode. Die mittel- und langfristigen Ziele schaffen die Voraussetzung für einen beständigen Kommunikationskurs über mehrere Perioden. Die lang laufenden Kommunikationsziele sind oft nicht mit messbaren Zahlen konkretisiert. Sie geben lediglich eine große Richtung vor, an der sich alle orientieren.

Es schließt sich noch ein letzter Arbeitsschritt an: Alle Zielansätze müssen punktgenau ausformuliert werden. Manchem Kommunikationsmanager IK mag das Konkretisieren der Ziele nicht leicht fallen, denn er muss sich festlegen. Er definiert einen Maßstab, an dem er gemessen werden kann. Ihm wäre wohler zu Mute, wenn man die Ziele allgemeiner halten würde, dann könnte er später das Ergebnis leichter als Erfolg interpretieren. Wir raten dringend von diesem Weg ab. Wer anfängt, mit Zielen zu lavieren, kommt nicht weit. Es muss für alle Beteiligten klar sein, wohin die Reise geht.

Übergreifende Ziele und Kommunikationsziele werden nacheinander sorgfältig ausformuliert. Dabei kann man sich an folgenden Konkretisierungsmöglichkeiten orientieren:

> **Der eigentliche Zielkern** – Wo genau setzt das interne Kommunikationsmanagement den Hebel an? – z.B. „Der ungestützte Bekanntheitsgrad hat sich deutlich erhöht."

> **Der konkrete Messwert** – Welche messbare Veränderung wird angestrebt? – z.B. „von heute 61% auf 83%"

> **Das betreffende Zielobjekt** – Wen oder was nimmt sich das interne Kommunikationsmanagement vor? – z.B. „für die neuen Service- und Qualitätsrichtlinien"

> **Die anzusprechenden Bezugsgruppen** – Falls sich das Ziel auf ein spezielles Segment der Mitarbeiter fokussiert: Auf welches Segment? – z.B. „bei den Kollegen in der Serienproduktion"

> **Die avisierte Zielzeit** – Bis wann soll das Ziel erreicht sein? – z.B. „bis zum Start der neuen Frühjahrskollektion" oder „bis zum Ende des übernächsten Geschäftsjahres"

> **Die Zielprämisse** – Handelt es sich um ein Ziel, das nur erreicht werden kann, wenn andere im Unternehmen mitwirken? Dann sollte als Sicherung auf jeden Fall eine Prämisse formuliert werden – z.B. „... falls der Aufsichtsrat die neuen Richtlinien bis Dezember 2011 verabschiedet hat" oder „unter der Voraussetzung, dass die Personalabteilung das Weiterbildungsprogramm bis Juni 2011 modernisiert."

Was nicht in eine Zielformulierung gehört, sind die Zielmittel. Man definiert, wohin man will, aber nie wie man dieses Ziel erreicht. Festlegungen wie „Erhöhung der betrieblichen Motivation mittels Dialog" oder „Steigerung der Lesedauer der Mitarbeiterzeitschrift durch Umstellung auf Farbdruck" verbieten sich. Sie überschreiten den Kompetenzrahmen der Zielsetzung.

Damit stehen die Ziele fest. Bevor er den nächsten Konzeptionsschritt angeht, sollte der Kommunikationsmanager abschließend überprüfen, ob seine Ziele in den großen Kontext der normativen und unternehmenspolitischen Ziele passen. Und ob die personellen und finanziellen Ressourcen ausreichen, um die Ziele mit Nachdruck anzugehen. Diese Fragen sind realistisch zu beantworten, sonst steht der Kommunikationsmanager IK am Ende des Jahres trotz Konzept vor überraschenden Zielabweichungen und muss sich rechtfertigen.

Zum Schluss geben wir einige grundsätzliche Erfahrungswerte weiter, die das interne Kommunikationsmanagement bei der Zielfindung berücksichtigen sollte:

89

> **Die Mittel-/Ziellücke** – Bei kritischem Betrachten der Zielsetzung stellt man bisweilen fest, dass eines der Ziele zwar von hoher Bedeutung ist, sich aber mit den vorhandenen personellen und finanziellen Mitteln überhaupt nicht realisieren lässt. Diese Lücke darf der IK-Verantwortliche nicht einfach ignorieren und zum nächsten Konzeptionspunkt übergehen. Das Ziel zu eliminieren wäre ebenfalls falsch, denn es hat hohe Bedeutung. Der einzig richtige Weg ist der Weg zum Vorgesetzten. Man schildert ihm die Situation und bittet um Verstärkung.

> **Das reale Maß** – Alle Ziele, bei denen es möglich und sinnvoll ist, werden messbar gemacht. Beim Anlegen der Messlatte sollte der Kommunikationsmanager Augenmaß beweisen und nicht zu hohe Erwartungen wecken. Wenn er viel verspricht und wenig hält, verspielt er schnell seinen Vertrauensvorschuss. Woher weiß der IK-Manager, wie hoch die Latte liegen darf? Schwierige Frage! Es gibt keine Tabellen, aus denen man das ablesen kann, und auch keine schlauen Softwareprogramme, die Vorgaben ausrechnen. Einzige Indikatoren, die man heranziehen kann, sind die eigenen Erfahrungswerte und ein gewisses Quantum an Intuition.

> **Schon mit der Erfolgskontrolle im Blick** – Für jedes Ziel gibt es am Ende ein Instrument zur Messung. Um eine effiziente Erfolgskontrolle zu ermöglichen, sollte der Kommunikationsmanager daher schon bei der Zielformulierung überlegen, wie die Messung erfolgen könnte und wie hoch der Aufwand für die Messung ist. Manche Zielmessung entpuppt sich dabei geradezu als Sisyphos-Aufgabe. Falls das so ist, sollte man überlegen, ob es nicht sinnvoller wäre, das Ziel etwas pragmatischer zu formulieren.

> **Vorsicht Zielkonflikte!** – Beim Schnüren des Zielbündels darf man nie die Interdependenzen zwischen den Zielen aus den Augen verlieren. Wenn ein Ziel lautet: „Innerhalb eines Jahres hat unser Außendienst-Team durch intensive Schulung das notwendige Know-how gewonnen" und ein zweites Ziel hinzukommt: „Bei den Kollegen finden die hohen Einsparungen im Bereich der Schulung und Weiterbildung ein nachhaltiges Verständnis", dann könnte an der Schnittstelle ein Zielkonflikt entstehen. Der IK-Manager nimmt folglich das Konfliktpotenzial unter die Lupe. Vielleicht ist das Potenzial so gering, dass er den Konflikt vernachlässigen kann. Eventuell muss er aber auch noch einmal an seine Zielkonstellation heran und die Ziele besser ausjustieren.

> **Übergreifende Ziele abstimmen** – Im Zuge der Zielfindung formuliert der Kommunikationsmanager natürlich auch die übergeordneten Ziele aus. Das ist jedoch nicht unproblematisch, da die Ziele auch andere Abteilungen betreffen und nur gemeinsam zu erreichen sind. Um späterem Ärger vorzubeugen, empfehlen wir, die Richtung der übergreifenden Ziele mit den

betreffenden Abteilungen abzustimmen. Bei unserem Beispiel mit dem Vorschlagswesen ist z. B. ein Abgleich mit dem Qualitätsmanager notwendig.

Fassen wir die einzelnen Arbeitsschritte noch einmal zusammen:

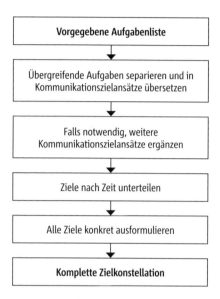

Abbildung 17: Schrittfolge der Zielentwicklung

## PRAXIS LIVE

Vor den Zielen hatte Pressesprecher Ribbeck im ersten Moment Respekt. War das ein Wunder? Die Suppe, die er sich da einbrockte, musste er schließlich hinterher wieder auslöffeln. Aber, ach was, Bange machen gilt nicht, Ribbeck beschloss, die Herausforderung anzunehmen – und irgendwie hatte er auch Spaß daran, endlich etwas zu bewegen. Nachdem er die Checkliste für seinen Fall leicht umgebaut hatte, ging die weitere Zielfindung flott von der Hand.

Alle Zielansätze leiteten sich aus den drei vorgegebenen Aufgaben ab. Als Ribbeck den Zeithorizont festlegte, ergab es sich zufällig, dass der übergreifende Zielansatz eine langfristige Perspektive und alle Zielansätze für die Kommunikation eine kurzfristige Perspektive bekamen. Die kurzfristige Zielrichtung unterteilte er nach Mitarbeiter und Führungskräften.

| |
|---|
| **Langfristig: Übergreifende Zielansätze** |
| › Im gesamten Unternehmen setzt sich die neue Selbstsicht der Mitarbeiter als „moderne und kundenorientierte Energieberater" durch. |
| **Kurzfristig: Zielansätze für Kommunikation Mitarbeiter** |
| › Die Mitarbeitern erkennen und verstehen die Anforderungen und Vorteile der neuen kundenorientierten Sicht. <br> › Die Mitarbeiter sind auf breiter Front bereit, für das neue Selbstverständnis zu lernen und zu trainieren. <br> › Die Mitarbeiter sind zügiger als bisher üblich über wichtige Themen im Unternehmen informiert. |
| **Kurzfristig: Zielansätze für Kommunikation Führungskräfte** |
| › Die Führungskräfte unterstützen ihre Mitarbeiter konsequent in der neuen Selbstsicht. <br> › Die Führungskräfte geben die neuen Fakten zur schnellen Information routinemäßig an mich weiter. <br> › Die Führungskräfte unterstützen und nutzen die neue Vernetzung für den Austausch untereinander. |

Dann feilte er die groben Zielangaben zu konkreten Zielen:

› **Unser gemeinsames Dachziel:**

› Bis Ende 2014 identifizieren sich die Mitarbeiter mit dem „kundenorientierten Energieberater". Dieses Selbstverständnis prägt die Unternehmenskultur. (Erfolgskontrolle: Runder-Tisch-Gespräche)

› Über 90% der Mitarbeiter haben bis zum Ende des Jahres durch intensive Kommunikation die Vorteile der neuen kundenorientierten Sicht verstanden und verinnerlicht. (Erfolgskontrolle: Befragung)

› Ebenfalls bis zum Ende des Jahres sind mehr als 50% der Mitarbeiter im Kundenkontakt offensiv bereit, für das neue Selbstverständnis zu lernen. (Erfolgskontrolle: Anmeldezahlen für die Trainings)

› Bis zu den Sommerferien wird die interne Informationsarbeit des Pressesprechers beschleunigt und zwei Drittel der Mitarbeiter fühlen sich informiert. (Erfolgskontrolle: Befragung)

› **Unsere Kommunikationsziele in Richtung Führungskräfte:**

› Ab sofort unterstützen Vorstand und Führungskräfte die Mitarbeiter konsequent in der neuen Selbstsicht als kundenorientierte Energieberater. (Erfolgskontrolle: eigene Beobachtung)

› Der Vorstand und die befugten Abteilungsleiter geben nach einer kurzen Vorbereitungszeit alle für die Mitarbeiterkommunikation relevanten Nachrichten routinemäßig an den Pressesprecher weiter. (Erfolgskontrolle: permanente Überprüfung)

› Alle Führungskräfte nutzen ab sofort und auf Dauer die neu geschaffenen Vernetzungswege und tauschen sich untereinander aus. (Erfolgskontrolle: Beobachtung, Gespräche mit Führungskräften)

„Uff, da hast du dir ja was vorgenommen", kommentierte Ribbecks Kommunikationskollegin Sigrid Heiler, als er ihr die Zielsetzung ganz im Vertrauen zu lesen gab. Und sie fügte noch hinzu: „Wenn du Hilfe brauchst, sag Bescheid."

## Für wen? Die Bezugsgruppen festlegen

Eine beliebte Feststellung der Kollegen aus der externen Kommunikation lautet: „Unsere Zielgruppen, das sind unbekannte Wesen". In der internen Kommunikation hören wir diesen Befund kaum, denn in der internen Öffentlichkeit kennt der Kommunikationsmanager IK seine Zielgruppen. Er kann ihre Größe bestimmen, ihre soziodemografische Zusammensetzung beschreiben und in der Regel weiß er auch um ihre Einstellungen und ihre Stimmungslage. Wenn er auch nicht jeden Mitarbeiter persönlich kennt, der Kollegenkreis ist für ihn eine bekannte Größe. Will der Kommunikationsmanager mehr über seine Zielgruppe erfahren, dann braucht er nur sein Büro verlassen und in der Kantine oder auf den Fluren „Feldforschung" betreiben. Internes Kommunikationsmanagement ist in der Folge größtenteils zielgerichtete Beziehungskommunikation. So eng sind die Verbindungen zu den Mitarbeitern, dass wir im Folgenden nicht von Zielgruppen, sondern von Bezugsgruppen sprechen wollen.

„Für uns in der internen Kommunikationsarbeit sind alle Mitarbeiter Bezugsgruppe. Wir schließen da niemanden aus," erklären uns manchmal IK-Verantwortliche. Im Grundsatz hat das Unternehmen gegenüber jedem Mitarbeiter eine Informationspflicht – und das soll auch so bleiben. Dennoch darf man es sich in der strategischen Planung nicht so einfach machen und auf eine differenzierte Mitarbeiteransprache verzichten. Je genauer die Bezugsgruppen differenziert werden, desto gezielter lassen sich die Botschaften und Themen formulieren, desto größer ist das Echo der Angesprochenen. Eine individuelle Ansprache erhöht die Kommunikationswirkung und spart so letzten Endes Geld.

Die beiden Hauptgruppen der internen Kommunikation haben wir einige Buchseiten weiter vorne bei der grundlegenden Rollenverteilung schon vorgestellt:

› **Die Leitungs- und Führungsebene** – Sie definiert und verteilt die Aufgaben und bestimmt die große Richtung im Unternehmen. Sie ist quasi die Legislative des Unternehmens.

› **Die ausführenden Mitarbeiter** – Sie nehmen die Aufgaben entgegen, gestalten sie aus und setzen sie um. Die Mitarbeiter sind so etwas wie die Exekutive des Unternehmens.

Abbildung 18: Die Bezugsgruppensystematik

Wir stellen fest, dass es in (fast) jedem Unternehmen zwei Sichtachsen gibt: Die Wahrnehmung der Mitarbeiter und die Wahrnehmung der Führungskräfte. Diese beiden Seiten sind selten deckungsgleich. Das brauchen sie auch gar nicht zu sein. Es reicht aus, wenn sie sich trotz unterschiedlicher Sichtweisen gegenseitig ergänzen und verstärken. Im Idealfall ergeben sie eine gesunde Symbiose.

Bestimmt der Kommunikationsmanager seine Bezugsgruppen, dann behält er die beiden Sichtachsen immer unter Beobachtung. Im „Worst Case" klaffen die beiden Welten so weit auseinander, dass er zuerst einmal alle kommunikativen Hebel in Bewegung setzen muss, um ein weiteres Auseinanderdriften zu stoppen. Im „Best Case" sind beide Welten einander nahe und der IK-Manager kann diese Nähe nutzen, um systematisch Synergien zu erzeugen.

Damit das interne Kommunikationsmanagement gezielt auf die Bezugsgruppen zugreifen kann, reicht die Differenzierung in Führungsebene und

Mitarbeiterbasis allein nicht aus. Zusätzlich teilt er die beiden großen Blöcke noch einmal nach den grundlegenden Funktionen im bevorstehenden Kommunikationsprozess ein. Im klassischen Kommunikationsprozess herrscht „Arbeitsteilung". Will man den Prozess erfolgreich gestalten, ist es erforderlich, alle Führungskräfte und Mitarbeiter, die am Prozess beteiligt sind, entsprechend ihrer Kommunikationsfunktion einzuteilen und später differenziert anzusprechen. Am Prozess der internen Kommunikation sind in der Regel drei grundlegende Gruppen beteiligt:

> **Schlüsselpersonen und -gruppen** – dazu gehören die Führungskräfte und Mitarbeitergruppen, die am anderen Ende des Kommunikationsprozesses stehen und der Schlüssel zum Erfolg sind. Diese Gruppen informiert, interessiert und bewegt die interne Kommunikation punktgenau, um die gestellten Kommunikationsziele zu erreichen. Mal angenommen, das Ziel der internen Kommunikation sei „Es ist nach sechs Monaten gelungen, mindestens zwanzig Mitarbeiter für das Austauschprogramm mit dem französischen Mutterunternehmen zu gewinnen", dann besteht die Schlüsselgruppe aus „allen qualifizierten Mitarbeitern, die französisch sprechen und familiär nicht gebunden sind". Falls das interne Kommunikationsziel lautet, die „Akzeptanz für den Umzug der Serviceabteilung wurde sichergestellt", dann dürften „alle Führungskräfte und Mitarbeiter, die direkt vom Umzug betroffen sind" zur Schlüsselgruppe gehören.

> **Mittlerpersonen und -gruppen** – So bezeichnen wir alle Führungskräfte und Mitarbeiter, die als Multiplikatoren und Verstärker in den internen Kommunikationsprozess einbezogen werden. Sie sind Mittel zum Zweck. Ihr Zweck ist es, die Schlüssel- aber auch die nachfolgenden Rahmengruppen im Sinne der Kommunikationsziele zu beeinflussen. Beim Austauschprogramm mit der französischen Mutter könnten als Mittler alle Kollegen zum Einsatz kommen, die im Vorjahr erfolgreich am Austausch teilgenommen haben. Breit akzeptierte Mittler erhöhen die Glaubwürdigkeit der internen Kommunikation ganz erheblich. Es lohnt also, sich auf die Suche nach geeigneten Mittlern zu machen und sie mit System in die interne Kommunikation einzubauen.

> **Rahmenpersonen und -gruppen** – In diese Kategorie ordnet der IK-Manager Führungskräfte und Mitarbeiter ein, die nicht direkt auf der Linie der jeweiligen Kommunikationsziele liegen und damit auch nicht unmittelbar betroffen sind. Trotzdem gehören sie zur internen Öffentlichkeit. Sie sind quasi interne Zuschauer. Das entsprechende Thema reizt ihre Neugierde, sie werden darüber reden und sich eine Meinung bilden. Ihre Meinung darf nicht dem Zufall überlassen bleiben, sondern wird bewusst stimuliert und gesteuert. Eine negative Stimmung der „Zuschauer" wirkt sich hemmend auf den gesamten Kommunikationsprozess aus.

Die Funktion der einzelnen Führungskräfte und Mitarbeitergruppen kann von Kommunikationskonzept zu Kommunikationskonzept wechseln, in der einen Situation gehören die Mitarbeiter in der Marketingabteilung zur Schlüsselgruppe, in der anderen fungieren sie als Mittler, dann gehören sie nur zur Rahmengruppe im Hintergrund.

In der Abbildung 18 (Seite 94) gibt es ein weiteres Bezugsgruppen-Segment, das bisher noch nicht erwähnt wurde. Wir haben es nicht vergessen, sondern bewusst ans Ende gestellt:

› **Externe Gruppen** – Kein Unternehmen ist eine Insel. Im Gegenteil! Es gibt zahlreiche und vielschichtige Verbindungen nach draußen ins Umfeld. Häufig haben diese externen Bezüge keinen großen Einfluss auf die zu lösende Kommunikationsaufgabe, dann kann man sie vernachlässigen. Bisweilen ist der Einfluss von draußen jedoch so groß, dass der Kommunikationsmanager IK externe Personen oder Gruppen in die interne Kommunikation einbeziehen sollte. Ihr Echo strahlt in die Firma ab und hat oft eine höhere Überzeugungskraft als die Stimmen von innen. Der Radius der externen Gruppen reicht von Angehörigen und ehemaligen Mitarbeitern über Nachbarn und Anwohner bis hin zu externen Medien und politischen Multiplikatoren.

Legen Sie Ihre Zielsetzung vor sich auf den Tisch und überlegen Sie ausgehend von den Zielen, welche Bezugsgruppen Sie in welcher Funktion ins kommunikative Spiel bringen müssen. Ihre Bezugsgruppenstruktur sollte sich auf die wichtigen Personen und Gruppen konzentrieren. Eine einfache, übersichtliche Struktur erleichtert die Ansprache und erhöht die Erfolgschancen.

| Schlüsselgruppen | Mittlergruppen | Rahmengruppen | Externe Gruppen |
|---|---|---|---|
| | | | |
| | | | |
| | | | |
| | | | |
| | | | |
| | | | |

**Check 12: Bezugsgruppenstruktur**

Die Spalte mit den externen Gruppen legen Sie nur an, sofern die externen Einflüsse ins Gewicht fallen. Im Faktenspiegel haben Sie die externe Konstellation in Grundzügen erfasst. Schauen Sie sich die Sachlage an und schätzen Sie das Gewicht ein.

## PRAXIS LIVE

Mit der Zielsetzung als Horizontlinie machte sich Sven Ribbeck daran, seine Bezugsgruppen zu strukturieren. Ihm war vor allem wichtig, die Schlüsselgruppen möglichst überschaubar zu halten. Auf sie wollte er später in der Umsetzung seine Kraft konzentrieren.

| Schlüsselgruppen | Mittlergruppen | Rahmengruppen | Externe Gruppen |
|---|---|---|---|
| › Kollegen im Kundenkontakt<br>› Meinungsführer unter Kollegen<br>› Vorstand und Führungskräfte | › Qualitätsausschuss<br>› Technikerstammtisch<br>› Abteilungsleiter | › Alle festen Mitarbeiter<br>› Zeitarbeiter | › Kundenstamm<br>› Aufsichtsrat |

Aufgrund der Aufgabenstellung lag der Schlüssel zum Erfolg bei den über 80 Mitarbeitern im Kundenkontakt. Außerdem hatte Ribbeck festgestellt, dass es im Haus eine Reihe von Meinungsführern gab, die in Versammlungen „das große Wort führten". An die musste er ran. Dass Vorstand und Führungskräfte eine Schlüsselposition hatten, verstand sich von selbst.

Ausgewählte Mittler wollte er einbeziehen, obwohl er sich davon nicht den durchschlagenden Erfolg erhoffte. Bei SüdWatt gab es seit zwei Jahren einen Ausschuss, der Vorschläge für die Verbesserung der Angebotsqualität erarbeitete. Ein gutes Dutzend Kollegen aus fast allen Bereichen kam da mehrmals im Jahr zusammen. Außerdem hatten die Techniker einen Stammtisch gegründet, der regen Zuspruch erhielt. Hinzu kamen die Abteilungsleiter, die bei SüdWatt in ihren Abteilungen durchaus noch Gewicht hatten.

Bei den Rahmengruppen führte Ribbeck die Zeitarbeiter auf, deren Zahl beständig zunahm. In die letzte Spalte schrieb er neben dem Aufsichtsrat (in dem unter anderem der Bürgermeister saß) auch die SüdWatt-Kunden. Da es das erklärte Ziel war, ein neues kundenorientiertes Selbstverständnis zu etablieren, führte zweifellos ein wichtiger Weg über die Kunden selbst.

## Bezugsgruppen aus der Nähe betrachtet

Der Kommunikationsmanager IK hat seine Bezugsgruppen entsprechend der Zielsetzung strukturiert. Als eine Bezugsgruppe in Schlüsselposition steht da beispielsweise „Alle Mitarbeiter aus der Verwaltung" in seiner Checkliste. Je nachdem kann das eine sehr große, heterogene oder auch eine überschaubare, einheitliche Gruppe sein. Allein nur ein magerer Stichpunkt auf der Liste reicht für echte Beziehungskommunikation nicht aus. Der IK-Manager braucht ein Gefühl für diese Gruppe, sie muss seine „gute Bekannte" werden, damit er eine tragfähige Beziehung aufbauen kann. Aus diesem Grund sollte er zumindest die kommunikationsentscheidenden Schlüsselpersonen oder -gruppen genauer unter die Lupe nehmen und charakterisieren. Als Bezugsgrößen kommen grundsätzlich in Frage:

> **Größe und Zusammensetzung der Bezugsgruppe** – Wie groß ist die avisierte Gruppe? Wer gehört zur betreffenden Bezugsgruppe? Hat die Gruppe eventuell Untergruppen, die zu berücksichtigen sind? Welche relevanten Querverbindungen zu anderen Gruppen im Haus gibt es?

> **Einstellung und Motive der Bezugsgruppe** – Was berührt und bewegt die Bezugsgruppe? Welche Einstellung zum eigenen Unternehmen hat die Gruppe? Wie steht sie zu ihrer Arbeit? Welche Werte vertritt sie? Welche Motive treibt sie an?

> **Argumente und Einwände der Bezugsgruppe** – Wie äußert sich die Bezugsgruppe zur Sache? Welche Einwände kommen? Wie äußert sich die Zustimmung? Wie differenziert ist die Argumentation? Wie fest ist das Meinungsbild?

> **Kommunikation und Kontakt der Bezugsgruppe** – Mit welchen Inhalten erreicht man die Bezugsgruppe am besten? Welche Kommunikationskanäle nutzt die Gruppe? Wie intensiv werden die Kanäle genutzt? Welche neuen Instrumente wären für die Ansprache gut geeignet?

| | Bezugsgruppe 1 | Bezugsgruppe 2 |
|---|---|---|
| Größe und Zusammensetzung | | |
| Einstellung und Motive | | |
| Argumente und Einwände | | |
| Kommunikation und Kontakt | | |

Check 13: Bezugsgruppenprofil

Der IK-Verantwortliche stellt ein Profil der wichtigen Bezugsgruppen zusammen. Das Ergebnis ist kurz und aussagekräftig. Die notwendigen Informationen holt er sich aus dem Faktenspiegel. Gibt der Faktenspiegel keine ausreichende Auskunft über die betreffende Bezugsgruppe, dann muss der IK-Manager auf jeden Fall nachrecherchieren. Ohne eine klare Vorstellung davon, wie die andere Seite tickt, darf er nicht mit der Ansprache beginnen.

Fällt die Profilarbeit schwer, kann es helfen, einen typischen Vertreter der Bezugsgruppe zu personalisieren. Vor dem geistigen Auge erscheint eine reale Person aus der Bezugsgruppe – z. B. die nette Kassiererin in der Kantine oder der kritische, stets auf die Umsatzzahlen schauende Vertriebsmitarbeiter. Werfen Sie noch einmal einen Blick auf Ihre Bezugsgruppenstruktur. Welche Bezugsgruppen stehen im Brennpunkt? Beschreiben Sie diese wichtigen Gruppen (es können im speziellen Einzelfall auch einzelne Personen sein) in der obigen Checkliste. Es entsteht ein stichwortartiges Profil mit den hervorstechenden Gruppenmerkmalen.

Innerhalb des Profils steht eine entscheidende Frage im Zentrum: Welche Motivation treibt die Bezugsgruppen an? Die interne Kommunikation will die Bezugsgruppen in eine bestimmte Richtung bewegen. Doch eins ist klar: Die Gruppen bewegen sich nur, wenn es gelingt, ihre Motive anzusprechen und zu stimulieren. Motive sind Treiber für alle menschlichen Handlungen. Ohne Motive passiert nichts, aber auch gar nichts. Jeder kennt das vom Computer: Nichts regt sich, wenn die Treiber nicht funktionieren. Der Kommunikationsmanager IK muss in seinem Bezugsgruppenprofil also auf jeden Fall die ultimative Frage beantworten, über welche Motive er seine Bezugsgruppen interessieren und aktivieren will.

## PRAXIS LIVE

Beim Profil stand eine Schlüsselgruppe im Vordergrund: die Mitarbeiter im Kundenkontakt. Pressesprecher Ribbeck war selbst überrascht, wie präzise das Profil war, das er da in kurzer Zeit zusammenbekam.

| SüdWatt AG | Mitarbeiter im Kundenkontakt |
| --- | --- |
| Größe und Zusammensetzung | › 83 Personen<br>› Abteilungen Vertrieb, Marketing, Service und Kundenverwaltung<br>› 80 % weiblich (bis auf Service)<br>› Im Durchschnitt über 40 Jahre alt<br>› 30 % unter drei Jahren, der Rest schon länger im Unternehmen |
| Einstellung und Motive | › Leiden unter starkem Druck durch Rationalisierung<br>› Sind verunsichert, diffuse Furcht, den Arbeitsplatz zu verlieren, schimpfen viel<br>› Sind grundsätzlich bereit, etwas zu ändern, haben aber Angst vor den Folgen<br>› Positive Einstellung zu SüdWatt, sind stolz auf ihre Firma<br>› Primäres Motiv: Sicherheit, soziale Bezüge; Ehrgeiz könnte angestachelt werden |
| Argumente und Einwände | › Wir stehen so unter Druck, wir haben keine Zeit, auf die Kunden einzugehen<br>› Wir kennen unsere Kunden eigentlich am Besten |

| SüdWatt AG | Mitarbeiter im Kundenkontakt |
|---|---|
| Kommuni-kation und Kontakt | › Stark interessiert an interner Kommunikation<br>› Keine technische, sondern menschliche Kommunikation bevorzugt<br>› Kurze, klare Ansagen und keine langen Argumentationsketten |

## Auf der Jagd nach den Motiven

Seit einigen Jahren macht es die Magnet-Resonanz-Tomographie (MRT) möglich, dem Menschen ins Gehirn zu schauen und zu analysieren, welche Gehirnbereiche bei welchen Reizen angesprochen werden. Gedankenlesen ist damit (zum Glück) nicht möglich, aber die Fachleute sind in der Lage, Beziehungen zwischen externen Reizen und internen Motivstrukturen zu untersuchen und genauer zu bestimmen. Wir erwarten keine Wunder und stehen der momentanen „Neuromarketing"- Euphorie eher skeptisch gegenüber, dennoch sind einige Erkenntnisse durchaus aufschlussreich, gerade auch für die interne Kommunikation.

Das Gehirn hat für alle wichtigen Emotions- und Motivationsimpulse feste Bereiche, die über Nervenbahnen eng vernetzt sind und über Botenstoffe miteinander kommunizieren. Die Wissenschaftler haben sich die Motiv- und Emotionsmuster genau angeschaut und eine emotionale Landkarte unseres Gehirns entwickelt. Der Psychologe Hans-Georg Häusel teilt in seinem Buch „Brain Script" (Haufe-Verlag 2005) die Landkarte vereinfacht in drei große Sektoren auf. Die drei großen Motiv- und Emotionssysteme heißen:

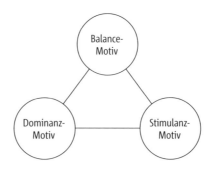

Abbildung 19: Die drei fundamentalen Motive

› **Balance** – Der Mensch strebt nach Sicherheit, Geborgenheit und Ruhe. Das Balance-Motiv macht den Menschen zum sozialen Wesen, der die Gemeinschaft zum Leben braucht. Die Balance ist die stärkste Kraft im Gehirn und erklärt, warum Mitarbeiter in Unternehmen auf Veränderungen und Wandel fast schon reflexartig mit Unbehagen und Furcht reagieren. In den Unternehmen hört man typische Balance-Äußerungen wie: „In meiner Abteilung hat alles seinen Platz." oder „Das haben wir doch schon immer so gemacht."

› **Dominanz** – Der Mensch hat gleichzeitig auch Alpha-Motive. Er sucht den Wettbewerb und will sich im Kampf beweisen. Wenn diese Motive Erfolg haben, stellen sich Stolz und Überlegenheitsgefühle ein. Bei fehlenden Dominanz-Erfolgen liegen Unruhe und Streitsucht in der Luft. In der Regel werden Führungskräfte intensiver als Mitarbeiter von Dominanzmotiven angetrieben. Schnelligkeit, Effizienz und Durchsetzungswille sind ihre Antriebskräfte. Im Unternehmen hört man Dominanz-Äußerungen wie „Keine Diskussion! Ich entscheide das – und damit basta!" oder „Wenn mir der Personalrat da reinreden will, dann soll er sich warm anziehen."

› **Stimulanz** – Der Mensch braucht Erlebnis, Lust und Abenteuer. Er will ausbrechen und Neues entdecken. Lernbereitschaft, Kreativität und Neugierde haben ihren Ursprung in diesem Motivbereich. Durch den Trend zur „Work-/Life-Balance" gewinnt das Stimulanz-Motiv auch in Unternehmen an Bedeutung. Moderne Unternehmen sehen Arbeit nicht als „sture Maloche", sondern als Lebensgestaltung und Selbstverwirklichung. In Unternehmen hört man Stimulanz-Äußerungen wie „Hey Leute, querdenken ist ausdrücklich erlaubt!" oder „Mit unserem Team kann man Berge versetzen!"

Alle Mitarbeiter im Unternehmen werden in ihren Einstellungen und Handlungen von den drei Motiven gesteuert und lassen sich dementsprechend mobilisieren. Je nach Anlass, Bedeutung und eigener Stellung ist das eine bzw. das andere Motiv ausgeprägter. Der IK-Manager sollte bei jeder Kommunikationsaufgabe überlegen, welche Motive der Mitarbeiter er ansprechen will. Die drei Grundmotive können ihm dabei als Orientierungshilfe dienen.

Wir wollen das Spektrum der Motive an einem konstruierten Beispiel durchspielen. Die interne Kommunikation hat die Aufgabe bekommen, bei einer bevorstehenden Menü-Preiserhöhung in der Kantine die Wogen zu glätten:

› **Preisakzeptanz über Balance** – Spricht man die Mitarbeiter mit der internen Kommunikation über das Balance-Motiv an, dann bietet sich die Qualität als Aufhänger an: Die Kantine sichert einen hohen Qualitätsstandard, ist vorbildlich, was schmackhafte Rezepte und gesunde Ernährung angeht. Und das hat seinen Preis.

› **Preisakzeptanz über Dominanz** – Beim Dominanz-Motiv könnte man z.B. über den Firmenstolz gehen: Das Unternehmen hat sich vorgenommen,

101

eine der besten Kantinen in der ganzen Stadt zu haben. Andere Firmen werden die Kollegen um die Kantine beneiden.

› **Preisakzeptanz über Stimulanz** – Selbstredend wäre auch das Stimulanz-Motiv möglich. Im Blickpunkt stände dann das Erlebnis: Die Kantine bietet in Zukunft viel Abwechslung, man kann neue Rezepte und internationale Spezialitäten entdecken. Alle freuen sich auf die Mittagspause, denn das Essen macht jetzt viel mehr Spaß.

Im Einzelfall wäre es auch möglich, zwei Motive zu kombinieren. Aber Vorsicht: Dabei darf es keinesfalls zu Widersprüchen kommen.

In der Ökonomie und in der Folge auch in Unternehmen werden emotionale Motivationen gern geleugnet. Angeblich läuft dort alles sehr rational und nach dem Nutzenprinzip ab. Von wegen! Lösen Sie sich von dieser konventionellen Sichtweise, sie ist hoffnungslos überholt. Hier und heute ist interne Kommunikation im besten Sinne emotional. Emotionen sind die Antriebs- und Bremskräfte der Mitarbeiter und gehören offen und ehrlich zum Geschäftsleben. Emotionen entscheiden, ob Mitarbeiter Leistungen bringen oder innerlich kündigen. Emotionen verstärken Haltungen und Handlungen. Emotionen sind der lebensspendende Sauerstoff der internen Kommunikation.

Damit ist zu den internen Bezugsgruppen eigentlich fast alles gesagt. Nur eins noch: Behalten Sie Ihre Bezugsgruppen während der weiteren konzeptionellen Arbeit allzeit im Hinterkopf. Das gesamte Konzept ist nichts anderes als eine Maßarbeit für die Bezugsgruppen. Auf den nächsten Seiten positionieren Sie, entwickeln Botschaften und Themen, setzen Instrumente ein – alles mit den Bezugsgruppen im Blick.

Zum Schluss sollten Sie, rein zur Sicherheit, noch eine Feedbackschleife einbauen und überprüfen, ob Zielsetzung und Bezugsgruppenstruktur miteinander harmonieren. Die untenstehende Checkliste hilft Ihnen dabei.

|        | Bezugsgruppe A | Bezugsgruppe B | Bezugsgruppe C |
|--------|----------------|----------------|----------------|
| Ziel 1 |                |                |                |
| Ziel 2 |                |                |                |
| Ziel x |                |                |                |

Check 14: Der Ziel-/Bezugsgruppen-Vergleich

Der Check stellt die Ziele der internen Kommunikation den fixierten Bezugsgruppen gegenüber. Durch Ankreuzen kontrollieren Sie, wo die einzelnen Ziele und Gruppen miteinander korrelieren. Gibt es für einzelne Ziele keine

Bezugsgruppen oder fehlen für bestimmte Bezugsgruppen die Ziele? Die Gegenüberstellung zeigt, ob Ihre Strategie im Ruder läuft. Gegebenenfalls sollten Sie den Kurs korrigieren.

## Wer? Interne Position des Unternehmens bestimmen

Mitarbeiter wollen sich mit ihrem Unternehmen identifizieren – das ist ein tief verankertes Grundbedürfnis. Sie wollen stolz „auf ihre Firma" sein und voll dahinterstehen. Sie wollen ihr Unternehmen als Vorbild sehen. Doch auf welcher Position genau stehen die Kollegen, wenn sie dahinterstehen? Welches Bild haben sie im Kopf, wenn sie ihr Unternehmen als vorbildlich sehen?

In unserem Leben „positionieren" wir andauernd, allerdings geht es im Alltag meist um Menschen und nicht um Unternehmen. Wir lernen jemand kennen, und es dauert nur wenige Sekunden, schon haben wir innerlich ein Urteil gefällt und demjenigen das passende Etikett verpasst. Zack und fertig! Die Welt ist verdammt komplex und nur auf diese Weise bekommen wir die Komplexität in den Griff. Wenn Menschen sich nicht richtig einschätzen lassen, dann pflegen wir zu sagen: „Mit dem werd´ ich nicht warm. Der hat irgendwie keine Mitte!" oder „Heute so und morgen so. Keiner weiß, wofür der steht." Sobald Positionsbilder unscharf sind oder widersprüchlich bleiben, glimmt in unserem Gehirn unweigerlich ein Funken Misstrauen auf.

Ohne Positionierung läuft gar nichts. Unser Gehirn ist so konstruiert. Alles wird eingeordnet: Unternehmen, Produkte, Dienstleistungen, Parteien und Personen. Wir haben sofort ein festes Bild im Kopf, wenn wir die entsprechenden Namen hören: Haribo, Persil, CDU, Greenpeace, Günther Jauch oder Paris Hilton.

Nach außen in der breiten Öffentlichkeit schafft die Positionierung ein unverwechselbares Profil und machen das Unternehmen, das Produkt, die Person erkenn- und unterscheidbar. Aber auch nach innen ist eine klare Positionsbestimmung wichtig. Sie wirkt identitätsstiftend. Sie gibt dem Unternehmen einen festen Anker in den Köpfen ihrer Mitarbeiter.

Der Begriff Positionierung kommt ursprünglich aus dem Marketing und meint einen bewussten und mit Marketingmitteln angestrebten Standort des Produktes im Wettbewerb. In den neunziger Jahren wurde die Positionierung dann als strategische Koordinate in die externe Kommunikation eingeführt. Es gibt heutzutage kaum ein Werbe-, PR- oder Kommunikationskonzept ohne feste Position. Lediglich die interne Kommunikation scheint diesbezüglich noch Diaspora zu sein. Dort ist uns in den letzten Jahren – zumindest im Mittelstand – selten ein IK-Verantwortlicher begegnet, der seine interne Kommunikationsarbeit auf eine eindeutig bestimmte, konzeptionell entwickelte Position aufgebaut hätte.

Wir finden, es wird höchste Zeit, das zu ändern – und gehen mit gutem Beispiel voran. Im Binnenraum des Unternehmens geht es bei der Kommunikationspositionierung nicht um eine markante Alleinstellung im Wettbewerb, sondern um das emotionale (Vor-)Bild des Unternehmens in den Köpfen aller Mitarbeiter. Das interne Kommunikationsmanagement muss es sich zur Aufgabe machen, dass alle Kollegen ein einheitliches und positives Selbstverständnis im Kopf haben und danach Tag für Tag handeln: „Das sind wir und dazu stehen wir!" Durch eine selbstbewusste Haltung – ausgelöst durch eine starke Positionierung – wachsen der Stolz auf den eigenen Arbeitsplatz und das Vertrauen in das Unternehmen. Stolz und Vertrauen sind die Bindemittel für eine hohe Mitarbeiterzufriedenheit.

Mit der Positionierung schaffen wir den zentralen Referenzpunkt für die gesamte interne Kommunikationsarbeit. Alle Botschaften und Themen, alle Instrumente orientieren sich an diesem Punkt. Nur, welcher Referenzpunkt ist der Richtige? Wie bestimmt man die passende Position?

## Eine gute Positionierung entwickelt Geltung

Verlassen Sie sich bei der Entwicklung der Positionierung nicht allein auf Ihr Bauchgefühl, auch wenn Sie Ihren Laden aus dem Effeff kennen. Wir empfehlen, die Positionierung systematisch und zielgerecht zu entwickeln.

Abbildung 20: Vorgehensweise Positionierung

Die Entwicklung erfolgt in mehreren Schritten. Zuallererst sichtet der Kommunikationsmanager die Statusanalyse, hier speziell das Faktorenfeld der

Potenziale. Er stellt sich die Frage: Welche der dort erfassten Unternehmenspotenziale sind so stark, dass sie Sinn stiften und sich den Mitarbeitern als Vorbild einprägen? Die entsprechenden Faktoren selektiert der Manager aus und stellt sie zusammen. Danach gilt es, aus den Faktoren eine treffende Positionierungsaussage zu formulieren. Die Aussage soll das ehrliche Bekenntnis zu einem eindeutigen Selbstverständnis werden. Um das richtige Maß zu finden, ist bei der Formulierung dreierlei zu beachten:

› **Positionierung als Ansporn** – Der Kommunikationsmanager IK muss mit der Positionierung ein Vorbild schaffen, das die Mitarbeiter anspornt. Deswegen darf er einerseits in der Formulierung nicht zu bescheiden bleiben, aber andererseits in der „Bildgebung" auch nicht zu weit gehen und mit Superlativen um sich werfen. Das Bild würde sonst die angemessene Bodenhaftung verlieren und damit auf die Kollegen aufgeblasen und großspurig wirken: „Die nehmen den Mund ziemlich voll!"

› **Weniger ist mehr** – Der IK-Manager darf nicht zu viele sinnstiftende Faktoren in die Positionierung packen. Eine Positionierung sollte so spitz wie möglich sein und sich auf wenige markante Aspekte konzentrieren. Da in der Regel ein einziger Faktor nicht ausreicht, damit die Positionierung die nötige Überzeugungskraft bekommt, kombiniert man meist mehrere Faktoren zu einem Selbstbild. Auf einen kompletten Kanon als Positionierung sollte hingegen verzichtet werden, denn sonst zerläuft der Referenzpunkt ins Amorphe. Für die Kollegen ist nicht mehr auf einen Blick erkennbar, wofür das Unternehmen steht: „Was die so alles sagen und merken nicht, wie nichtssagend das ist."

› **Aus einem Guss** – Die Positionierungsaussage darf nicht „zusammengestöpselt" wirken. Sie muss in sich stimmig sein und ein geschlossenes Bild bieten. Die integrierten Faktoren gehen quasi eine Symbiose ein. Widerstrebende Faktoren haben in der vorbildlichen Positionierung nichts zu suchen. Im Flurfunk heißt es sonst: „Da haben sie sich aber was zurechtgebogen!"

Der Kommunikationsmanager formuliert die grundlegende Positionierungsaussage. Das sind wir! Dafür stehen wir! Falls zum Verständnis erforderlich, kann die Aussage gern auch aus zwei oder drei Sätzen bestehen. Die ausformulierte Aussage ist eine strategische Festlegung, die als zentrale Orientierungsgröße für die weitere Konzeptionsarbeit dient.

In die folgende Checkliste tragen Sie die identifikationsstarken Unternehmenspotenziale aus Ihrer Statusanalyse ein. Kommen in der Summe zu viele Faktoren zusammen, dann komprimieren Sie, bis sich eine substanzstarke Essenz ergibt. Aus den essenziellen Faktoren formulieren Sie als Nächstes die konkrete Positionierungsaussage. Denken Sie daran, es soll ein Selbstbild des Unternehmens geprägt werden, das die Kollegen an- und mitzieht.

| Arbeitsschritte Positionierung | |
|---|---|
| Identifikationsstarke und sinnstiftende Potenziale aus der Statusanalyse | |
| Potenziale selektieren und kombinieren | |
| Fertige Formulierung | |

Check 15: Arbeitsschritte Positionierung

Sie brauchen ein paar konkrete Positionierungsmuster, weil Sie sich noch nicht richtig vorstellen können, wie eine ausformulierte Positionierung aussieht? Kein Problem! Hier sind zwei Beispiele:

Eine Möbelmanufaktur mit vielen kreativen, chaotischen Mitarbeitern will das eigene Team stärker auf eine konzeptionelle Arbeitsweise einschwören. Durch die Positionierung wird folgender Referenzpunkt für die interne Kommunikation festgelegt: „Wir von der WohnWelle sind ein eingespieltes Möbelteam, das viel Kreativität mit noch mehr Konzept verbindet. So entwickeln wir gemeinsam neue Wohnwerte, die eine Idee innovativer, funktioneller und robuster sind."

Zweites Beispiel ist ein Unternehmen für Netzwerktechnik. Die Mitarbeiter sehen sich und ihr Unternehmen bisher – salopp gesagt – als Verkäufer von Netzwerkkabeln und -buchsen. Das soll sich ändern. Die Positionierung wirft wie folgt Anker in den Köpfen der Kollegen: „Das Team von Netforce verkauft keine Netzwerkprodukte, es löst Probleme. Dazu bauen die Mitarbeiter persönliche und verlässliche Verbindungen zu den wichtigen Kunden auf. Netforce versteht sich als intelligente Task Force, die jederzeit für die Kunden im Einsatz ist."

| | Ja | Nein |
|---|---|---|
| Passt zur externen Positionierung? | | |
| Passt zur Zielsetzung? | | |
| Kein K.O. durch Problemzonen? | | |
| Akzeptanz Führungskräfte? | | |
| Akzeptanz Mitarbeiter? | | |
| Mit starkem Motiv gekoppelt? | | |
| Stimulierende Kraft? | | |

Check 16: Überprüfung der Positionierung

Noch ist die Positionierung nicht ganz „in trockenen Tüchern". Im letzten Arbeitsschritt muss das ausformulierte Selbstverständnis auf seine Tauglichkeit hin überprüft werden. Zu klären sind mehrere Punkte:

> **Passt die Position zur externen Positionierung?** Extern und intern gehören zusammen und dürfen sich im Sinne einer integrierten Kommunikation nicht widersprechen. Wenn die Vertriebsmannschaft verstärkt Marktanteile in Asien gewinnen und sich als Asienspezialist positioniert, darf nach innen nicht das sinnstiftende Bild des deutschen Traditionsunternehmens mit deutschen Tugenden im Vordergrund stehen. Die Kommunikation gerät sonst ins Ungleichgewicht und büßt an Glaubwürdigkeit ein.

> **Passt die Position zur Zielsetzung?** Die Positionierung muss quasi eine Art „Pole Position" sein, die den idealen Ausgangspunkt bietet, um die gesetzten Ziele in Angriff zu nehmen. Besser, man überprüft sicherheitshalber, ob dieser Anspruch auch tatsächlich eingehalten wird. Wenn die Zielsetzung fordert, „dem Selbstverständnis der Kollegen mehr Innovationsbereitschaft zu geben", die Positionierung jedoch ein Selbstbild als „traditionsbewusstes, stabiles Unternehmen" entwickelt, dann läuft da möglicherweise etwas schief.

> **Kein K.O. durch die Problembereiche?** In der Statusanalyse stehen gleich neben den Potenzialen die internen Probleme des Unternehmens. Strahlen einzelne Faktoren der Problemzone massiv auf die Positionierung ab, dann sollte man die möglichen Folgen klären und gegebenenfalls die Positionierung korrigieren. Wurde zum Beispiel das eigene Team als „dialogfreudige Servicefamilie" in Position gebracht, dann kann es bedenklich sein, wenn gleichzeitig auf der Problemseite der Statusanalyse Wertminderungen wie „wenig Teamgeist" und „passive Kundenbetreuung" zu finden sind.

> **Akzeptanz Führungskräfte und Mitarbeiter?** Es darf nur eine Positionierung geben, nur ein gemeinsames Selbstbild, das von Führungsebene und Mitarbeitern im Grundsatz geteilt wird. Deshalb ist zu kontrollieren, ob sich beide Seiten hinter die geplante Positionierung stellen können. Wenn nicht, ist die Position zu verändern, bis sie einen gemeinsamen Nenner bildet. Verlangt die Positionierung, dass im Unternehmen „eine moderne Kultur der Fehlertoleranz herrscht", während die Führungskräfte darauf bestehen, weiterhin „jeden Fehler zu sanktionieren", dann würde die Positionierung in der Kommunikationsrealität sofort ins Rutschen geraten.

> **Mit starkem Motiv gekoppelt?** In Zusammenhang mit den Bezugsgruppen hat der Kommunikationsmanager bereits über Motive nachgedacht und zumindest für die Bezugsgruppen mit Schlüsselfunktion die maßgeblichen Motivationen in einer Checkliste festgehalten. Passt die gewählte Position zur Motivlage der Mitarbeiter? Falls das Bild bei der Bezugsgruppe nur Desinteresse auslöst, fehlen die nötigen Treiber und die interne Kommunikation verliert jegliche Zugkraft. Position und Motivation müssen sich nahtlos verbinden lassen. Wichtig ist zugleich, nicht aus den Augen zu verlieren, dass Sicherheit und Balance die stärksten Motive sind, die Mitarbeiter bewegen

107

(bzw. an der Bewegung hindern). Wer in der Positionierung einen „revolutionären Wandel" ankündigt, während auf der Motivseite „tiefe Verunsicherung der Mitarbeiterschaft" steht, der darf sich nicht wundern, wenn seine Positionierung als Feindbild verstanden wird.

> **Stimulierende Kraft?** Die Positionierung transportiert das Selbstverständnis des Unternehmens, sie darf aber nicht selbstverständlich wirken. Sie muss die Mitarbeiter und Führungskräfte durch ihre Aussagekraft mitreißen und ihnen den Weg weisen. Sie greift auf das Erreichte zurück („Das macht uns aus.") und ist gleichzeitig zukunftsweisend („Da wollen wir hin."). Wenn ein Unternehmen dagegen mit einer lapidaren Positionierungsaussage wie: „Die Grau in Grau GmbH ist immer für die Kunden da und bietet alles aus einer Hand." ins Rennen geht, dann darf es sich nicht wundern, wenn die Mitarbeiter müde abwinken und die interne Kommunikation mit Missachtung strafen.

Sobald ein oder gar mehrere Checkpunkte negativ auffallen, wird es notwendig, die gewählte Positionierung zu überprüfen und gegebenenfalls zu optimieren. Ist das erledigt, ist der Referenzpunkt für die weitere konzeptionelle Arbeit bestimmt und es kann im nächsten Kapitel mit den Botschaften weitergehen.

## PRAXIS LIVE

An Wochenenden saß Sven Ribbeck gern mit seiner Tochter zu Hause am großen Küchentisch und setzte Puzzles zusammen. Andere mögen das Suchen und Zusammenlegen langweilig finden, ihn entspannte es ungemein, und auch seine Tochter hatte ihren Spaß daran. Was das mit SüdWatt zu tun hat? Ganz einfach, als Ribbeck über die Positionierung nachgrübelte und die einzelnen sinnstiftenden Potenziale aus der Statusanalyse hin und her schob, da kam er sich wie daheim beim Puzzlespielen vor. Man musste einen Blick für die passenden Teile entwickeln und Geduld beweisen, um das Bild zusammenzubekommen. Dabei war es nützlich, die grundlegende Zielsetzung – nämlich „die Durchsetzung des modernen und kundenorientierten Energieberaters" – immer im Auge zu behalten. Beim Puzzeln lief das genauso, da verlor man auch nie den Karton mit der Bildvorlage aus den Augen.

Nach einigem Hin- und Herüberlegen hatte Ribbeck am Ende einige Faktoren wieder aus dem Bild genommen. Die „moderne Technik" war der ganze Stolz der Techniker, brachte aber in punkto Beratung nur bedingt Vorteile. „Gute Verbindungen zu Wirtschaft und Politik" sahen die Kollegen eher mit Misstrauen und bei „Umweltschutz und Energiesparen" hatte die SüdWatt AG auf absehbare Zeit eigentlich nichts Herausragendes zu bieten. An der Formulierung der Positionierungsaussage feilte Ribbeck herum. Er hatte in einem psychologischen Fachbuch schlaue Ausführungen zur „positiven Verstärkung" gelesen. Genauso wollte er positionieren.

| Arbeitsschritte Positionierung | |
|---|---|
| Identifikationsstarke und sinnstiftende Potenziale aus der Statusanalyse | › Feste Wurzeln, treue Mitarbeiter<br>› Weiter positive Unternehmensentwicklung, Umsatz steigt<br>› Absolut zuverlässig, hohe Versorgungssicherheit<br>› Lange Tradition, in der Region verwurzelt<br>› Mitarbeiter sind Spitzenfachleute<br>› Moderne Technik im Einsatz<br>› Alle sehen ein, dass neue Wege notwendig sind<br>› Gute Verbindungen zu Wirtschaft + Politik<br>› Im Grundsatz positive Identifikation mit SüdWatt<br>› Umweltschutz und Energiesparen sind wichtige Themen |
| Potenziale selektieren und kombinieren | › Feste Wurzeln, treue Mitarbeiter<br>› Positive Unternehmensentwicklung, Umsatz steigt<br>› Absolut zuverlässig, hohe Versorgungssicherheit<br>› Lange Tradition, in der Region verwurzelt<br>› Mitarbeiter sind Spitzenfachleute<br>› ~~Moderne Technik im Einsatz~~<br>› Alle sehen ein, dass neue Wege notwendig sind<br>› ~~Gute Verbindungen zu Wirtschaft und Politik~~<br>› Im Grundsatz positive Identifikation mit SüdWatt<br>› ~~Umweltschutz und Energiesparen sind wichtige Themen~~ |
| Fertige Formulierung | **Mit Energie weiter auf Erfolgskurs!**<br>SüdWatt bleibt der Region treu – zuverlässig und kompetent wie eh und je. Zugleich stellen wir uns auf die Zukunft ein und nutzen die Spitzenkompetenz der Mitarbeiter, um unseren Kunden durch Spitzenberatung tagtäglich das gute Gefühl zu geben, auf Dauer sicher versorgt zu sein. |

Auf seinem Zettel kamen ein gutes Dutzend Varianten zusammen, bis er endlich die richtige Aussage gefunden hatte. Ihm kam es darauf an, ein Gleichgewicht zu schaffen, zwischen dem Sicherheitsbedürfnis der Mitarbeiter und dem Tatendrang der Führungsriege um Dr. Velten. Auch lag ihm am Herzen, die Vergangenheit nicht als „Verwaltungswüste" abzuqualifizieren, sondern konstruktiv zu bewerten und die Kollegen in ihrer Biographie zu bestätigen. Seine Positionierungsaussage nutzte die Umsatzerfolge der letzten Zeit als Antriebswelle. Mit dem Erfolg im Hintergrund wollte er den Mitarbeitern genügend Mut machen, damit diese die Veränderungen mittrugen und als Aufwertung ihrer Stellung sahen.

# Wodurch? Die Kernbotschaften ausformulieren

Mit der Positionierung ist der Referenzpunkt für die interne Kommunikation festgelegt: „Genau an dieser Stelle wollen wir stehen!" – Da es um eine Kommunikationskonzeption geht, schließt sich fast zwangsläufig die Frage an: Was soll aus dieser Position heraus gesagt werden? Damit das Selbstverständnis in den Köpfen der Mitarbeiter fest verankert werden kann, muss die interne Kommunikation es mit einer einleuchtenden Argumentationskette stützen und stärken. Die Kernbotschaften stiften Sinn und unterstreichen die Bedeutung. Sie sind strategische und damit relativ konstante Grundaussagen, die leitmotivisch die Inhalte der internen Kommunikation prägen, bis die gesteckten Ziele erreicht sind. Es passiert folglich nicht selten, dass Kernbotschaften über das Jahreskonzept hinaus gültig und im Einsatz bleiben.

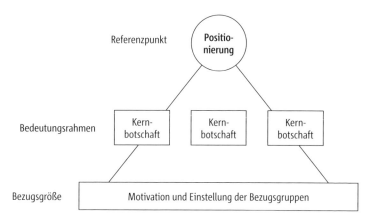

Abbildung 21: Kernbotschaften im Kontext

In der Summe geben die Kernbotschaften dem kommunikativen Auftritt im Unternehmen einen festen Bedeutungsrahmen. Was meinen wir damit? Wenn die Menschen (in unserem Fall: die Mitarbeiter) sich ein inneres Bild machen, dann stellen sie nur selten tiefe analytische Betrachtungen an. In aller Regel setzen sie ihr intuitives Wissen ein. Sie nutzen Bauchgefühle, intuitive Faustregeln und verinnerlichte Erfahrungswerte, um die Sinneseindrücke aus ihrer Umgebung einzuordnen. Damit ein inneres Bild entsteht, brauchen sie nur wenige gute Gründe, die ihr Bild prägen und ihm einen festen Bedeutungsrahmen geben. Die Menschen bilden innerlich für alles, was ihnen irgendwie wichtig ist, einen einfachen, aber stabilen Bedeutungsrahmen. Unser Gehirn ist schlichtweg so konstruiert. Da wird auch überhaupt nichts intellektuell kontrolliert und reflektiert, der gesamte Prozess läuft nahezu automatisch. Mit der Entwicklung von Kernbotschaften überlassen wir die zugrunde liegenden Bedeutungen nicht dem Zufall, sondern bestimmen sie mit System. Mit den Kernbotschaften arbeitet der IK-Manager bestimmte Sinnschwerpunkte heraus und lenkt gezielt alle Blicke darauf. Er bestimmt den substanziellen Kern.

Zur Veranschaulichung kehren wir zur Möbelmanufaktur WohnWelle zurück. Wir tun so, als würden wir die Mitarbeiter persönlich ansprechen und sie fragen: „Wir haben gehört, ihr verbindet Kreativität mit Konzept. Was bedeutet das denn?" Sobald die interne Kommunikation systematisch gearbeitet hat, müssten jetzt alle Mitarbeiter, ganz gleich, wen wir ansprechen, den entsprechenden Bedeutungsrahmen aktivieren und erklären: „Na, weil wir ..." Zwar wissen wir nicht, was die Mitarbeiter konkret antworten würden, aber das Prinzip ist klar: Sie sprechen alle mit eigenen Worten, gleichwohl mit einer Stimme.

Die individuelle Wortwahl ist wichtig, sie zeigt, dass der Sinn erkannt und die Bedeutung verinnerlicht wurde. Je nach Herkunft, je nach Abteilung und je nach inneren Erfahrungswerten werden die Inhalte individuell interpretiert und formuliert. Kernbotschaften verstehen sich keinesfalls als strenge Formeln, die alle auswendig lernen und später immer wieder „runterbeten".

Genauso wie die Positionierung stellt auch jede Kernbotschaft eine strategische Festlegung dar. Sie dient als Richtgröße für die substanziellen Sprachregelungen in der internen Kommunikation, zum Beispiel in der Mitarbeiterzeitschrift oder auf einer Betriebsversammlung. Kernbotschaften dürfen keine hohlen Phrasen sein. Sie brauchen Glaubwürdigkeit und Beweiskraft. Außerdem stehen Kernbotschaften in der internen Kommunikation stets im Zeichen des „Wir". Eine Identifikation der Mitarbeiter muss als Bezugsgröße immer mitgedacht werden.

Während die externe Kommunikation beim Festlegen der Botschaften normalerweise einen großen Bogen um Fehler oder Probleme macht und versucht, alles so gut es geht, schön zu schreiben, sollte im internen Kommunikationsmanagement das Credo der Ehrlichkeit herrschen. Probleme, die offensichtlich sind, dürfen nicht dreist zugeschminkt werden. Beherzte Aufrichtigkeit und ein Bekenntnis zu Fehlern bieten im Gegenteil sogar die Chance, die Glaubwürdigkeit der Mitarbeiteransprache deutlich zu erhöhen. Kernbotschaften können also durchaus auch auf Probleme eingehen. Ob sie das tun, hängt freilich von der jeweiligen Unternehmenskultur ab. In einer Kultur der Offenheit ist der Weg frei. In einer restriktiven Kultur käme ein offenes Problembewusstsein einem Tabubruch gleich. Tendenziell würden wir dem Kommunikationsmanager jedoch raten, bevorzugt Klartext zu reden, denn klare Worte verschaffen sich weit besser Gehör.

Der Kommunikationsmanager IK konzentriert sich auf wenige aussagekräftige Kernbotschaften, denn ein funktionierender Bedeutungsrahmen muss einfach sein. Unsere Erfahrung hat gezeigt, dass drei bis fünf Botschaften einen idealen Kontext bilden. Das Maximum liegt bei etwa sieben Botschaften. Mehr fallen fast immer aus dem Rahmen, da die Bezugsgruppen sie nur schwer verinnerlichen und später wieder erinnern können.

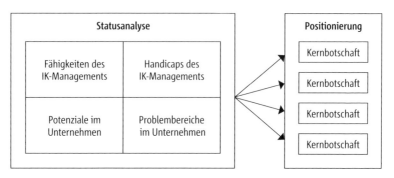

Abbildung 22: Herleitung der Kernbotschaften

Und so werden die Kernbotschaften systematisch entwickelt: Der IK-Manager hat seine Positionierung als Referenzpunkt bestimmt und nimmt aus diesem Blickwinkel die adäquaten Potenziale und Probleme der Statusanalyse ins Visier. Bei der Beurteilung kommt es auf Fingerspitzengefühl an. Welche Faktoren aus der Statusanalyse lassen sich ins Feld führen, um die Position eindrucksvoll zu untermauern? Auf welche Probleme muss er gegebenenfalls eingehen, um Glaubwürdigkeit zu erhalten? Wie lassen sich die verschiedenen Faktoren zu einer schlüssigen Argumentationskette zusammenfügen? Der IK-Manager schreibt die in Frage kommenden Faktoren auf einen Skizzenblock. Sie sind das Rohmaterial für seine Kernbotschaften.

Als Nächstes schaut er sich seine Bezugsgruppen und deren Motivstruktur an. Welche Gefühle sprechen die einzelnen Faktoren an? Haben sie genügend emotionale Gestaltungskraft, um in den Köpfen ein inneres Bild zu formen? Wenn die Bezugsgruppen die Kernbotschaften vernommen haben, müssen sie spontan sagen: „Ja, tatsächlich, das macht Sinn!" Die Bedeutung einer Botschaft entsteht nämlich erst beim Empfänger. Botschaften müssen folglich an relevanten Motiven anschließen. Das ist ein Dogma! Hinter jeder Botschaft muss ein starkes Motiv erkennbar sein.

Damit die Kernbotschaften einen geschlossenen Bedeutungsrahmen ergeben, dürfen sie nicht isoliert stehen, sondern bilden eine schlüssige Kette mit der Positionierung als Ausgangspunkt. Der Kommunikationsmanager versucht einen inhaltlichen roten Faden durchzuziehen, der die Kernbotschaften in Bezug zueinander setzt.

Manchmal ist das Bild der Kernbotschaften, trotz aller Anstrengungen, mit den verfügbaren Faktoren der Statusanalyse einfach nicht rund zu kriegen. Dieses Manko darf der Kommunikationsmanager keinesfalls überspielen. Er sollte stattdessen noch einmal den Faktenspiegel durchsehen, eventuell sogar eine Nachrecherche starten. Er sollte alles tun, um die Argumentationslücke zu schließen.

Im Grundsatz gilt die Regel: Aus jedem maßgeblichen Potenzial formuliert man eine Botschaft. Falls es ohne semantische Verrenkungen möglich ist, zwei Faktoren in einer Botschaft zu kombinieren, dann zögert der IK-Manager nicht, das zu tun, denn je weniger Kernbotschaften er ins interne Gespräch bringt, desto schneller werden sie gelernt. Haben Sie mehr als sieben Kernbotschaften, dann überlegen sie, wie sie die Argumentationskette verkürzen können, ohne Überzeugungskraft einzubüßen.

Greifen wir als Beispiel auf unseren Netzwerktechnikanbieter Netforce zurück. Das Unternehmen versucht, sich in den Köpfen und Herzen der Mitarbeiter als Problemlöser, der schnell und individuell für seine Kunden arbeitet, zu positionieren. Im nächsten konzeptionellen Arbeitsschritt hat der dortige IK-Verantwortliche mit gesundem Mitarbeiterverstand aus dem Pool der Faktoren die richtigen Argumente fokussiert und miteinander verknüpft, um einen stimmigen, zugleich stimulierenden Bedeutungsrahmen zu schaffen:

› **Faktor: Hohe Fachkompetenz** – Kernbotschaft: Was hebt unsere Arbeit heraus? Wir kennen uns in der Branche am besten aus! Das Fachwissen unseres Teams liegt unangefochten an der Spitze im Branchenvergleich. (Motive: Stolz, Leistungsbereitschaft)

› **Faktor: Enge Kundenkontakte** – Kernbotschaft: Für wen arbeiten wir? Wir kennen und schätzen unsere Kunden! Jeder im Team besucht seine Partner regelmäßig und pflegt individuelle Kontakte. (Motive: Verantwortung, Bindung, Anerkennung)

› **Faktor: Junges, motiviertes Team** – Kernbotschaft: Warum arbeiten wir zusammen? Wir kennen und vertrauen uns! Gemeinsam sind wir stärker, denn Teamgeist und Fairplay vernetzen unser Wissen und unsere Fähigkeiten. (Motive: Balance, Gemeinschaft, Spaß)

› **Faktoren: „Jederzeit einsatzbereit" und „Kurze Reaktionszeit"** – Kombinierte Kernbotschaft: Wie gehen wir an die Arbeit? Wir kennen nur ein Ziel, die Probleme unserer Kunden zu lösen! Wir sind im Ernstfall innerhalb von acht Stunden vor Ort und das auch abends und am Wochenende. (Motive: Leistung, Einsatzbereitschaft)

Ist Ihnen aufgefallen, dass jede dieser Botschaften eine möglichst stichhaltige Begründung beinhaltet? Sei es die „Spitzenposition im Wettbewerb" als Indiz für die hohe Kompetenz. Oder der „Rund-um-die-Uhr-Service" als Beleg für die schnelle Einsatzbereitschaft. Den Botschaften auf diese Art einen soliden Untergrund zu geben, ist wichtig, denn nur so können sie der kritischen Sichtweise der Mitarbeiter standhalten. Dagegen werden Kernbotschaften, die substanziell auf tönernen Füssen stehen, vom Flurfunk meist gnadenlos zum Einsturz gebracht. Stellen Sie also Ihre Botschaften aus den Faktoren der Statusanalyse zusammen und checken Sie, ob sich genügend plausible, für Mitarbeiter und Führungskräfte ansprechende Begründungen finden lassen. Eine Faustregel besagt, je mehr Indizien für eine Botschaft sprechen, desto fester steht sie im Kommunikationsalltag. Sollte es Ihnen nicht gelingen, tragfähige Begründungen zu finden, dann stimmt etwas nicht, und Sie sollten darauf verzichten, wenig fundierte Kernbotschaften ins Gespräch zu bringen.

|  | Kernbotschaft 1 | Kernbotschaft 2 | Kernbotschaft 3 |
|---|---|---|---|
| Begründungen |  |  |  |

Check 17: Überprüfung der Beweiskraft

Um noch einmal auf Netforce zurückzukommen: Die Kernbotschaft der „hohen Fachkompetenz" baut wie beschrieben auf der Begründung „Spitzenposition im Wettbewerb" auf. In seinem Check hatte der IK-Verantwortliche ursprünglich noch mehr Indizien gefunden, die für die Kompetenz sprechen und die Bedeutung der Botschaft unterstreichen. Zum Beispiel „Nur Mitarbeiter mit Hochschulabschluss im Kundenkontakt", „regelmäßige Weiterbildungskurse für das gesamte Team", „zwei Teammitglieder als Lehrbeauftragte an einer deutschen Hochschule" und „große digitale Wissensdatenbank für alle Mitarbeiter jederzeit zugreifbar". Würden alle Begründungen in die Kernbotschaft einfließen, wäre diese hoffnungslos überfrachtet. Deshalb konzentriert man sich auf den schlagkräftigsten Grund. Die anderen sind damit nicht völlig aus dem Rennen, sie werden später angemessen in die Kommunikation einfließen.

Abbildung 23: Aufbau der Botschaft

Besonders überzeugend sind Botschaften, die den Bezugsgruppen eine motivierende Belohnung in Aussicht stellen. Die Mitarbeiter erkennen nicht nur: „Das macht Sinn!" sondern auch: „Das bringt uns was!" Der IK-Manager versucht deshalb, die Botschaften auf die Interessenlage der Bezugsgruppen auszurichten. Und noch eine letzte Anmerkung: Nur dann ist eine Kernbotschaft richtig, wenn sie von ihrer Substanz her genügend Gesprächsstoff für die interne Kommunikation bietet. Sie darf nicht spröde und blutarm sein. Aus jeder Botschaft müssen sich griffige Themen für die interne Kommunikation entwickeln lassen, die Interesse finden und Neuigkeitswert haben.

## PRAXIS LIVE

In der Schule hatte Ribbeck früher ständig Probleme, wenn es darum ging, Gedichte auswendig zu lernen. Weder Goethe noch Rilke wollten in seinem Kopf hängen bleiben. Deshalb verstand er nur zu gut, dass es ratsam war, sich auf wenige essenzielle Kernbotschaften zu konzentrieren. Nachdem Ribbeck ein weiteres Mal die Statusanalyse gesichtet hatte, standen auf seinem Notizblock erst sieben, dann sechs und schließlich fünf Botschaften.

Während er die Botschaften formulierte, hatte er die ganze Zeit die Positionierung als Referenzpunkt vor Augen: „Mit Energie auf Erfolgskurs! SüdWatt bleibt der Region treu – zuverlässig und kompetent wie eh und je. Zugleich stellen wir uns auf die Zukunft ein und nutzen die Spitzenkompetenz der Mitarbeiter, um unseren Kunden durch Spitzenberatung tagtäglich das gute Gefühl zu geben, auf Dauer sicher versorgt zu sein."

Aus der Perspektive dieser Positionierung feilte Ribbeck mit viel Wir-Gefühl an den Kernbotschaften. In jeder Botschaft spielten die Kunden eine tragende Rolle für das Wir-Gefühl. Außerdem entschloss er sich, ein Problem aus der Statusanalyse – nämlich die steigenden Preise – positiv zu drehen und in eine Botschaft zu fassen. Denn da war er sich sicher, dieses Problem würde SüdWatt noch eine ganze Weile zu schaffen machen. Auf seinem Notizblatt stand als Resultat:

> › **Beratung mit Energie.** Wir von SüdWatt beraten und betreuen unsere Kunden im neuen Beratungszentrum mit verlängerten Öffnungszeiten: freundlich, kompetent und umfassend. Das macht uns so schnell keiner nach.

› **Kompetenz mit Energie.** In der Region sind wir die Spitzenprofis für Strom und Gas. Durch intensive Weiterbildung lernen wir ständig dazu und wissen immer Rat, wenn unsere Kunden Fragen haben oder Hilfe brauchen. Auf diese führende Position sind wir stolz.

› **Sicherheit mit Energie.** Seit über 50 Jahren versorgen wir unsere Region mit Energie. In punkto Versorgungssicherheit liegt die SüdWatt AG in der Spitzengruppe des bundesweiten Anbietervergleichs. Unsere Kunden bleiben uns treu, denn sie können auch in Zukunft auf unsere Zuverlässigkeit voll und ganz vertrauen.

› **Transparenz mit Energie.** Gerade in Zeiten steigender Energiepreise sind wir uns der gesellschaftlichen Verantwortung bewusst und machen uns nützlich. Mit im Vergleich günstigen Tarifen und einer engagierten Energiesparberatung helfen wir unseren Kunden, die Energiekosten im Griff zu behalten.

› **Neue Wege mit Energie.** Mit marktorientierten Konzepten, moderner Technik und kundenfreundlichen Beratungsleistungen stellen wir uns auf die Herausforderungen von morgen ein. Wir vertrauen auf unsere Stärken und sind offen für neue Wege. Für die Kunden denken wir immer eine Idee voraus, damit unser Team auch in Zukunft die Spitzenposition behält.

## Von Kernbotschaften zu Teilbotschaften

Die Kernbotschaften haben universelle Bedeutung. Sie durchziehen die gesamte interne Kommunikation und richten sich an alle Bezugsgruppen. Teilbotschaften konkretisieren und spezifizieren die Kernbotschaften. Sie leiten sich aus den Kernbotschaften ab und dürfen ihnen nicht widersprechen.

Je breiter die Bezugsgruppe aufgestellt bzw. je vielschichtiger die Zielsetzung ist, desto einfacher müssen die Kernbotschaften formuliert sein, um einen gemeinsamen Nenner zu bilden. Da kann es im Einzelfall zu Unschärfen und Oberflächlichkeiten kommen. An dieser Stelle setzen die Teilbotschaften an. Sie gehen näher heran und bringen spezifizierte oder vertiefende Bedeutungsaspekte ein. Sie sorgen sozusagen für inhaltliche Flankendeckung.

Die Teilbotschaften ergänzen die Kernbotschaften, sie können diese aber nie ersetzen. Die Kerninhalte bleiben auf jeden Fall übergeordnet und bestimmen den Rahmen. Teilbotschaften werden auch nur dann entwickelt, wenn es in der konkreten Kommunikationssituation tatsächlich notwendig ist. Auch sollte der Kommunikationsmanager IK so wenig Teilbotschaften wie möglich erarbeiten. Jede Botschaft erhöht den Lernaufwand und macht die Kommunikationsansprache komplizierter.

Durch die Teilbotschaften wird der Bedeutungsrahmen vorrangig nach Zeit, nach Zielen oder nach Bezugsgruppen differenziert. Andere Dimensionen sind möglich, aber selten anzutreffen. Wir unterscheiden:

> **Teilbotschaften nach Zielen** – Der Kommunikationsmanager hat sich die Latte hochgelegt und eine auffallend heterogene Zielstruktur für das Jahreskonzept zusammengestellt. In dieser Situation ist es aufgrund des breiten Zielspektrums erforderlich, für einzelne Ziele spezielle Teilbotschaften zuzuschneiden. Da gibt es zum Beispiel eine Teilbotschaft, die gute Argumente für „die Gewinnung von Mitarbeitern für ein Social Responsibility-Projekt" findet, eine andere Teilbotschaft geht auf die „Bekanntmachung der neuen Regeln für den Vorruhestand" ein, und eine dritte Teilbotschaft zielt auf „die Verbesserung des Betriebsklimas im Call-Center" ab.

> **Teilbotschaften nach Bezugsgruppen** – Falls die maßgeblichen Bezugsgruppen eine frappierend unterschiedliche Sicht der Dinge haben, kann es sinnvoll sein, ergänzend zu den Kernbotschaften gruppenspezifische Teilbotschaften zu definieren. Das Außendienstteam hat möglicherweise eine ganz eigene Sicht auf „die Senkung der Kundenbeschwerdequote" als alle anderen Unternehmensbereiche und wird deshalb durch spezielle Teilbotschaften präziser angesprochen.

> **Teilbotschaften nach Zeit** – Bisweilen macht es Sinn, für einzelne Zeitphasen und Ereignisse besondere Teilbotschaften zu kommunizieren. Diese Botschaften werden dann nur zeitlich begrenzt eingesetzt. Beispielsweise startet ein Unternehmen immer im Frühjahr seine Produktneuheiten. Zu überlegen wäre, dass die interne Kommunikation quasi als Devise für diesen Zeitabschnitt eine saisonale Teilbotschaft erarbeitet.

Eine Gefahr stellen Kollisionen zwischen Kernbotschaften und den untergeordneten Teilbotschaften dar. Eine Teilbotschaft darf in keiner Weise dem Kern widersprechen und bleibt dem großen Bedeutungsrahmen verpflichtet. Wer dagegen verstößt, unterminiert die Glaubwürdigkeit der internen Kommunikation. Es macht sich nicht gut, wenn zum Beispiel die Kernbotschaft verkündet, dass „die langjährigen Mitarbeiter in der Produktion das wichtigste Kapital des Unternehmens sind" und gleichzeitig kommt eine Teilbotschaft in Umlauf, die kommuniziert, dass „im nächsten Jahr weite Bereiche der Produktion automatisiert werden". Die interne Kommunikation hüte sich vor solchen Glaubwürdigkeitsfallen in der Argumentationskette.

## PRAXIS LIVE

Am nächsten Tag schaute sich Sven Ribbeck seine Botschaften nochmals an. Ob das so alles richtig formuliert war? Einen Moment lang schien er unsicher zu werden, nahm sich dann aber doch zusammen. Nur eine Sache wollte ihm einfach nicht gefallen. Bezogen auf sein primäres Ziel „Durchsetzung des kundenorientieren Energieberaters" kamen die Botschaften auf den Punkt. Aber was war mit den Zielen „beschleunigte Mitarbeiterinformation" und „Vernetzung der Führungskräfte"? Ribbeck entschloss sich, für diese beiden Ziele jeweils eine zieladäquate Teilbotschaft in Worte zu fassen:

> **Durchblick mit Energie.** Damit wir unsere Kompetenz weiter ausbauen und dicht am Kunden bleiben können, sichern wir unserem SüdWatt-Team durch eine beschleunigte interne Kommunikation den nötigen Informationsvorsprung. Unsere Kollegen wissen mehr.

> **Führung mit Energie.** Unsere Führungsmannschaft in Technik und Verwaltung tauscht sich intensiv untereinander aus. So bleibt unsere Kompetenz Spitze und wir können die Kunden immer besser beraten.

Wie gut zu erkennen ist, hatte Ribbeck darauf geachtet, dass die Teilbotschaften stimmig zu den Kernbotschaften passten. Auch in den beiden Teilbereichen verlor er die Kundenorientierung nie aus den Augen.


## Botschaften sinnlich fassbar machen

Es gilt nicht nur, die richtigen Botschaften zu finden. Auch die richtige Sprache ist wichtig. Mitarbeiter haben spitze Ohren und lesen zwischen den Zeilen. Ihr Unterbewusstsein ist hellwach. Schon ein falscher Zungenschlag kann alles zerstören.

Interne Kommunikation hat eine Übersetzerfunktion: Sie muss komplexe Fakten und trockene Führungsaussagen in eine fassbare, anschauliche Sprache übersetzen. Für alle Bezugsgruppen im Unternehmen müssen die Worte die gleiche Bedeutung haben. Vorsicht ist geboten bei Fachvokabular, Management-Slang und den vielen modischen Anglizismen, die sich in die deutsche Sprache eingeschlichen haben. Zudem verändert sich Sprache über die Jahre. Deswegen überprüft der IK-Manager regelmäßig, ob die Wortwahl noch in die Zeit passt oder ob sich Begriffe verbraucht haben. Welche Sprache die Bezugsgruppen im Unternehmen sprechen, wie sie die Worte fühlen und verstehen, darüber muss sich der Kommunikationsmanager stets im Klaren sein. Die interne Kommunikation braucht eine sichere Wortwahl und ein gutes Sprachgefühl. Der Kommunikationsmanager IK sollte deswegen die Tonalität der internen Kommunikation mit ihren Eigenschaften beschreiben und diese Stimmungslage auch überall mitschwingen lassen.

Da die Menschen über sinnlich fassbare Reize wesentlich besser lernen und erinnern, macht es auf jeden Fall Sinn, die Kernbotschaften fest mit passenden Schlüsselbegriffen zu versehen und mit Sinnbildern anzureichern. So prägen sie sich wesentlich besser ein.

**Abbildung 24: Dimension der Botschaft**

Botschaften sind aber nicht nur Worte, sondern immer auch Bilder. Bilder in der Mitarbeiterzeitschrift, im Intranet oder in einem Informationsfaltblatt ziehen sofort die Blicke auf sich und erregen Aufmerksamkeit. Oft reicht eine Viertelsekunde, um ein Bild zu erfassen. Die Gehirnforschung weiß heute, dass die Speicherung von Bildern eng mit Emotionen verknüpft ist. Sie hat auch herausgefunden, dass Bilder besser und länger gespeichert werden.

Interne Kommunikation wird von den Mitarbeitern zugleich auf der bewussten und der unbewussten Ebene erfasst. Die unbewussten Anteile sind genauso wichtig für das Gesamtbild wie die Bewussten – und auf der Seite des Unbewussten haben Bilder die Macht. Uns ärgert schon seit Jahren, dass gerade in der internen Kommunikation diese Macht kaum ausgespielt wird. Zu wenige und zu schlechte Bilder bestimmen die Kommunikation. Professionelle Fotografen haben einen schweren Stand, denn in vielen Unternehmen ist es Usus, selbst zu knipsen.

Wir fordern: Texten Sie Ihre Leute nicht zu! Bringen Sie mehr Bilder und bessere Bilder an die Macht! Bilder sollten zukünftig eine stärkere Rolle in der internen Kommunikation spielen. Nicht zu vergessen: Bringen Sie nicht ständig immer nur die Führungsriege ins Bild! Wer stattdessen die Mitarbeiter zu Helden der internen Bildwelt macht, setzt damit ungeahnte positive Energien frei.

## Was? Die Themen für das Jahr konkretisieren

Die Kernbotschaften als Appelle zu verstehen und sie mit starken Worten 1:1 in die interne Kommunikation zu bringen, das wird zwar von Führungskräften gerne praktiziert, es kommt aber bei den Mitarbeitern nicht so gut an. Anstatt sie vollmundig zu proklamieren, ist es wesentlich wirksamer, die Botschaften zupackend zu praktizieren. Gut, es gibt symbolische Anlässe, da wird eine offizielle Proklamation geradezu erwartet – zum Beispiel, wenn ein neuer Vorstandsvorsitzender seinen Job antritt und er die Mitarbeiter in einer Rede vor der Betriebsversammlung auf den neuen Kurs einschwört. Ansonsten aber finden Appelle eher zurückhaltende Aufnahme, teilweise zeigt man ihnen sogar die kalte Schulter. Die Mitarbeiter wollen keine großen Worte hören, sondern beherzte Taten sehen – und der Tatendrang wird am besten durch konkrete Themen fokussiert und dokumentiert.

Abbildung 25: Von der Positionierung über die Botschaft zum Thema

Im jetzt anstehenden Konzeptionsschritt kommt es folglich darauf an, den Sinnhorizont der Botschaften in griffige, glaubwürdige Themen zu übersetzen. Diese Übersetzung ist noch aus einem anderen Grund von hoher Bedeutung. Neurowissenschaftler haben herausgefunden, dass das menschliche Gehirn besonders stark auf sinnlich fassbare Reize anspringt. Und konkrete Themen machen Botschaften sinnlich fassbar. Zugleich reagiert das Gehirn außerordentlich angeregt auf episodische Reize. Und gut aufbereitete Themen können Geschichten erzählen, die sich einprägen und erinnert werden. (Am Ende des Kapitels werden wir auf den Aspekt des Geschichtenerzählens noch näher eingehen).

Aus diesem Grund nimmt der Kommunikationsmanager IK die Kern- und Teilbotschaften seines Jahreskonzepts zur Hand und überlegt genau, wie er diese thematisch in Szene setzen kann. Er spürt die passenden Themen auf.

Uns ist aufgefallen, dass diese themenorientierte Herangehensweise für viele ungewohnt ist. Die Werkzeuge spielen im Tagesgeschäft fast uneingeschränkt die Hauptrolle. Erreicht dann irgendwann die Kommunikation die gesteckten Ziele nicht mehr, setzt man folgerichtig sofort die operative Brille auf und stellt die Instrumente auf den Prüfstand, um sie zu überarbeiten oder sogar auszutauschen. Diese im Tagesgeschäft gefangene Sichtweise kann aber in der Regel die Probleme nicht nachhaltig lösen. Der Kommunikationsmanager hat jede Menge Arbeit, müht sich mit seinen Werkzeugen ab und kommt dennoch nicht richtig voran.

Umdenken ist angesagt: Nicht die Instrumente sind die Promotoren der internen Kommunikation sondern die Themen. Die richtige Themenauswahl und der richtige Zeitpunkt für die Veröffentlichung der Themen können viel bewegen. Oder anders gesagt: Das richtige Thema, gut aufbereitet und in angemessener Dosis zur passenden Zeit vermittelt, ist die heilende Medizin für viele Kommunikationsprobleme. Das Instrument ist eigentlich nur der Löffel, mit dem diese Medizin verabreicht wird.

Sie merken schon, wir plädieren mit Nachdruck für ein systematisches Themenmanagement. Wie läuft das mit den Themen in Ihrem Unternehmen? Falls auch Sie bisher mehr auf Medien und Instrumente fixiert waren, dann ist es höchste Zeit, den Planungsprozess der internen Kommunikation umzukrempeln. Zugegeben, das braucht viel Kraft und Zeit. Aber es ist unumgänglich! An der Einführung eines praktikablen Themenmanagements führt kein Weg vorbei.

Themenmanagement – das klingt komplizierter als es ist. Die ultimative Frage lautet: Wo kommen die passenden Themen her? Wir wagen zu behaupten, dass es in Unternehmen keinen Themenmangel gibt, sondern nur einen Mangel an Fantasie. Themen finden sich überall. Sie drängen sich allerdings selten auf, man muss schon Augen und Ohren offen halten. Tägliche Gespräche mit Kollegen und Abteilungsleitern, aber auch mit dem Pförtner und der Frau an der Kantinenkasse geben Impulse und bringen auf Ideen. „Was gibt es Neues?", sollte die Standardfrage des Kommunikationsmanagers IK sein. Die Themensuche ist nichts für introvertierte Naturen, denn es braucht schon eine gehörige Portion Neugier, Offenheit und Spürsinn.

Um mögliche Themen zu sichten und zu sammeln, sei dem Kommunikationsmanager IK ein Brainstorming empfohlen. Er schreibt sich mögliche Themenideen auf ein Blatt Papier – entspannt – und ohne sich zu zensieren. Einfach schauen, was einem so einfällt. Um beim Brainstorming eine ungefähre Orientierungsrichtung zu haben, kann sich der IK-Manager zwei gängige Raster der Themenstrukturierung als Relationsgrößen nehmen. Der erste Weg, um Themen strukturiert zu sammeln, ist, sie aus dem hierarchischen Blickwinkel zu betrachten.

An der Spitze stehen die strategischen Themen der Unternehmensleitung. Sie haben ihre Wurzeln in den Visionen, Missionen und langfristigen Zielen des Unternehmens. Weitere Themen kommen aus den Abteilungen und Bereichen. Sie ergeben sich aus den grundlegenden Aufgaben, den Produkten und Dienstleistungen. Prozessbegleitende Themen beschäftigen sich mit laufenden Projekten, Planungen, Prozessen und Problemen im Unternehmen. Sie sind in der Regel kurzfristig. Ein gutes Themenmanagement sichtet und integriert Themen aus allen Ebenen.

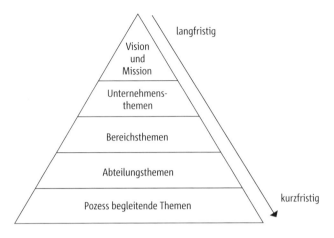

**Abbildung 26: Themenhierarchie**

Der zweite Weg orientiert sich nicht an hierarchischen Stufen, sondern am inhaltlichen Spektrum. Es werden alle relevanten Themenfacetten eines Unternehmens nacheinander beleuchtet und überlegt, ob und wo im jeweiligen Bereich interessante Themen für die Kommunikationskonzeption liegen könnten.

**Abbildung 27: Themenspektrum**

Das Themenspektrum hat interne aber auch externe Facetten. Viele der internen Themen lassen sich im Faktenspiegel aufspüren, es empfiehlt sich, dort nachzuforschen. Unsere Erfahrung zeigt, dass zusätzlich externe Themen für die Mitarbeiterkommunikation eine wichtige Rolle spielen können, sofern sie die Unternehmensabläufe und die Arbeitseinstellung der Mitarbeiter beeinflussen. So muss beispielsweise durch ein neues Bundesgesetz zum Klimaschutz demnächst die Produktion angepasst werden – das ist eine wichtige Information für die Mitarbeiter. Oder der gesellschaftliche Trend zu mehr Bildung könnte zukünftig unter den Kollegen das Interesse am Thema Weiterbildung deutlich erhöhen – darüber lohnt es, zu berichten. Ein guter Kommunikationsmanager IK schaut sich darum auch draußen um. Er entwickelt ein Gespür dafür, welche externen Themen gerade in der Luft liegen und bringt sie angemessen ins interne Gespräch. Auch populäre Themen ohne direkten Unternehmensbezug, wie eine Fußballballweltmeisterschaft oder ein großes Filmfestival, lassen sich thematisieren, sie unterstreichen die kulturelle Aufgeschlossenheit der internen Kommunikation.

Wie in vielen Konzeptionsschritten, so gilt auch im Themenmanagement die goldene Regel: Weniger ist mehr. Deshalb werden die im Brainstorming gesammelten Themen anschließend gründlich gefiltert.

|         | Ziele | Bezugsgruppe | Positionierung | Botschaften |
|---------|-------|--------------|----------------|-------------|
| Thema 1 |       |              |                |             |
| Thema 2 |       |              |                |             |
| Thema 3 |       |              |                |             |
| Thema 4 |       |              |                |             |
| Thema x |       |              |                |             |

**Check 18: Strategische Themenstringenz**

Mit dem Check überprüfen Sie, ob die Themen sich stimmig in die interne Kommunikationsstrategie einpassen lassen. Für jedes Thema beantworten Sie die folgenden Fragen:

> **Ziele** – Liegt das Thema auf der richtigen Spur? Hilft sein Einsatz, die Kommunikationsziele besser zu erreichen?

> **Bezugsgruppen** – Können die Mitarbeiter die Inhalte verstehen und nachvollziehen? Interessiert das Thema? Koppelt das Thema an adäquate Motive an?

> **Positionierung** – Lässt sich das angestrebte Selbstverständnis des Unternehmens im jeweiligen Thema implementieren?

> **Botschaften** – Werden die Kern- bzw. Teilbotschaften durch das Thema glaubwürdig und ansprechend transportiert?

Durch den Check erkennen Sie genau die Themen, die nicht stimmig auf der strategischen Linie liegen. Diese Themen werden ausgefiltert. Es darf nichts intensiv thematisiert werden, was vom Kurs der Strategie abweicht. Diese Regel steht felsenfest.

In der kommunikativen Umsetzung gibt es eine Reihe von Techniken, um die Themen zu inszenieren und zu variieren, damit die Spannung über das Planungsjahr erhalten bleibt. Schon während der strategischen Themenfindung denkt der Manager Inszenierungsformen (nach Claudia Mast) an:

> **Themen aktualisieren** – Themen werden permanent beobachtet und in zeitlichen Abständen auf den neuesten Stand gebracht: „100 Tage CNC-Fräsen – Wie erfolgreich läuft das System?" – „Was macht eigentlich unsere neue Filiale in Riga?"

> **Themen extrapolieren** – Themen, die im Kern bereits entschieden sind, werden extrapoliert, das heißt, auf die Folgen überprüft: „Was bedeutet die neue Datenschutz-Gesetzgebung für unser Call-Center? – „Wie finden sich die Mitarbeiter in der Zentralverwaltung mit der neuen Überstundenregelung zurecht?"

> **Themen fokussieren** – Der IK-Manager fokussiert Themen, indem er einen bestimmten Aspekt eingrenzt und heraushebt: „Wie wird der Projektstart für die neue Logistik-Software organisiert?" – „Wie melden wir die Patente für unseren revolutionären grünen Laser an?"

> **Themen lokalisieren** – Themen werden geografisch zugeordnet, indem ein Standort bzw. eine Filiale in den Brennpunkt des Interesses gerückt wird: „Was bedeutet die neue Fuhrparkregelung für den Traditionsstandort Stuttgart?"

> **Themen illustrieren** – Themen werden mit Fotos, Grafiken und Stories illustriert, um so komplexe Sachverhalte besser darstellen zu können. Schwächen und Stärken können verglichen, Pro und Contra gegenübergestellt werden: „Wie wirkt unser neuer Protein-Wirkstoff im Gehirn? – Eine Bilderreise in sieben Stationen."

> **Themen personalisieren** – Man personalisiert Themen, indem handelnde Personen dargestellt werden, die erklären oder veranschaulichen. Eine beliebte Methode ist es, den Tagesablauf eines Mitarbeiters zu inszenieren: „Mit Vertriebsberater Harry Wildhusen unterwegs – eine Reportage aus dem Arbeitsleben."

> **Themen interpretieren** – Es werden keine neuen Themeninhalte vorgestellt, sondern die vorhandenen Fakten und Hintergrundinformationen kommentiert oder gewertet. Der Geschäftsführer stellt seinen Standpunkt dar, ein externer Experte gibt seine Einschätzung, ein langjähriger Mitarbeiter schildert seine Sicht der Dinge: „Warum ich für eine Neuwahl des Personalrats bin?"

Beim Brainstorming greift der IK-Verantwortliche auf alte Themen zurück, die bereits im Gespräch sind, und gleichzeitig entwickelt er neue Themen, die im Unternehmen noch Neuland darstellen. Mit offenen Ohren und wachem Interesse hat er die neuen Themenideen gesammelt. Bei der Auswahl muss er einkalkulieren, dass es für Themen – genauso wie für Produkte – einen Lebenszyklus gibt. In welcher Lebensphase steckt sein Thema?

Ist ein Thema neu oder noch in einem sehr frühen Stadium, dann muss er mit Bedacht vorgehen. Ein junges Thema will aufgezogen und gepflegt werden. Bringt man es dagegen sofort auf breiter Front in die öffentliche Diskussion, dann ist das Risiko hoch, dass die Mitarbeiter unbewusst zurückschrecken und in Abwehrhaltung gehen. Also besser abwarten und Kaffee trinken? Nein, die Vorteile eines frühen Themeneinstiegs sind nicht zu unterschätzen. Informiert der IK-Manager beizeiten, dann hat sich noch kein festes Bild in den Köpfen der internen Öffentlichkeit festgesetzt. Er kann sich Chancen ausrechnen, die „Bedeutungshoheit" für das Themenfeld zu erlangen. Hat er das Feld erst erfolgreich besetzt, wird es für andere schwieriger, mit dem Thema zu reüssieren. Dennoch tendieren die Verantwortlichen im Unternehmensalltag eher dazu, passiv abzuwarten und ganz auf Nummer sicher zu gehen. Die Zeit vergeht, und bis sie sich an das Thema heranwagen, hat der Flurfunk bereits den inhaltlichen Rahmen gesetzt – die interne Kommunikation ist in die Defensive geraten.

Das hohe Alter ist ebenfalls eine kritische Lebensphase. In dieser Zeit dürfen die Themen keinesfalls überstrapaziert werden, denn jedes Thema hat ein Verfallsdatum. Auf der letzten Strecke hin zu diesem Datum schmecken die Themen schon fad und die Mitarbeiter fühlen sich übersättigt. So ein Haltbarkeitsdatum kann unterschiedlich ausfallen. Es gibt keine festen Fristen, es kommt auf die Intuition des IK-Managers an, die Haltbarkeit richtig einzuschätzen. Einige Themen sind schon nach wenigen Tagen ausgelaugt, über andere Themen reden die Kollegen noch monatelang. Die Altersanalyse fällt leichter, wenn der Kommunikationsmanager die vier grundlegenden Phasen eines Themenzyklus kennt und sich daran orientiert:

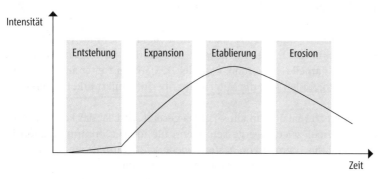

**Abbildung 28: Themenzyklus**

› **Entstehung** – Ein Thema wird durch eine Person (meist aus der Unternehmensleitung) oder durch ein Ereignis angestoßen. Der Funke springt über, ein kleiner „eingeweihter" Kreis ist stimuliert und fängt an, darüber zu sprechen. Das Thema hat noch keine klaren Tendenzen und keine festen Konturen. Jederzeit sind Überraschungen denkbar. Manche Themen verglimmen gleich wieder, andere machen eine großartige Karriere.
Beispiel: Der Fuhrpark soll auf erdgasbetriebene Firmenwagen umgestellt werden, heißt es aus der Vorstandssitzung.

› **Expansion** – Jetzt wird das Thema erstmals stärker über institutionelle und informelle Kanäle verbreitet. Es hat einen hohen Neuigkeitswert und stimuliert die Mitarbeiter. In dieser Phase ist die Gefahr am größten, dass sich die Mitarbeiter unterinformiert fühlen und sich informelle Kanäle suchen, um ihre Bedürfnisse nach Informationen zu befriedigen.
Je schneller das interne Kommunikationsmanagement aufklärend eingreift, desto besser fühlen sich die Mitarbeiter informiert und wertgeschätzt. Umsichtige Themenkommunikation in der Expansionsphase dämmt den Flurfunk wirkungsvoll ein und sichert die „Bedeutungshoheit".
Beispiel: Bevor das Thema Erdgasfuhrpark vom Flurfunk negativ geprägt wird, zum Beispiel über das Argument, dass es zu wenig Erdgastankstellen in der Stadt gibt, besetzt der IK-Manager das Thema offensiv und arbeitet die bemerkenswerte Umweltfreundlichkeit heraus.

› **Etablierung** – Ein Großteil der Bezugsgruppen ist bereits informiert und bestens im Bilde. Der Neuigkeitswert beginnt zu sinken, das Thema entwickelt erste Gewöhnungseffekte. Aber dennoch, damit sich ein Thema in den Köpfen als Erfahrung fest einprägt, ist es erforderlich, auch in der Etablierungsphase weiter systematisch zu kommunizieren, um die Themenbedeutung nachhaltig zu manifestieren.
Beispiel: Nach der Einführung lässt der IK-Manager ausgewählte Mitarbeiter von ihren positiven Erfahrungen mit dem Erdgasauto berichten. Der neue Fuhrpark gewinnt so eine breite Akzeptanz.

› **Erosion** – Die Zugkraft des Themas nimmt rapide ab. Zwar reden die Mitarbeiter noch darüber, aber irgendwie wirkt das Thema langsam trivial. Es ist „eine olle Kamelle" geworden. Kaut der IK-Manager weiter auf dem alten Thema herum, fühlen sich die Mitarbeiter überinformiert und reagieren abweisend.
Wenn ab und zu mal auf ein altes Thema gesetzt wird, ist das kein Problem und auch schnell wieder vergessen. Wenn die interne Kommunikation jedoch ständig die Themen von gestern wiederkäut, dann droht sie ihr wichtigstes Kapital zu verlieren: die Informationsautorität.
Beispiel: Den IK-Manager lässt das Thema Erdgasauto nicht los. Er veröffentlicht eine groß angelegte Artikelserie, die akribisch alle Umweltaspekte des

Erdgasautos ausleuchtet, während den Mitarbeitern ganz andere Themen unter den Nägeln brennen.

Wer über den Lebenszyklus seiner Themen nachdenkt, der sollte auch das Diffusionsmodell von Everett M. Rogers kennen und einbeziehen. Das Modell beschreibt, wie sich Produkt- und Dienstleistungsinnovationen in einem sozialen Raum entwickeln.

Wir haben festgestellt, dass sich die Erkenntnisse ebenso für das Themenmanagement anwenden lassen, um Vorhersagen über die Themenadaption der internen Bezugsgruppen zu treffen. Das Diffusionsmodell unterscheidet eigentlich fünf verschiedene Gruppen von Konsumenten – wir machen daraus Mitarbeiter und beleuchten ihr Themeninteresse:

› **Innovatoren („Innovators")** – Die Innovatoren im Unternehmen interessieren sich als Erste für das neue Thema. Der Neuigkeitswert reizt sie. Den Mund lassen sie sich nicht verbieten, das kommt gar nicht in Frage, denn mehr zu wissen als andere, hat für sie Prestigewert und bedeutet Meinungsführerschaft. Sie stoßen die ersten Diskussionen im Hause an und nutzen dazu gerne auch Flur und Kantine.

› **Frühe Übernehmer („Early Adopters")** – Die frühen Übernehmer haben ihre Antennen stets ausgefahren und reagieren schnell auf neue Themen. Sie steigen jedoch erst in die Themendiskussion ein, sobald das Thema für sie schlüssig ist und einen erkennbaren Informationsmehrwert hat. Dafür sind ihre Meinungsäußerungen dann aber umso bestimmter und bringen oft neue kluge Themenaspekte in die Diskussion.

› **Frühe Mehrheit („Early Majority")** – Die frühe Mehrheit ist die informierte Mehrheit. Auf Information legt sie großen Wert. Sie ist in die interne Öffentlichkeit eingebunden, fühlt sich ernstgenommen und wertgeschätzt und nimmt regen Anteil an der internen Kommunikation. Ihre Argumente sind meist nicht neu, aber durchdacht und begründet. Spätestens mit ihrem Urteil bekommt das Thema im Haus einen fest gefügten Bedeutungsrahmen. Für die interne Kommunikation wird es schwer, wenn dieser Rahmen nicht zur Denkrichtung der Unternehmensleitung passt.

› **Späte Mehrheit („Late Majority")** – Die späte Mehrheit ist als schweigende Mehrheit zu sehen. Sie ist auf Sicherheit und Konsens bedacht und neigt dazu, sich der allgemeinen Mehrheitsmeinung anzupassen und Konflikte zu vermeiden. Ihre Themenbeiträge sind selten fundiert und mit pauschalen Äußerungen und intuitiven Einschätzungen durchsetzt. Haben sie zu einem Thema eine feste Haltung eingenommen, sind sie nur schwer argumentativ wieder wegzubewegen.

> › **Nachzügler („Aggards")** – Zuletzt kommen die Verweigerer und Nachzügler. Entweder sind sie besonders vorsichtig, fast schon übervorsichtig, oder ihre Haltung wird von einer „Ist doch eh alles egal!"-Einstellung geprägt. Man könnte diese Gruppe auch als die „informationsferne Schicht" der internen Öffentlichkeit bezeichnen. Sie zu aktivieren, ist für jeden IK-Verantwortlichen eine echte Herausforderung.

Der Kommunikationsmanager sollte ein Gefühl dafür entwickeln, wie sich die einzelnen Gruppen im Haus verteilen. Vor allem ist es wichtig zu wissen, wo die Innovatoren und die frühen Übernehmer sitzen, denn sie kann er als Brückenkopf nutzen, um neue Themen im Kollegenkreis einzuführen. Er erkennt diese Leute am besten im Gespräch. Sie sind offen, lehnen Neues nicht ab, sondern spitzen neugierig die Ohren und bringen sich ein. Geht der IK-Manager dagegen mit einem neuen ungewöhnlichen Thema gleich sofort an die frühe und späte Mehrheit heran, dann kann es ihm passieren, dass er in der ersten Zeit um jeden Zentimeter Zustimmung kämpfen muss.

Die geeigneten Themen für unser Jahreskonzept werden in einer Liste erfasst. Mag sein, es stehen noch zu viele Themen auf der Liste. In diesem Fall ist es zweckmäßig, zwischen Schwerpunktthemen und sekundären Themen zu unterscheiden. Die Schwerpunktthemen stehen im Rampenlicht und haben einen strategischen Horizont. Die Zahl der Schwerpunkte sollte überschaubar bleiben, je weniger, desto konzentrierter kann man am einzelnen Thema arbeiten. Die sekundären Themen werden ins Gespräch gebracht, sobald es taktischen Bedarf oder Spielraum gibt.

Die endgültige Themensammlung wird dann im nächsten Schritt in eine chronologische Ordnung gebracht. Wann im Laufe des Jahres bringt das interne Kommunikationsmanagement welches Thema ins Gespräch? Mit dem untenstehenden Zeit-Check sorgen Sie für das „Timing" der Themen. Konzentrieren Sie sich beim Check auf die strategischen Schwerpunktthemen. Die Vielzahl der sekundären Themen spielt für den dramaturgischen Bogen nur eine untergeordnete Rolle. Sie ordnen die Themen den Monaten zu und entwickeln einen groben Themenplan für das Jahreskonzept. Einzelne Themen können dabei auch über mehrere Monate, im Einzelfall sogar über das gesamte Jahr laufen.

|  | 1 | 2 | 3 | 4 | 5 | 6 | 7 | 8 | 9 | 10 | 11 | 12 |
|---|---|---|---|---|---|---|---|---|---|---|---|---|
| Thema 1 | | Laufzeit | | | | | | | | | | |
| Thema 2 | | | | | | | Laufzeit | | | | | |
| Thema x | | | | | | Laufzeit | | | | | | |

Check 19: Zeitliche Dramaturgie der Themen

Es versteht sich von selbst, dass ein solcher Themenplan kein starres Konstrukt ist, sondern sich fließend den realen Entwicklungen anpasst. Da gibt es Themen, die plötzlich ihren Neuigkeitswert verlieren und deshalb sofort wieder aus der Kommunikation genommen werden. Oder es tauchen aufgrund überraschender Ereignisse neue Themen auf. Der Kommunikationsmanager reagiert flexibel und übernimmt sie sofort in seinen laufenden Themenplan.

## PRAXIS LIVE

Das mit der Themenauswahl klappte blendend. Ribbeck war an diesem Nachmittag richtig inspiriert. Nach seinem Brainstorming hatte er über 100 mögliche Themen als „Kraftpillen" für seine Botschaften gesammelt. So viele Themen konnte er als Einzelkämpfer bei weitem nicht in den Griff bekommen. Beim anschließenden strategischen Check reduzierte sich die Zahl, aber es blieben immer noch knapp 70 Themen übrig. Alle Themen passten zur Positionierung als moderner Energieberater und verstärkten eine oder mehrere Botschaften. Nach dem erneuten Sichten des Faktenspiegels (den er inzwischen nahezu auswendig kannte) und einem ergänzenden Telefonat mit dem Leiter des neuen Beratungszentrums entschied er sich, aus der Vielzahl der Möglichkeiten sieben Schwerpunktthemen für das neue Jahr vorzuschlagen:

> **Thema „Perspektiven der SüdWatt-Beratung"** – Wichtige Grundsatzrede von Dr. Velten vor der Betriebsversammlung gleich zu Beginn des Jahres (Januar, ganzjährig)

> **Thema „Intensives Beratungstraining"** – Große Weiterbildungsoffensive der Personalabteilung für den Beratungsbereich (Februar bis Juni)

> **Thema „Vorteile Wissensmanagement"** – Abschluss der Implementierung einer neuen Software und die unübersehbaren Vorteile für die Berater (Juli bis Oktober)

> **Thema „Wir machen mobil"** – Start des neuen Beratungsmobils für Kunden in den Randbezirken der Stadt (September bis Dezember)

> **Thema „Verbraucher wollen Sicherheit"** – Ergebnisse einer topaktuellen Verbraucherstudie zur Wahl des Stromanbieters (Januar, Februar)

> **Thema „SüdWatt-Beratung boomt"** – Auswertung der Kundenkontakte im ersten Halbjahr, höchstwahrscheinlich mit steil steigenden Beratungszahlen (August)

› **Externes Thema „Energiesparkonferenz"** – Die SüdWatt ist zur Energiesparkonferenz der Regierung eingeladen und sieht Energiesparen als Beratungsthema (Oktober, November)

Um die zeitliche Dramaturgie der Themen im Blick zu behalten, hatte sich Ribbeck zusätzlich ein kleines Zeitschaubild aufgemalt, das in etwa so aussah:

| | 1 | 2 | 3 | 4 | 5 | 6 | 7 | 8 | 9 | 10 | 11 | 12 |
|---|---|---|---|---|---|---|---|---|---|---|---|---|
| Perspektiven der Rede Dr. Velten | | | | | | | | | | | | |
| Beratung im Training | | | | | | | | | | | | |
| Einführung Wissensmanagement | | | | | | | | | | | | |
| Start Beratungsmobil | | | | | | | | | | | | |
| Verbraucherstudie zur Sicherheit | | | | | | | | | | | | |
| Boom-Tendenz in der Beratung | | | | | | | | | | | | |
| Energiesparkonferenz Regierung | | | | | | | | | | | | |

Das Schaubild zeigte, dass sich Ribbeck um eine Entzerrung der Themenplanung bemühte. Die Schwerpunktthemen liefen, soweit möglich, zeitversetzt. Neben Langläufern gab es das eine oder andere Thema, für das er nur einen kurzzeitigen Einsatz plante.

## Geschichten bewirken mehr

Seit Menschengedenken werden Geschichten erzählt, um Wissen, Erfahrungen und ethische Werte über die Generationen weiterzugeben. Geschichten erzeugen Bilder und Emotionen. Gut erzählt, sind sie spannend und ergreifend. Der Mensch ist durch sein episodisches Gedächtnis seit Urzeiten überaus stark auf Geschichten fixiert. Geschichten prägen seine Vorstellungswelt.

Wenn also die Themen der internen Kommunikation den Charakter von lebendigen Geschichten annehmen, dann hinterlassen sie einen besonders starken Eindruck in den Köpfen der Mitarbeiter. Falls es die Unternehmenskultur zulässt, kann „Storytelling" ein wichtiges Element der Mitarbeiteransprache werden. Die interne Kommunikation erzählt Geschichten, um Botschaften und Themen verständlicher, bewusster und eindrucksvoller zu vermitteln. Das ist eine Kunst und setzt voraus, dass der Geschichtenerzähler sein Handwerk versteht. Aber wenn es gelingt, dann entsteht eine emotionale Beziehung, die eine starke Identifikation ermöglicht.

Gerade die interne Öffentlichkeit eines Unternehmens ist prädestiniert für das Erzählen von Geschichten. Jeder kennt sich aus und hat einen persönlichen Bezug. Falls die Geschichten nur auf Erfolgsmeldungen und Siegesparolen beruhen, berühren sie nicht. Überraschende Wendungen, Krisen und Pannen, eine Portion Menschlichkeit – all das gehört unlösbar zu Geschichten, die ergreifen und sich einprägen. Die Geschichten muss das Arbeitsleben geschrieben haben.

Die Einführung eines neuen Produktes kann als sachliche Meldung in der Mitarbeiterzeitschrift bekannt gegeben werden. Sie kann aber auch in eine Geschichte verpackt sein. Wie ist der Entwickler auf die Idee des Produktes gekommen? Welche Widerstände musste er durchlaufen? Wer waren seine Widersacher? Wie fühlte er sich an seinem großen Tag, an dem das neue Produkt endlich auf den Markt kam? Was bekam er als Belohnung? Meldung oder Erzählung: Die Unterschiede in der Kommunikationswirkung können immens sein. Eine Meldung nehmen die Mitarbeiter zur Kenntnis, eine gut erzählte Geschichte erleben sie mit und vergessen sie so schnell nicht mehr.

Eine gute Geschichte braucht eine leitmotivische Botschaft, einen Protagonisten, also den Helden, ein Problem am Anfang und eine Lösung am Ende. Wichtig ist, dass sich die Anfangs- und die Endsituation unterscheiden, dass also „mittendrin" etwas Bedeutsames passiert ist. „Transformation" nennen das die Fachleute.

Im Unternehmen gehen wir von Geschichten aus, in denen sich die Protagonisten – Personen, Teams oder ganze Bereiche – auf eine „Heldenreise" begeben und „Abenteuer" erleben. Diese Abenteuer können aus Konflikten in der Zusammenarbeit, aus Problemen mit dem Kunden oder aus Pannen am Arbeitsort bestehen. Unterwegs braucht der Leser viele Anknüpfungspunkte, d.h. er muss sich in der Geschichte wiederfinden und identifizieren.

Die Bezeichnung „Held" bedeutet übrigens nicht, dass sich der Protagonist heldenhaft benehmen muss. Eher im Gegenteil! In der internen Kommunikation kommt Supermann nicht gut an. Mit „Held" bezeichnen wir eine Person oder ein Team, das im Mittelpunkt des Geschehens steht und sich auf den Weg macht, um eine Mission zu erfüllen und das Problem zu lösen.

In einer packenden Geschichte müssen neben dem Helden weitere tragende Rollen besetzt werden. Zur archetypischen Rollenverteilung gehören der Held und der ...

> **Auftraggeber** – der unseren Helden in die Welt schickt – z.B. ein Chef, der große Sorgen hat.

› **Helfer** – der den Helden stützt – z. B. die fitte Assistentin, die viele Fäden in der Hand hält.

› **Nutznießer** – den der Held „rettet" – z. B. einen Kunden des Unternehmens.

› **Gegenspieler** – der den Held in Schwierigkeiten bringt – z. B. ein Konkurrent.

Besonders wichtig ist der Gegenspieler. Er stellt den Gegenpol dar und gibt der Geschichte erst die nötige Spannung. Der Gegenspieler braucht kein Mensch zu sein, es kann auch ein Ort oder ein Gegenstand sein. Es muss auch kein externer Akteur sein, in der internen Kommunikation kann der Gegenspieler auch aus dem eigenen Unternehmen kommen. Bei einem internen Gegenspieler benötigt der Autor allerdings viel erzählerisches Feingefühl, um den „inneren Frieden" nicht zu gefährden.

Der amerikanische Mythenforscher Joseph Campbell hat herausgefunden, dass Geschichten immer wieder den gleichen Ablauf haben – aber trotzdem nie langweilig werden, weil sie im Leser bzw. Zuhörer tiefe mythische Sehnsüchte und Ängste berühren. Der Story-Experte Dr. Michael Müller unterteilt den typischen Ablauf einer Geschichte in fünf Stationen:

1. **Station: Der Ruf des Abenteuers** – Die Akteure und das Problem werden eingeführt.
2. **Station: Der Aufbruch ins Unbekannte** – Die Handlung beginnt und das Risiko wird sichtbar.
3. **Station: Der Weg der Prüfungen** – Der Held bewährt sich in vielen Wendungen und Gefahren.
4. **Station: Der Schatz** – Die entscheidende positive Wendung bringt die Lösung des Problems.
5. **Station: Die Rückkehr** – Der Held und seine Helfer werden belohnt.

Wie könnte eine solche Geschichte in der Geschäftswelt eines Unternehmens ablaufen? Ein Beispiel veranschaulicht den Lauf der Dinge über die fünf Stationen:

› **Ruf des Abenteuers** – Vertriebsmitarbeiter Rudi Vachtmeier (Held) arbeitet für ein mittelständisches Technikunternehmen und betreut vom Stammsitz in Oberbayern den asiatischen Markt. Er hat gerade ein Haus gebaut, um seiner Frau und den beiden Kinder ein Heim im Grünen zu bieten. Eines Morgens ruft ihn der Geschäftsführer (Auftraggeber) zu sich und gibt ihm den Auftrag, eine Niederlassung in Peking zu gründen (Problem). Vachtmeier nimmt die Herausforderung an und lässt schweren Herzens seine Frau und die Kinder in Bayern zurück.

› **Aufbruch ins Unbekannte** – Peking, eine Megacity mit extremer Hitze im Sommer und eiskalten Wintern, erwartet ihn (Gegenspieler). Vachtmeier muss sich in einer fremden Kultur zurechtfinden. Zur neuen beruflichen Herausforderung kommt das Heimweh nach seiner Familie.

> **Weg der Prüfungen** – Der Start ist alles andere als einfach. Zuerst wird sein Führerschein nicht anerkannt und Vachtmeier sucht sich einen Chauffeur (Helfer), der – wie sich schnell herausstellt – kein Wort Deutsch und kaum Englisch spricht. Das neue Büro liegt im 23. Stockwerk, hat eine tolle Aussicht, aber kein Telefon. Mit seinem Chauffeur ist Vachtmeier von Ping zu Pong unterwegs, um endlich einen Anschluss zu bekommen. Dann steht der erste chinesische Kunde vor der Tür und Vachtmeier, der wenig Ahnung von den chinesischen Benimmregeln hat, macht einiges falsch.

> **Der Schatz** – Ganz überraschend unterschreibt der erste Kunde. Mit zwei weiteren Kunden laufen interessante Vorgespräche. Die chinesischen Kunden (Nutznießer) sind begeistert von der technischen Qualität und dem hohen Grad der Innovation. Vachtmeiers Chauffeur belegt einen Englischkurs und macht große Fortschritte. Eine chinesische Assistentin wird eingestellt, die sich als wahre Perle entpuppt. Aber das Schönste: Vachtmeiers Familie entschließt sich nach Peking zu kommen. Auf der internationalen Schule sind noch zwei Plätze für die Kinder frei. Das Unternehmen übernimmt das Schulgeld.

> **Die glückliche Rückkehr** – Vachtmeiers Familie ist glücklich in Peking eingetroffen. Bei einem Tagesausflug mit der Familie zur chinesische Mauer zieht Rudi Vachtmeier Bilanz: Ja, der Aufwand hat sich gelohnt. Für das Unternehmen boomt der chinesische Markt. In den nächsten Jahren ist mit hohen zweistelligen Zuwachsraten zu rechnen, was auch in Deutschland neue Arbeitsplätze bringt (Botschaft). Nach Einarbeitung eines chinesischen Niederlassungsleiters, wird die Familie Vachtmeier im nächsten Jahr wieder nach Deutschland zurückkehren.

Nehmen Sie aktuell anstehende Themen aus Ihrem Unternehmen, lassen Sie Ihrer Phantasie freien Lauf und bauen Sie Geschichten auf. Sie werden schnell bemerken, wie die interne Kommunikation Flügel bekommt. Und wenn Sie das nächste Mal einen Hollywoodfilm sehen oder Ihren Kindern eine Geschichte vorlesen, dann achten Sie mal darauf, höchstwahrscheinlich werden sie die typische Rollenverteilung und den Ablauf in fünf Stationen schnell wiedererkennen.

## Wie? Die strategische Vorgehensweise konkretisieren

Mit der Positionierung, den Kernbotschaften und den Themen sind die prägenden Inhalte der internen Kommunikation verdichtet und bestimmt. Der

Kommunikationsmanager IK hat disponiert, was im nächsten Jahr gesagt werden soll – aber wie kommen die Inhalte zu den Bezugsgruppen? Die Inhalte sind fast nie Selbstläufer. Im letzten Schritt der Strategie geht es deshalb um den richtigen Weg von A (wie Absender) nach B (wie Bezugsgruppen). Dieser Weg kann steinig und lang sein.

„Ach was, da müssen wir nicht lange überlegen, wir haben unsere bewährte Vorgehensweise.", erklärt uns bisweilen der IK-Verantwortliche und verweist auf seine beliebte Mitarbeiterzeitschrift, die er in solchen Fällen immer nutzt, oder auf das Schwarze Brett, das in seinem Haus hoch akzeptiert ist. Seine Standards mögen am Ende der richtige Weg sein, das wollen wir nicht bestreiten, aber im Sinne des internen Kommunikationsmanagements heißt es an dieser Stelle, mit System den besten strategischen Weg zu finden. Dazu lotet der Kommunikationsmanager die zur Verfügung stehenden Wegrouten aus. Einerseits versucht er, mögliche Abkürzungen oder Überholspuren zu finden und zu nutzen. Andererseits setzt er alles daran, gefährliche Hindernisse aus dem Weg zu räumen oder zumindest elegant zu umgehen.

Stellen Sie sich vor, Sie starten eine weite Reise, das Reiseziel (= Ziel der Kommunikation) ist festgelegt, Sie haben sich entschieden, welche Leute (= Bezugsgruppen) Sie unterwegs besuchen und welche Güter (= Inhalte) Sie mitbringen wollen. Bevor Sie aufbrechen, werden Sie noch die Wegführung und die nötigen Ressourcen für die Route vorplanen, um nicht irgendwo auf halber Strecke liegen zu bleiben. Genau die gleiche systematische Vorgehensweise empfiehlt sich auch für das interne Kommunikationsmanagement.

**Abbildung 29: Strategische Ausrichtung**

Zur strategischen Konkretisierung ziehen Sie mehrere Einflussfaktoren ins konzeptionelle Kalkül:

› **Die eigenen Ressourcen** – Sie stehen an erster Stelle. Mit den Ressourcen meinen wir die ehrliche Antwort auf die elementare Frage: Haben der IK-Manager und seine Abteilung überhaupt die nötigen Fähigkeiten und Kraftreserven, um die Inhalte zu schultern und ans Ziel zu bringen? Wie können diese Kräfte optimal zum Einsatz kommen? Bei der Beantwortung der Frage hilft die Statusanalyse entscheidend weiter (Check 8 – Seite 74). Die in der Analysephase entwickelte Statusanalyse bilanziert in zwei Faktorenfeldern die Fähigkeiten und Handicaps des IK-Bereichs. Jetzt ist der Zeitpunkt gekommen, um diese beiden Felder genauer unter die Lupe zu nehmen. Will man die gesteckten Ziele zügig erreichen, wird es darauf ankommen, die Fähigkeiten zu nutzen und möglichst vorteilhaft ins Spiel zu bringen. Gleichzeitig muss der IK-Manager die Handicaps im Auge behalten und sie, sofern sie den Weg gefährden, weit möglichst ausschalten. Steht da zum Beispiel unter „Fähigkeiten" in der Statusanalyse, dass der IK-Manager einen „hervorragenden Kontakt zu den Jugendvertretern des Unternehmens" hat, dann wäre zu überlegen, ob diese Verbindung als verstärkende Brücke auf dem Weg zum Ziel genutzt werden kann. Oder, nehmen wir an, auf der Handicap-Seite wird diagnostiziert, dass die interne Kommunikationsarbeit bisher „zu wenig Resonanz bei den gewerblichen Arbeitnehmern" findet. Dann kommt es darauf an, dieses Manko baldmöglichst auszugleichen, damit die Botschaften und Themen überall ein gleichermaßen starkes Echo finden. Die naheliegende strategische Konsequenz wäre ein Ausbau der Kommunikationskanäle in Richtung der gewerblichen Mitarbeiter.

> **Die instrumentelle Ausrichtung** – Nachdem der Einsatz der eigenen IK-Kräfte auf Linie gebracht wurde, geht es zum nächsten Punkt der strategischen Konkretisierung. Der Kommunikationsmanager denkt über den Zustand seines Instrumentariums nach. Im letzten Jahr hat er zum Beispiel in der Hauptsache Intranet, Mitarbeiterrundbrief und Mitarbeiterstammtisch eingesetzt. Sind diese Instrumente auch die richtigen für das neue Jahreskonzept? Wie müssten die Instrumente geeicht werden, damit sie Positionierung, Botschaften und Themen nach vorne bringen? Es geht an dieser Stelle noch nicht um die endgültige Auswahl der Instrumente, die passiert erst im operativen Teil. In der strategischen Konkretisierung werden die Grundprinzipien für den Einsatz der Instrumente festgelegt. Auch für diese Konzeptionsarbeit steht dem IK-Manager ein Hilfsmittel zur Verfügung, nämlich die Instrumenteninventur aus der analytischen Phase (Check 9 – Seite 77). Unser Manager schaut sich den dort beschriebenen Ist-Zustand seines Instrumentariums an und zieht die nötigen Konsequenzen. Im positiven Fall eignet sich der vorhandene Instrumentenkasten hervorragend für die Umsetzung der Strategie. Im negativen Fall stellt sich heraus, dass die Instrumente in ihrem momentanen Zustand nur bedingt zielführend sind. Beispielsweise definiert der IK-Manager als Positionierung „Wir sind ein schnelles, flexibles Team" und formuliert anschließend die passenden Botschaften und Themen. Nun stellt sich auf den ersten Blick in den Instrumentenkasten heraus, dass die vorhandenen Werkzeuge der internen Kommunikation ziemlich behäbig sind und es teilweise eine Ewigkeit braucht, bis die Informationen fließen. Auf dieses Problem muss der Manager mit System reagieren, ansonsten tritt die Kommunikationsform der Positionierung die Füße weg. Im vorliegenden Fall wäre deshalb eine Dynamisierung der internen Kommunikationsprozesse als strategischer Richtwert zu fixieren.

› **Die zukünftige Rollenverteilung** – Der Kommunikationsmanager IK ist sich über die eigenen Kraftreserven im Klaren, er hat seinen Instrumentenkasten gesichtet und konzeptionell sortiert. Im nächsten Schritt schaut er nach draußen auf die Rollenverteilung im Unternehmen. Seine Frage: Wie passen Kommunikationsziele und Inhalte zur grundlegenden Kommunikationskonstellation im Unternehmen? Auch hier kann er einen adäquaten Check als Indikator heranziehen. Gemeint ist der Rollencheck (Check 3 – Seite 39). Er macht transparent, wie sich die Kommunikationsrollen zwischen Führungsebene, IK-Manager und Mitarbeiter verteilen. Da die Inhalte so etwas wie die „Rollentexte" darstellen, funktioniert die interne Kommunikation nur dann reibungslos, wenn Rollen und Rollentexte im Unternehmen nicht widersprüchlich sind. Sobald grundlegende Divergenzen zu erkennen sind, überlegt der Kommunikationsmanager, wie er einen Ausgleich schaffen kann. Beispielsweise hat der Leiter der internen Kommunikation eines städtischen Krankenhauses als Positionierung definiert: „Unser Klinikteam verbindet den Einsatz modernster Technik mit menschlicher Wärme". Das wäre ganz nach dem Herzen der Mitarbeiter, aber im Check zur Rollenverteilung findet sich in Richtung der Leitungsebene die ernüchternde Feststellung: „Die Klinikleitung bleibt auf Distanz, hat kaum direkten Kontakt zum Personal auf den Stationen". Vor diesem Hintergrund kühlt das Versprechen der „menschlichen Wärme" schlagartig ab. Die Positionierung aufgeben? Zu diesem Zeitpunkt darf das nicht mehr sein. Die Strategie steht jetzt und an ihr darf nicht gerüttelt werden. Der IK-Verantwortliche löst das Problem dadurch, dass er in den nächsten Monaten systematisch Kommunikationssituationen in Szene setzt, bei denen die Klinikleitung auf die Mitarbeiter zugeht und Berührungspunkte schafft.

› **Die Koordinierung externer Kommunikation** – Eine letzte Schnittstelle muss noch in Augenschein genommen werden, bevor die eigentliche Planung für die Umsetzungsphase beginnen kann. Gemeint ist die Verbindung zur externen Kommunikation. Interne und externe Kommunikation sind wie die zwei Seiten einer Medaille. Sie müssen sauber aufeinander abgestimmt sein, sich gegenseitig stützen und stärken. Darum kontrolliert der interne Kommunikationsmanager, ob die strategischen Linien der externen und der internen Kommunikation eine Stoßrichtung haben. Der Intern-/Extern-Check (Check 4 – Seite 43) beinhaltet die hierzu notwendigen Indikatoren. Soweit wie möglich werden interne und externe Strategie miteinander verzahnt. Als Beispiel sei ein Hersteller für Mineralwasser genannt, der in der externen Marketingkommunikation im bevorstehenden Sommer eine aggressive Preiswerbung starten will. Die interne Kommunikation hat dagegen als die zentrale Kernbotschaft „Qualität und Reinheit sind für uns oberstes Gebot" und geht ansonsten nicht auf den Preis ein. Die notwendige strategische Konsequenz wäre, im Vorfeld der externen Preiskampagne die Mitarbeiter auf den Sonderpreiswirbel vorzubereiten, um Irritationen zu vermeiden und der eigenen Kernbotschaft nicht das Wasser abzugraben.

Nach der strategischen Konkretisierung ist die strategische Linie komplett. Im nächsten Schritt richtet der Kommunikationsmanager die Instrumente an der Strategie aus. Halt, eins fehlt noch, vorher sei zur Sicherheit eine allerletzte Inspektion empfohlen. Schreiben Sie alle Richtwerte Ihres strategischen Rasters von der Zielsetzung bis zu den Themen auf ein Blatt Papier. Das Strategieraster im Serviceteil (Seite 219) hilft Ihnen dabei. Kürzen Sie auf die maßgeblichen Koordinaten ein, bis alles auf eine Seite geht. Danach schauen Sie sich Ihre Strategie im Überblick an. Passen alle Schritte zusammen? Ist die Strategie in sich schlüssig und übersichtlich? Alles sieht gut und rund aus? Na, prima! Dann sind Sie fit für die operative Planung.

## PRAXIS LIVE

Über die Inhalte der internen Kommunikation war sich Ribbeck inzwischen klar geworden. Aber eventuell würde er sich am Transport dieser Inhalte verheben? Ribbeck war sich da nicht sicher. Darum warf er einen prüfenden Blick auf die Fähigkeiten und Handicaps der internen Kommunikation, um gleich darauf die Rollenkonstellation bei SüdWatt noch einmal Revue passieren zu lassen. Es gab da interessante Querverbindungen zwischen beiden Checklisten, aus denen man was machen konnte.

Ribbeck war sich schnell im Klaren, dass er Dr. Velten als Protagonisten des neuen Kurses ganz nach vorne auf die interne Bühne stellen würde. Der Technikvorstand sollte eher hinter den Kulissen agieren. Da ihm dieser Vorstand relativ „publicityscheu" erschien, war er sich fast sicher, dass er nichts gegen die Rollenverteilung einzuwenden hätte. Indem er die Kommunikation auf Dr. Velten fokussierte, gab es endlich einen eindeutigen Absender für die Mitarbeiter. Hinzu kam, dass er, Ribbeck, einen guten Draht zum Chef hatte, was ihm die Arbeit erleichtern würde

Aber Moment mal! Er selbst hatte bisher als IK-Manager noch keine klare Position, weder bei Dr. Velten noch bei den Kollegen. Er war für alle „der Pressesprecher von SüdWatt". Das musste sich ändern. Er würde zukünftig aus dem Schatten nach vorne treten und seine Position als „der Mann fürs Interne" unmissverständlich beziehen. Er würde eine aktive Rolle in der internen Kommunikation spielen. Allerdings, je länger er darüber nachdachte, gab es an diesem Punkt ein Problem. Velten und er – sie galten beide im Haus als Neulinge ohne Stallgeruch. Sie standen für den neuen Kurs, aber nicht für die erfolgreiche Tradition. Das passte nicht, da ergab sich ein Ungleichgewicht. Er grübelte eine Weile, blätterte zum x-ten Mal im Faktenspiegel – bis ihm die Erleuchtung kam. Ribbeck entschloss sich, die Bezugsgruppe der Mittler stärker in seine Kommunikation einzubauen. Und zwar hatte er konkret zwei langjährige und breit akzeptierte Mitarbeiter im Auge, die er als Fürsprecher gewinnen wollte, um ein Gleichgewicht zwischen bewährten Werten und neuem Kurs herzustellen. Es schwebte ihm so etwas wie ein ausgleichender Weg zwischen Alt und Neu vor.

Beim Check der Instrumente war er voll zufrieden mit dem kleinen aber feinen Werkzeugkasten seiner internen Kommunikationsarbeit: Intranet, Mitarbeiterrundbrief, Sommerfest und Schwarzes Brett. Im Detail konnte man sicherlich vieles besser machen, aber im Grundsatz hatten sich seine Instrumente bewährt. Dennoch war ihm klar, dass beim Instrumenteneinsatz nicht alles beim Alten bleiben konnte. Um die neuen Inhalte durchzusetzen, musste er die Instrumente schneller und massiver einsetzen. Bisher plätscherte die interne Kommunikation ein wenig vor sich hin. Er würde im nächsten Jahr einen offensiveren Weg fahren.

Schließlich hörte er einige Tage zuvor Dr. Velten von einer neuen Imagekampagne in Richtung Kunden reden. Er hatte schon mit seinen beiden Kommunikationskolleginnen darüber gesprochen. Bisher stand nichts Definitives fest, viele Ideen und wenig Konkretes. Ihm war jedoch wichtig, einen deutlichen Vorlauf für die interne Kommunikation sicherzustellen, das hatte er den Kolleginnen auch klar gemacht. Der „kundenorientierte Energieberater" sollte erst nach außen kommuniziert werden, wenn im Kollegenkreis der nötige Rückhalt gesichert war. Ribbeck hatte gerade neulich wieder von der Kampagne eines befreundeten Unternehmens gehört, die mit einem großen Knall auf Grund lief, weil die eigenen Mitarbeiter nicht dahinterstanden. Es wurde so laut auf die Kampagne geschimpft, dass das negative Echo nach draußen drang und zu erheblichen Glaubwürdigkeitsproblemen führte. „Alles nur Werbegewäsch! Das nimmt denen selbst im Unternehmen keiner ab!" urteilte der Mann auf der Straße. So einen peinlichen Schiffbruch wollte sich Ribbeck unbedingt ersparen.

Zum Abschluss überprüfte Ribbeck den roten Faden seiner Strategie und schrieb alle wesentlichen Punkte stichwortartig auf ein Blatt Papier. Im Großen und Ganzen war er zufrieden und sogar ein bisschen stolz. Alles in allem eine gute Arbeit!

## Ziele

**Dachziel:**
› Identifikation mit dem „kundenorientierten Energieberater"/neues Selbstverständnis in der Unternehmenskultur

| Ziele Mitarbeiter: | Ziele Führungskräfte: |
|---|---|
| › Vermitteln und Verinnerlichung der neuen Sicht<br>› Bereitschaft für das neue Selbstverständnis zu lernen und zu trainieren<br>› Beschleunigung der Infoarbeit zur besseren Information der Mitarbeiter | › Unterstützung der Mitarbeiter in einer neuen Selbstsicht<br>› Weitergabe aller relevanten Infos an den Pressesprecher<br>› Nutzung der neuen Vernetzungswege und besserer Austausch |

## Bezugsgruppen

| Schlüssel | Mittler | Rahmen | Externe |
|---|---|---|---|
| › Kollegen im Kundenkontakt<br>› Meinungsführer bei Kollegen<br>› Vorstand und Führungskräfte | › Qualitätsausschuss<br>› Technikerstammtisch<br>› Abteilungsleiter | › Alle festen Mitarbeiter<br>› Zeitarbeiter | › Kundenstamm<br>› Aufsichtsrat |

## Positionierung

**Mit Energie weiter auf Erfolgskurs!**
SüdWatt bleibt der Region treu – zuverlässig und kompetent wie eh und je. Zugleich stellen wir uns auf die Zukunft ein und nutzen die Spitzenkompetenz der Mitarbeiter, um unseren Kunden durch Spitzenberatung tagtäglich das gute Gefühl zu geben, auf Dauer sicher versorgt zu sein.

## Botschaften

| Dachbotschaften | Teilbotschaften |
|---|---|
| › Beratung mit Energie.<br>› Kompetenz mit Energie.<br>› Sicherheit mit Energie.<br>› Transparenz mit Energie.<br>› Neue Wege mit Energie. | › Durchblick mit Energie > Mitarbeiter<br>› Führung mit Energie > Führungskräfte |

## Themen

› Perspektiven der SüdWatt-Beratung – Grundsatzrede von Dr. Velten
› Intensives Beratungstraining – Weiterbildungsoffensive der Personalabteilung
› Vorteile Wissensmanagement – Abschluss Implementierung neuer Software
› Wir machen mobil – Start des neuen Beratungsmobils für Kunden
› Verbraucher wollen Sicherheit – Ergebnisse Verbraucherstudie zur Wahl des Stromanbieters
› SüdWatt-Beratung boomt – Auswertung der Kundenkontakte im ersten Halbjahr
› Externes Thema „Energiesparkonferenz"

## Strategische Konkretisierung

| Ressourcen | Instrumente | Rollen | externe Schnittstelle |
|---|---|---|---|
| › personell sehr knapp | › zunächst OK, aber Geschwindigkeit erhöhen | › IK-Manager: aktive Rolle<br>› Dr. Velten – 1. Reihe | › Abstimmung OK |

# Operative Planung.
## Aus Denken wird Handeln

Die Kommunikationsmaßnahmen werden mit der Strategie als Kompass in Formation und auf Kurs gebracht. Meist reichen wenige Maßnahmen aus, um die gesetzten Ziele zu erreichen.
Keine Maßnahme ist Solist, sondern Instrument in einem bestens aufeinander eingestimmten Ensemble.

## Präzisionsarbeit mit wenigen Instrumenten

Schon während der Arbeit an Analyse und Strategie blitzen im Kopf andauernd Ideen für operative Verbesserungen auf. Das ist nichts Ungewöhnliches. Konkrete Instrumente sind greifbarer und setzen im Gehirn schnell Assoziationen frei. Schreiben Sie sich sofort jede Idee auf, damit nichts verloren geht. Aber nicht mehr! Beginnen Sie bloß nicht, über die Feinheiten des Instrumentariums nachzudenken, solange Ihre Strategie nicht steht. Sie verlieren nur Zeit und geraten auf Abwege.

Erst, wenn die Strategie hinter Ihnen liegt, ist der Zeitpunkt gekommen, die Notizen mit den operativen Ideen wieder auf den Tisch zu legen. Wahrscheinlich stehen da schon viele interessante Ansatzpunkte für die Umsetzung und Sie können gleich zur Sache kommen.

In der externen Kommunikation gibt es ein imposantes Spektrum an Instrumenten, Mitteln und Maßnahmen – und es werden Jahr für Jahr mehr. Externe Kommunikationskampagnen bauen sich teilweise aus mehreren Dutzend Einzelmaßnahmen auf. Sie bringen komplexe Systeme in Formation und zum Einsatz. In der internen Kommunikation ist man da viel bescheidener. Hat der Kommunikationsmanager IK seinen Bereich gut organisiert, dann kommt er mit relativ wenigen Werkzeugen aus.

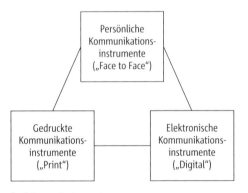

Abbildung 30: Arten der internen Instrumente

Wir unterscheiden im Grundsatz zwischen drei großen Fächern im Werkzeugkasten der internen Kommunikation, die direkt nebeneinander liegen und eng miteinander verbunden sind:

› **Persönliche Kommunikationsinstrumente (Face to Face)** – Die Instrumente schaffen direkte Kontakte von Angesicht zu Angesicht. Die interne Kommunikation braucht diese unmittelbaren Begegnungen, denn sie wirken weitaus eindrucksvoller auf die Mitarbeiter als Druckwerke und Intranetseiten. Sie brauchen allerdings eine authentische Ausstrahlung und dürfen nicht aufgesetzt wirken, um positiven Eindruck zu hinterlassen. Zu den gängigen „Face to Face"- Instrumenten gehören zum Beispiel Mitarbeiterversammlungen, Abteilungsstammtische, Zukunftswerkstätten, Erfahrungsaustauschgruppen, gemeinsame Feste und Ausflüge.

> **Gedruckte Kommunikationsinstrumente (Print)** – Man kann sie als die Klassiker der internen Kommunikation bezeichnen. In den letzten Jahren verloren sie an Bedeutung und änderten ihre Funktionen. Sie sind aber keinesfalls überflüssig geworden. Trotz aller neuen Kommunikationswege wird der IK-Manager auch in Zukunft auf Printinstrumente zurückgreifen. Typische Drucksachen sind die Mitarbeiterzeitschrift, der Newsletter, der Chefbrief, die Infobroschüre oder das Plakat.

> **Elektronische Kommunikationsinstrumente (Digital)** – Sie stellen die Aufsteiger der letzten Jahre dar. Die elektronischen Instrumente sind schnell, vielfältig und effizient einsetzbar. Mancher Experte sieht schon die gesamte interne Kommunikation auf der digitalen Schiene. Wir teilen diesen Optimismus nicht und sehen Grenzen. Denn elektronische Instrumente sind zugleich auch flüchtig, oberflächlich und pflegebedürftig. Für uns liegt der richtige Weg im Dreiklang aller Bereiche. An erster Stelle des digitalen Instrumentariums steht sicherlich das Intranet, das inzwischen in vielen Unternehmen zum Basisinstrument der internen Kommunikation geworden ist. Weitere Instrumente sind beispielsweise der E-Mail-Newsletter, der Chefblog, das Mitarbeiterfernsehen oder der Multimedia-Kiosk.

Zwar operieren auch in der internen Kommunikation einige Unternehmen nach dem Grundsatz: „Viel hilft viel!". Sie produzieren wahre Fluten von Zeitschriften, Broschüren, Rundbriefen und Intranet-Infos, bis es zur Informationsüberschwemmung kommt und die Mitarbeiter die Schotten dicht machen. Das ist allerdings nicht die Regel, und man sollte sich kein Beispiel daran nehmen.

Wir haben die Erfahrung gemacht, dass es mehr Erfolg verspricht, wenn sich der Kommunikationsmanager im Mittelstand auf durchschnittlich acht bis neun Instrumente konzentriert. Unsere Faustregel lautet: „Wenn du deine internen Instrumente nicht an beiden Händen abzählen kannst, dann stimmt etwas nicht." Große Schlachtordnungen in der internen Kommunikation halten wir im Normalfall für unnötig und auch nicht praktikabel.

Diese freiwillige Selbstbeschränkung macht es einfach, die internen Instrumente zusammenzustellen? Nicht ganz. Sobald man mit weniger Instrumenten arbeitet, muss man präziser arbeiten. Ausfälle kann man sich nicht leisten. Es kommt darauf an, jedes Instrument akkurat auszurichten und die Instrumente untereinander zu einem schlüssigen Netzwerk zu verbinden. Jedes Instrument besetzt in diesem Netzwerk einen festen Knotenpunkt und hat seine klar umrissene Funktion. Der Instrumenteneinsatz ist ein wenig mit einem Schachspiel vergleichbar, bei dem „nur" sechs Typen von Figuren (König, Dame, Läufer, Turm, Springer und Bauer) mit unterschiedlichen Funktionen in Aktion treten. Nur? Die Variationsmöglichkeiten des Spiels gehen ins Unendliche, sie sind jedes Mal eine Herausforderung und bauen immer wieder Spannung auf.

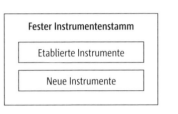 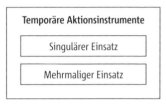

**Abbildung 31: Instrumente im Einsatz**

Richtig arrangiert sollte der Instrumenteneinsatz im internen Kommunikationsmanagement zu einem vertrauten Repertoire werden. Das Repertoire besteht aus mehreren Einsatzarten. Die Einsatzbasis bildet ein fester Instrumentenstamm, der über einen längeren Zeitraum kontinuierlich eingesetzt wird. Im Rahmen der Konzeption unterscheiden wir:

› **Etablierte Instrumente** – Sie sind bereits zu einer festen Institution im Unternehmen geworden. Die Mitarbeiter kennen und vertrauen ihnen. Sie sind Teil ihres Alltags und ihres sozialen Gruppengefüges.

› **Neue Instrumente** – Jeder Stamm muss sich weiterentwickeln und erneuern. Stillstand wäre Rückschritt. Deshalb ist es sinnvoll, in angemessenen Abständen neue Instrumente in das Repertoire der internen Kommunikation aufzunehmen und dafür alte, abgenutzte Instrumente in den Ruhestand zu schicken.

Der Kommunikationsmanager verstärkt das Repertoire durch temporäre Instrumente, die für bestimmte Situationen und eine zeitlich begrenzte Aufgabe zum Einsatz kommen. Die Konzeption unterscheidet zwei Funktionsweisen:

› **Singulärer Einsatz** – Das Instrument wird nur punktuell und einmalig in die interne Kommunikation gebracht. Das könnte zum Beispiel ein Mitarbeiterfest zum 75-jährigen Betriebsjubiläum oder der persönliche Dankeschön-Brief des scheidenden Vorstandsvorsitzenden an die Mitarbeiter sein.

> **Mehrmaliger Einsatz** – In einem bestimmten Zeitraum wird das Instrument zum Zeitarbeiter und schließt systematisch eine temporäre Kommunikationslücke. Das könnte ein „Change"-Rundbrief sein, der die Umstrukturierung des Konzerns begleitet. Oder eine Mitarbeiter-Hotline, die für einige Monate zum Start der neuen Produktlinie geschaltet wird.

Wie sucht der Kommunikationsmanager IK ein neues Instrument aus und setzt es effektiv ein? Diese Frage lässt sich nicht pauschal beantworten. Die Entscheidung hängt von der vorgegebenen Kommunikationsstrategie und den dazu passenden Kommunikationstalenten des jeweiligen Instruments ab. Als Auswahlkriterien können herangezogen werden:

> **Inhaltssicher** – Kann das Instrument die anstehenden Botschaften und Inhalte tragen? Wie intensiv ist die Adaption durch die Bezugsgruppen? Sichert das Instrument die Akzeptanz der Inhalte?

> **Reichweite** – Sind die Inhalte für die gesamte Bezugsgruppe verfügbar? Nutzt die Bezugsgruppe das Instrument tatsächlich? Wie intensiv? Werden Personen oder Gruppen erreicht, die nicht zur Bezugsgruppe gehören? Wie groß sind diese Streuverluste?

> **Schnelligkeit** – Wie schnell kann das Instrument eingesetzt bzw. aktualisiert werden? Wie schnell erreichen die Informationen die Bezugsgruppe? Welche Begrenzungen gibt es im Haus, die die Geschwindigkeit drosseln?

> **Vertraulichkeit** – Wie diskret ist die Verbreitung der Informationen? Welche Schutzmechanismen gibt es? Wie leicht können Kopien gemacht werden?

> **Dialogfähigkeit** – Können Absender und Empfänger im Unternehmen in direkten Kontakt miteinander treten? Ist ein persönliches Zusammentreffen möglich? Welche Qualität hat der Dialog?

> **Feedbackmöglichkeit** – Hat das Instrument Feedback-Kanäle und -Mechanismen? Können die Mitarbeiter auf die Kommunikationsinhalte einfach und schnell reagieren? Wird das Feedback ausgewertet?

> **Frequenz** – Wie oft erscheint das Instrument – permanent, periodisch, punktuell? Reicht die Frequenz aus, um die gesteckten Ziele zu erreichen?

> **Emotionalität** – Inwieweit bietet das Instrument die Möglichkeit, die emotionale Seite der internen Kommunikation zu transportieren?

> **Visualisierung** – Ist der Einsatz von Grafiken, Filmen, Fotos oder anderen sinnlich fassbaren Informationen möglich?

› **Professionalität** – Wird bei der Gestaltung des Instruments auf professionelle Kompetenz zurückgegriffen oder gestalten Amateure bzw. Semi-Professionelle die Inhalte – zum Beispiel Freiwillige aus dem Kollegenkreis?

› **Aktionsfähigkeit** – Wie schnell kann das Instrument bei Veränderungen adaptiert werden? Können neue Themen und Bezugsgruppen zügig integriert werden?

› **Ressourcen** – Wie hoch sind Einführungs- und Betriebskosten? Sind die Mittel (Personal, Geld und Zeit) so eingesetzt, dass die unternehmerischen und kommunikativen Ziele erreicht werden?

## Auswahl der Instrumente

Im Rahmen der strategischen Konkretisierung hat der Kommunikationsmanager schon in Grundzügen über den Instrumenteneinsatz nachgedacht und erste Entscheidungen getroffen. Nun ist der Zeitpunkt gekommen, die Instrumente im Detail zusammenzustellen und auszurichten.

Der Kommunikationsmanager nimmt dazu das Blatt zur Hand, auf dem er seine Strategie auf nur einer Seite (Seite 219) zusammengezogen hat. Er hält sein vorhandenes Instrumentarium dagegen und trifft die notwendigen Planungsentscheidungen. Er stellt sicher, dass die Instrumente die Formation der Strategie einnehmen und geradewegs auf die Ziele zumarschieren. Einen wichtigen Fixpunkt für die Planung bilden die Ziele. Innerhalb der Strategie sind Ziele erst einmal nur gedachte Größen. Die Aufgabe der Instrumente ist es, diese Ziele mit Nachdruck in Angriff zu nehmen und tatsächlich zu erreichen. Die Instrumente sind also die Mittel zum Zweck der Zielerreichung. Instrumente, die nicht auf der Linie der Ziele liegen, haben im Kontext eines systematischen Kommunikationsmanagements nichts zu suchen, seien sie auch noch so beachtenswert und ideenreich. Zielfremde Instrumente werden entsprechend modifiziert oder ganz eingestellt. Wenn zielfremde Instrumente dennoch im Amt bleiben, sollte der IK-Manager das auf jeden Fall gut begründen – zum Beispiel: „Unsere Personalabteilung besteht auf der Informationsveranstaltung."

Um die geradlinige Zielführung Ihrer Instrumente zu überprüfen, machen Sie am besten einen kurzen Check. In die Waagerechte stellen Sie alle Ziele, in der Senkrechten stehen untereinander die Instrumente. In die dazwischen liegenden Felder tragen Sie den ungefähren Grad der Zielführung ein: von 0% bis 100%. Den Grad schätzen Sie anhand der Auswahlkriterien auf Seite 145 ein.

|            | Ziel A | Ziel B | Ziel C |
|------------|--------|--------|--------|
| Insrument 1 |        |        |        |
| Insrument 2 |        |        |        |
| Insrument x |        |        |        |

Check 20: Zielausrichtung der Instrumente

Das Ergebnis gibt hoffentlich den nötigen Durchblick. Möglicherweise kristallisiert sich dort ein Instrument heraus, das nur mitläuft und keines der Ziele richtig unterstützt. Schauen Sie sich dieses Instrument näher an und nehmen Sie es gegebenenfalls aus dem Rennen. An anderer Stelle entdecken Sie ein Ziel, das viel zu wenig Unterstützung durch die vorhandenen Instrumente erhält. In dieser Lage müssen Sie entweder vorhandene Instrumente entsprechend modifizieren oder ein neues Instrument zum Einsatz bringen. Auf keinen Fall darf alles beim Alten bleiben, denn ein Ziel, das nicht genügend instrumentelle Durchsetzungskraft findet, bleibt unerreichbar in weiter Ferne. Manchmal ergibt der Check auch, dass sich auf ein einzelnes Ziel viel zu viele Instrumente vereinen. Mit einer solch breiten Unterstützung könnte man das Ziel locker zwei Mal erreichen. Auch in diesem Fall müssen Sie eingreifen und die Instrumente besser ausrichten. Kraftverschwendung darf nicht sein.

Mit dem strategischen Raster und den dazugehörigen Zielen als Richtgrößen hat der Kommunikationsmanager seine Instrumente durchgecheckt. Falls für die Zielführung notwendig, hat er das eine oder andere neue Instrument in die Planung aufgenommen. Das neue Instrument kann für einen Stammplatz vorgesehen sein und auf Dauer im Einsatz bleiben. Ansonsten spielt es eine temporäre Rolle und bleibt nur solange in Aktion, bis die entsprechende Aufgabe erfüllt ist.

In der internen Kommunikation mit ihrem überschaubaren Terrain und dem überschaubar kleinen Werkzeugkasten sollte der IK-Manager allen Instrumenten eine feste Stellung zuweisen. Jedes einzelne Instrument bekommt eine klar definierte Funktion, alle gemeinsam vereinen sich zu einer schlagkräftigen Einsatztruppe von Spezialisten. Nur welche Mission hat das einzelne Instrument, welche spezielle Funktion zeichnet es aus? Wie schon gesagt: Im internen Kommunikationsmanagement begreift man jedes Instrument als Spezialisten in einem Team mit klar abgegrenzten Funktionen und setzt es entsprechend ein. Um die Stellung der Instrumente zu veranschaulichen, greifen wir auf die Vier-Feld-Matrix zurück, die schon bei der Standortbestimmung der Kommunikationskultur (Abbildung 6 – Seite 46) zum Einsatz kam. Als Relation dienen die Achsen von Emotion und Ratio, von einseitiger Information und wechselseitigem Dialog.

Der IK-Manager ordnet im ersten Schritt erst einmal nur seine bereits vorhandenen Instrumente in die Felder ein. Bei der Koordination greift er auf seine Instrumenteninventur (Check 9 – Seite 77) und die Statusanalyse (Check 8 – Seite 74) als Orientierungshilfen zurück. Unten steht ein einfaches Beispiel.

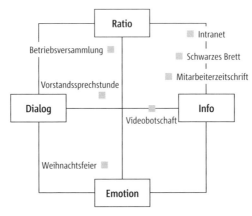

Abbildung 32: Ist-Koordinaten der Instrumentenpositionierung

Nachdem die Instrumentenmatrix fertiggestellt ist, konzentriert sich der IK-Verantwortliche auf seine strategische Positionierung. Im vorliegenden Beispiel hat er sein Unternehmen positioniert als „eine große Familie, die gemeinsam ein bewährtes Produkt auf dem nationalen Markt durchsetzt." Der IK-Manager schaut auf die Matrix, dann wieder auf seine Positionierung, dann wieder auf die Matrix – und schlussendlich schüttelt er den Kopf. Das passt nicht zusammen. Die Instrumente scheinen im Kommunikationsalltag ein ganz anderes Terrain zu besetzen als die Positionierung. Die meisten Instrumente drängeln sich im Feld zwischen Ratio und Information, doch ausgerechnet dort ist von Familie und Gemeinsamkeit wenig zu spüren. Also zieht der IK-Manager die nötigen Konsequenzen. Er nimmt sich die Matrix erneut vor und richtet seine Instrumente mit dem nötigen Augenmaß am angestrebten Selbstbild aus. Das könnte dann so aussehen:

Fast alle Instrumente bekommen ein einfühlsames Effet in Richtung Emotion und Dialog. Vor allem die Mitarbeiterzeitschrift wird umpositioniert. Ihre Aufgabe wandelt sich vom sachlichen Informationsmedium (das kann das Intranet inzwischen besser) zum lebendigen Forum für die Mitarbeiterschaft. Da der IK-Manager als zusätzliche Aufgabe „den menschlichen Zusammenhalt der Führungskräfte zu stärken" auf seiner Pflichtenliste stehen hat, ihm dafür aber bisher das adäquate Instrument fehlte, ist eine Kaminrunde für Führungskräfte neu hinzugekommen. Außerdem wurde die monatliche Videobotschaft des Vorstands gestrichen. Der steife Auftritt des Vorstands passt absolut nicht zur Positionierung, das Medium kostet viel Geld und wird von den Kollegen mit feinem Spott bedacht.

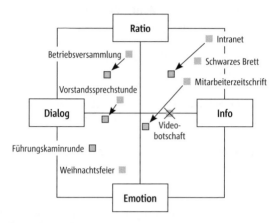

**Abbildung 33: Soll-Koordinaten der Instrumentenpositionierung**

Wie sieht das Instrumentarium Ihres Unternehmens aus? Koordinieren Sie die Instrumente in einer Matrix. Am schnellsten geht das mit Papier und Stift. Die fertige Matrix können Sie dann leicht in Powerpoint übertragen.

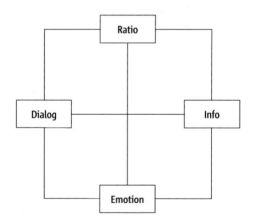

**Check 21: Ist- und Sollbestimmung der Instrumentenpositionierung**

Falls Sie mit den von uns vorgegebenen Polen nicht zurechtkommen, weil sie die Realitäten in Ihrem Unternehmen nicht adäquat widerspiegeln, können Sie die Matrix ohne Bedenken neu dimensionieren. Als Anregung nennen wir Ihnen einige Dimensionsgrößen, die in der internen Kommunikation häufig zum Einsatz kommen:

› **Kurzfristig und langfristig** – Alle Instrumente werden aufgrund ihres zeitlichen Horizonts koordiniert.

› **Kompakt und umfassend** – Die Menge der Informationen, die ein Instrument transportiert, wird zum Maßstab.

› **Breit streuend und gezielt** – Bestimmend ist die Reichweite bzw. Streubreite der eingesetzten Instrumente.

› **Führungsebene und Mitarbeiter** – Wendet sich ein Instrument mehr an die Basis oder mehr an die Spitze, oder ist es für beide Seiten einsetzbar?

› **Offiziell und informell** – Welche Form hat das einzelne Instrument? Es kann sich höchst offiziell präsentieren oder eher legere Verbindungen hinter den Kulissen pflegen.

› **Push und Pull** – Die Dimensionierung beschreibt die Richtung der Informationsbeschaffung. Begleicht das Instrument eine Hol- oder eine Bringschuld?

Mit der räumlichen Einordnung innerhalb der Matrix kann sich der Kommunikationsmanager schnell einen Überblick verschaffen. Im nächsten Schritt konkretisiert er die Zusammensetzung seines Instrumentariums, in dem er für jedes Instrument einen Steckbrief entwickelt. Der Instrumentensteckbrief ähnelt der in vielen Unternehmen üblichen Stellenbeschreibung, nur dass es hier nicht um Aufgaben von Mitarbeitern, sondern um Funktionen von Instrumenten geht. Aber genauso wie die Stellenbeschreibung sollte auch der Instrumentensteckbrief bindend sein. Im Serviceteil haben wir einen ausführlichen Steckbrief abgelegt (Seite 217). Für die erste konzeptionelle Skizze ist die nachfolgende Kurzform vollkommen ausreichend.

|  | Instrument A |
| --- | --- |
| Funktion | |
| Hauptmerkmale | |
| Bezugsgruppen | |
| Themen | |
| Reichweite | |
| Absender | |
| Vernetzung | |
| Umfang/Frequenz | |
| Kostengröße | |

Check 22: Funktionsbeschreibung im Instrumentensteckbrief

Die beschriebenen Funktionen geben die Richtung vor, sie dürfen nicht in einem Anfall von Aktionismus über den Haufen geworfen werden. Die Funktionen stellen mittel- bis langfristige Konstanten dar. Wir empfehlen, den Instrumentensteckbrief schwarz auf weiß ins Konzept zu integrieren und von der Führungsebene absegnen und somit verbindlich werden zu lassen.

Jedes Instrument ist ein qualifizierter Spezialist mit einem festgelegten Funktionsspektrum. Die wesentlichen Koordinaten des Instruments werden klar umrissen:

› **Funktion** – Die strategische Aufgabe des jeweiligen Kommunikationsinstruments wird definiert. Die Aufgabe muss zur Positionierung und zur Stellung in der vorangegangenen Instrumentenmatrix passen. Beispiel: Vor dem Hintergrund der Positionierung „Transparenz ist Trumpf" übernimmt das Intranet die Funktion der aktuellen täglichen Basisinformation und ist eng mit allen anderen Instrumenten vernetzt.

› **Hauptmerkmale** – Jedes Instrument hat Stärken, die es für die obige Funktion prädestinieren. Welche sind das? Beschreiben Sie bereits vorhandene Merkmale, aber auch Soll-Merkmale, die Sie in nächster Zeit entwickeln wollen. Beispiel: Das Intranet hat eine Nutzungsfrequenz von 3.500 Besuchern pro Tag. Die Tendenz steigt. Durch zusätzliche Dialogfunktionen könnte auch die Nutzungsdauer erhöht werden.

› **Bezugsgruppen** – Festzulegen ist, an wen sich das Instrument richtet. Die Festlegung erfolgt nicht ohne Grund. Später, in der operativen Umsetzung sollte die Auswahl des Instruments dann zur Maßarbeit für besagte Gruppe werden. Beispiel: Das Intranet wendet sich hauptsächlich an Mitarbeiter in Verwaltung und Management.

› **Themen** – Im strategischen Teil wurden zuvor die für das nächste Jahr anstehenden Themen fixiert. Welche dieser Themen soll das Instrument transportieren? Unterschiedliche Medien haben eine ganz unterschiedliche Themenakzeptanz. Die Wahl der passenden Instrumente ist deshalb ein wichtiger Teil der Themengestaltung. Beispiel: Die Meldung einer Umstrukturierung des gesamten Konzerns kommt über das Firmen-Intranet ganz anders an als über die gedruckte Mitarbeiterzeitung oder die sorgfältig organisierte Personalversammlung.

› **Reichweite** – Umfang und Art der Informationsverbreitung sollten definiert sein, denn sie haben direkten Einfluss auf die Akzeptanz der Mitarbeiter. Wie groß ist der Kreis der Mitarbeiter, der erreicht wird? Und wie werden sie erreicht? Beispiel: Wird der Newsletter ausgelegt? Wird er im Gehaltskuvert nach Hause geschickt? Verteilen Promotionskräfte die neue Imagebroschüre oder macht das der Abteilungsleiter, der sie den Mitarbeitern persönlich in die Hand gibt?

› **Absender** – Jedes Kommunikationsinstrument sollte einen definierten Absender haben. Das kann der Manager IK sein, ein Vorstand oder eine Gruppe von Kollegen. Auch Absenderkombinationen sind denkbar. Nur, sobald ein Absender fixiert ist, muss das Instrument diesem Absender treu bleiben. Beispiel: Wir haben miterlebt, dass ein Infobrief als „Austauschmedium für die Kollegen" in Marsch gesetzt wurde. Jedoch bemächtigte sich einer der Direktoren des Mediums, um den Kollegen gehörig die Meinung zu sagen. In dieser Zwitterstellung büßte der Infobrief erheblich an Überzeugungs- bzw. Identifikationskraft ein.

› **Vernetzung** – Zu beschreiben ist, mit welchen anderen Instrumenten vernetzt wird und wie die Verbindungen optimiert werden könnten. Gerade das systematische Vernetzen zwischen den Instrumenten ist ein entscheidendes Element zur Verstärkung der internen Kommunikationswirkung. Beispiel: Über einen persönlichen Brief des Chefs an seine Mitarbeiter wird ein neues Thema bekannt gemacht. Im Intranet stehen zur gleichen Zeit Hintergrundfakten zu diesem Thema und eine Woche später erscheint die Mitarbeiterzeitschrift, die das Thema aufgreift und an konkreten Beispielen veranschaulicht. Alle Instrumente arbeiten Hand in Hand.

› **Umfang/Frequenz** – Nicht fehlen dürfen die signifikanten technischen Daten für das einzelne Instrument. Beispiel: Bei einem Rundbrief werden die geplante Erscheinungsweise, das Format und der ungefähre Seitenumfang fixiert.

› **Kostengröße** – Zum Abschluss werden die zu erwartenden Kosten für das Jahr über den Daumen gepeilt und mit einem groben Etatansatz erfasst. Die Planung der Instrumente darf in der Summe nicht den zur Verfügung stehenden Etat sprengen.

Der erste Teil der operativen Planung ist damit fertig gestellt. Die Strukturen und Mechanismen der Instrumente sind umrissen. Fassen wir zur Verdeutlichung noch einmal zusammen. Im Wesentlichen kommt es in dieser Planungsstufe auf zwei Werkzeuge an:

› **Die Instrumentenmatrix** – Sie bestimmt auf einen Blick die zukünftigen Koordinaten aller Instrumente, die in der internen Kommunikation im Einsatz sind. Die Gesamtkonstellation wird transparent und bewusst bestimmt.

› **Die Instrumentensteckbriefe** – Sie beschreiben kurz und aussagekräftig die wichtigen Funktionen und Ausstattungsmerkmale der einzelnen Instrumente. Die fixierten Richtgrößen sind bindend.

## PRAXIS LIVE

Wie bereits erwähnt, war Ribbeck mit seinem vorhandenen Instrumentenstamm zufrieden, er wollte ihn mit Änderungen beibehalten. Die Hauptänderung bestand in einer Beschleunigung der Informationsgeschwindigkeit.

Den Mitarbeiterrundbrief würde er im folgenden Jahr sechsmal statt wie bisher viermal herausgeben. Als Überraschungseffekt plante er einen zusätzlichen Blitz-Rundbrief im Herbst, herausgegeben zur Beteiligung von SüdWatt an der großen Energiekonferenz. Um den Mitarbeitern den Rundbrief noch mehr ans Herz zu legen, entwickelte er die Idee, ab nächstem Jahr einen kleinen Redaktionskreis zu bilden, der aus wichtigen Multiplikatoren des Hauses bestehen könnte. Vor allem auch die Vertreter der alten Traditionslinie sollten mit dabei sein. Für den Mitarbeiterrundbrief hatte Ribbeck genauso wie für alle anderen Instrumente einen Steckbrief erstellt.

| | Mitarbeiterrundbrief |
|---|---|
| Funktion | › Kollegiales und vertrautes „Verkündsblättl" als Kommunikationsbasis und zur Wertschätzung der Mitarbeiter |
| Haupt-merkmale | › Ausführliche Berichterstattung mit Hintergründen<br>› Professionelle Aufmachung |
| Bezugs-gruppen | › Alle Mitarbeiterinnen und Mitarbeiter<br>› für die Schlüssel und Mittler Rubriken, die auch ausgedehnt werden können: Vertrieb/Qualität/Technik |
| Themen | › Schwerpunktthemen werden aufgegriffen und in der Redaktionskonferenz verfeinert. |
| Reichweite | › 100% – alle Mitarbeiter sowie Aufsichtsrat (externe) werden erreicht.<br>› Versand an die Mitarbeiter erfolgt mit der Gehaltsabrechnung.<br>› Der Mitarbeiterrundbrief liegt zusätzlich am Empfang aus und Kunden können ihn bei Besuchen mitnehmen. |
| Absender | › Neu etabliertes Redaktionsteam |
| Vernetzung | › Intranet, punktuell Managerfrühstück |
| Umfang/Frequenz | › 4 Seiten<br>› 6 x pro Jahr plus eine Sonderausgabe |
| Kosten-größe | › Pro Mitarbeiter zur Zeit bei 1,00 EUR pro Ausgabe (Personal-, Redaktions-, Herstell- und Verteilungskosten inklusive) |

Das Intranet hatte er bisher einmal im Monat aktualisiert. Das würde er jetzt jede Woche tun. Zusätzlich plante er, ins Intranet einen neuen Bereich zum Thema Energieberater einzubauen. Unterhaltsam informativ sollte der Bereich geschrieben werden, damit die Leute auch reinschauten – so in dem Tenor: „Wussten Sie schon, wie viel verwertbare Energie eine Kuh am Tag produziert?" – Zusätzlich würde Ribbeck eine geschlossene Nutzergruppe im Netz für die Führungskräfte aufbauen, um deren Informationsfluss zu verbessern. Hoffentlich mauerte die IT-Abteilung da nicht. Die litten, wenn es um Neuerungen ging, unter einer Phobie.

Beim Mitarbeiterfest und beim Schwarzen Brett blieb alles beim Alten, wenn man davon absah, dass er insgeheim mit dem Gedanken spielte, das Fest ganz an seine Veranstaltungskollegin Margot abzugeben. Schließlich hatte sie ihm ja Hilfe angeboten.

Ein Blick auf die strategischen Koordinaten machte sofort klar, dass die ehrgeizigen Ziele ohne neue Instrumente nicht zu schaffen waren. Ribbeck nahm einen Vorstandsbrief in die Planung auf. Das sollte ein Sprachrohr offiziell für beide Vorstände, inoffiziell hauptsächlich für Dr. Velten werden. In einem persönlichen Brief sagten die Vorstände klipp und klar, was Sache ist. Ribbeck hoffte, dass sein Chef dadurch nicht mehr den Mitarbeiterrundbrief für seine Ankündigungen zweckentfremdete. Denn den Rundbrief wollte Ribbeck ab sofort als kollegiales und vertrautes „Verkündsblättl" einsetzen, jedenfalls hatte er das im Steckbrief so geplant. Ein zweites neues Instrument war das Managerfrühstück. Laut Steckbrief wurde es zukünftig viermal im Jahr stattfinden. Was Ribbeck damit bezweckte? Er wollte Dr. Velten die Möglichkeit geben, in einem legeren Rahmen vertrauensvoll auf seine Führungsmannschaft zuzugehen, denn dazu hatte dieser ein besonderes Talent. Gleichzeitig sollten die Führungsleute sich endlich untereinander besser kennen lernen.

Das wären dann die beiden neuen Stamminstrumente. Ein temporäres Instrument nur für das kommende Jahr kam noch hinzu. Das hatte Ribbeck Navigator getauft. Dahinter steckte eine Broschüre in Taschenformat, die als praktischer Leitfaden aufgemacht war, die Energieberatung in den Vordergrund stellte und zu wichtigen Schwerpunktthemen mehrmals erschien. Zum Beispiel zu den Beratungstrainings im Frühjahr oder zur Einführung des Wissensmanagements im Herbst. Der Navigator machte die Leute zum jeweiligen Schwerpunktthema schlau. Sogar ein Feedbackkanal war eingeplant. Dabei fiel ihm ein: Er sollte rechtzeitig die Personalabteilung und den Betriebsrat in die Themenschwerpunkte einbeziehen. „Nicht dass die denken, ich hätte sie vergessen!".

Als Sven Ribbeck zum ersten Mal die Kosten aufaddierte, bekam er einen Schreck, er hatte seinen Etat für interne Kommunikation locker verdoppelt. Aber hatte Dr. Velten ihm nicht Sondermittel zugesagt? Und noch ein zweiter Schrecken durchfuhr ihn mit Macht: Wer um alles in der Welt sollte die ganze zusätzliche Arbeit leisten?

## Mit Kreativität planen

Gute interne Kommunikation sorgt stets für frischen Wind und kreative Überraschungen. Jede Maßnahme wird jedes Mal wieder neu erfunden und ist für etwas Besonderes gut. Es blitzen ständig Ideen auf, die aufmerken lassen und die Kollegen emotional berühren.

Aus diesem Grund sollte der IK-Manager immer mit Kreativität an die Arbeit gehen und frische Ideen einfließen lassen, wenn er seine Mittel und Maßnahmen fürs nächste Jahr plant. Selbst die gewohnten Instrumente sollten durch ungewöhnliche Details die Aufmerksamkeit neu stimulieren. Gehen Sie neue Wege, denn nichts entwickelt so viel Kraft, wie eine gute Idee. Als Inspiration geben wir Ihnen erste Anregungen mit auf den Weg:

> **Leitfaden für neue Mitarbeiter** – Das Unternehmen gibt einen Leitfaden für die „Newcomer" heraus und lädt die Neuen zum Begrüßungsbrunch ein.

> **Club für ehrgeizigen Nachwuchs** – Der IK-Manager gründet einen „Shooting Star-Club" für alle, die im Unternehmen weiterkommen wollen. Sie werden zu spannenden Vorträgen eingeladen und treffen sich zu Kamingesprächen mit erfahrenen Führungskräften.

> **Azubi-Party** – Im Unternehmen findet regelmäßig eine Jobstarter-Party statt. Außerdem wird ein Youngster-Newsletter herausgegeben und eine spezielle Community im Intranet gestartet.

> **Gläsernes Brett** – Das alte, mit unzähligen Nadelstichen übersäte Schwarze Brett wird zur gläsernen Wand, die für mehr Durchblick im Unternehmen sorgt.

> **Live-Reportage** – Auf der jährlichen Mitarbeiterversammlung lässt sich das übliche Programmschema durchbrechen und z. B. über Livestream der Kollege aus Rio zuschalten, der über die Probleme und Erfolge des Unternehmens auf dem brasilianischen Markt berichtet.

> **Blick in die Zukunft** – Die Mitarbeiterzeitschrift erscheint überraschend mit einer Sondernummer, die auf den Sommer 2020 datiert ist. Die Mitarbeiter lesen Berichte und Reportagen aus der Zukunft des Unternehmens.

Solche Ideen sind nie Selbstzweck, sie müssen sich unbedingt in die Strategie einpassen. Da man im freien Fluss des kreativen Prozesses oft über das Ziel hinausschießt, ist es ratsam, jede Idee noch einmal auf ihre konzeptionelle Eignung hin zu überprüfen:

› **Die richtige Idee ist anders** – Ausgeleierte Sinnbilder und generische Werbeschablonen gelten nicht. Die Idee sollte durch erfrischende Originalität aus dem Rahmen fallen.

› **Die richtige Idee gefällt der Bezugsgruppe** – Die Idee ist nur zu einem Zweck entstanden, nämlich den Kollegen zu gefallen und ihre Sympathie zu stimulieren. Nur wenn eine positive Reaktion der Bezugsgruppe zu erwarten ist, eignet sich der kreative Einfall.

› **Die richtige Idee passt zu Positionierung, Botschaften und Themen** – Man könnte sagen, Ideen sind das Salz der Strategie. Sie geben Geschmack. Ihre Aufgabe ist es, das strategische Profil sinnlich fassbar zu machen, in assoziative Bilder und Erlebnisse zu transformieren.

› **Die richtige Idee ist praktikabel** – Ein toller Einfall nützt nichts, wenn er sich nur schwer umsetzen lässt. Es ist zu prüfen, ob der personelle, organisatorische und finanzielle Aufwand in Relation zum Nutzen steht.

## Die Zeit planen

„In diesem Laden können Sie kein Jahr im Voraus planen. Es kommt ständig alles anders.", klagen viele Verantwortliche für interne Kommunikation. Man muss es trotzdem tun! Die konzeptionelle Zeitplanung gibt den Takt vor und sichert das Zusammenspiel. Ihr Takt legt die interne Kommunikation nicht endgültig fest, es gibt genügend „Swing". Eine gute Zeitplanung arbeitet mit flexiblen Größen, die sich im Laufe des Jahres weiter entwickeln und anpassen lassen. Damit bleibt der Kommunikationsmanager beweglich. Aber wer seine Zeit nicht einteilt, wer sich keine zeitlichen Orientierungslinien schafft, der schlingert durch das Jahr, immer nur auf die direkt anstehenden Termine fixiert, die alle mächtig aufragen und die Sicht nach vorn verstellen.

Bei der zeitlichen Planung des Instrumenteneinsatzes geht es vor allem darum, der Kommunikation Dynamik und Spannkraft zu geben. Es geht um den großen dramaturgischen Bogen des Jahres, aber noch nicht um den taggenauen Projektplan. Deshalb sollte der Kommunikationsmanager den Zeitplan auch nur grob einteilen. Bei einer Jahresplanung bevorzugen wir zum Beispiel eine Einteilung lediglich nach Monaten. Genauer muss es gar nicht sein. Zeitliche Akribie ist (noch) nicht gefragt.

Dem konzeptionellen Zeitplan als Richtgröße übergeordnet ist der Themenplan, der im Rahmen der Strategie entwickelt wurde. Das bedeutet in der Anwendung, dass die Themenfolge den zeitlichen Einsatz der Instrumente bestimmt. Sie greifen sich Ihren Themenplan und legen daneben den Kalender für das nächste Jahr. Mit den Themen und den Instrumenten als vorgegebene Fixpunkte machen Sie sich an die Zeitplanung. Da man mit visuellen Darstellungen intuitiv besser arbeiten kann, skizzieren Sie den Zeitplan am besten in Form eines Diagramms.

| 2011 | 1 | 2 | 3 | 4 | 5 | 6 | 7 | 8 | 9 | 10 | 11 | 12 |
|---|---|---|---|---|---|---|---|---|---|---|---|---|
| Schwerpunktthemen | Neue Service-palette | | | | Umstrukturierung | | | | | Schulungs-offensive | | |
| Große Mitarbeiterversammlung | | | | | | | | | | | | |
| Vorstandsbrief | | | | | | | | | | | | |
| Mitarbeiterzeitschrift | | | | | | | | | | | | |
| Intranet | | | | | | | | | | | | |

Abbildung 34: Muster für einen Zeitplan

Bei der zeitlichen Anordnung der Instrumente über das Planungsjahr sind eine Reihe von Kriterien zu beachten:

> **Schwerpunktthemen** – Der Kommunikationsmanager denkt maßgeblich von den Themen her. Sie sind die Stars der internen Kommunikation und bestimmen die Handlung. Wenn Sie Ihren Zeitplan skizzieren, sollten Sie daher zwei Kopfzeilen einzeichnen. Die erste Kopfzeile bildet wie gewohnt die zwölf Monate ab. Auf der zweiten Kopfzeile tragen Sie die maßgeblichen Schwerpunktthemen für das Jahr ein. Die Themen werden so zur Oberleitung für die instrumentelle Zeitplanung.

> **Start und Ende** – Wann beginnt und wann endet das Planungsintervall? Bei einer Jahresplanung sollte das Intervall deckungsgleich mit dem Kalenderjahr oder dem Geschäftsjahr sein.

> **Einsatzpunkte und Einsatzdauer** – Wann und wie lange kommt das jeweilige Instrument zum Einsatz? Die Wahl des richtigen Zeitpunkts ist ein nicht zu unterschätzender Faktor für den Erfolg. Setzt die Kommunikation zu früh oder zu spät ein, kann das zu erheblichen Wirkungsverlusten führen.

> **Tangierte interne und externe Ereignisse** – Wann gibt es im Unternehmen Ereignisse, die Auswirkungen auf die Kommunikation haben? Zum Beispiel: 25-jähriges Jubiläum der Produktionsstätte, Betreiberwechsel in der Kantine, Sommerfest, Start des neuen Serviceprogramms. – Welche Ereignisse drau-

ßen im Umfeld sind wichtig? Zum Beispiel: Ein unternehmensrelevantes Gesetz tritt in Kraft, große Ferien, Fußballweltmeisterschaft, Kommunalwahl am Standort.

› **Höhepunkte und Ruhephasen** – Wann werden Highlights gesetzt? Wann hält man sich zurück? Ein Kommunikationsjahr braucht Höhepunkte, die herausragen und die Aufmerksamkeit auf sich ziehen. Höhepunkte geben dem Arbeitsleben Halt und Abwechslung. Deshalb sollte interne Kommunikation nie gleichförmig laufen. Auf der anderen Seite gibt es auch Zeiträume, in denen sich die Kommunikation bewusst zurückhält: in den großen Ferien, weil da die Mitarbeiter nur mit geteilter Aufmerksamkeit im Unternehmen sind, in der Weihnachtswoche oder kurz vor der Wahl des Betriebsrats.

› **Vorbereitungs- und Pufferzeiten** – Wie viel Vorlauf benötigt der Einsatz des Instruments? Jede Aktivität braucht ihre Vorbereitung, damit alles sicher läuft. Auch hat jedes Unternehmen sein Tempo, in dem Entscheidungen und Prozesse ablaufen. Entsprechend muss der Zeitbedarf in die Zeitplanung einfließen und durch Pufferzeiten abgefedert werden.

› **Interdependenzen und Kollisionen** – Laufen die Instrumente zeitlich stimmig zueinander ab? Da der Kommunikationsmanager die Instrumente vernetzt einsetzt, sollte er natürlich auch prüfen, ob das zeitliche Zusammenspiel stimmt. Durch das Zeitdiagramm werden Abhängigkeiten, Überschneidungen oder sinnlose Wiederholungen sichtbar. An kritischen Stellen muss dann nachjustiert werden. Zum Beispiel darf es nicht passieren, dass alle Vertriebsmitarbeiter auf einer externen Messe den Kunden fleißig Produktneuheiten vorstellen, während am gleichen Tag die Unternehmensleitung in der Zentrale den Mitarbeitern ihre neue Marketingstrategie präsentiert.

Gute Kommunikation arbeitet dramaturgisch durchdacht und baut einen Spannungsbogen auf. Das ist wie beim Film! Spannung und Überraschung in der Handlung ziehen die Zuschauer an und fesseln sie bis zum Happy End. Kann das auch im Unternehmen klappen? Na gut, ein echter Blockbuster wird die interne Kommunikation nie werden, es geht nicht um Show und Traumfabrik. Aber dennoch kann der Kommunikationsmanager IK vom Film einiges lernen. Man führt ein Thema ein, macht es mit einem Höhepunkt wichtig und interessant, indem man es z.B. durch eine Pro- und Contra-Diskussion zuspitzt. Man baut kleine Wendungen und Überraschungseffekte ein, z.B. durch eine überraschende Sonderbeilage der Mitarbeiterzeitschrift oder den hemdsärmelig sympathischen Auftritt des CEO bei der Projektabschlussfeier. Man schildert durchaus auch die Gefahren und macht sie anschaulich. Man vermeidet zu viel Leerlauf im Laufe des Jahres. Und vor allem entwickelt man die Handlung ständig weiter, damit die Aufmerksamkeit der Mitarbeiter wach bleibt und immer wieder auf die Themen gelenkt wird.

# Die Kosten in den Griff bekommen

„Und was kostet nun der Spaß?", bekommt fast jeder Kommunikationsmanager als Erstes zu hören, wenn er seine Vorschläge in der Unternehmensleitung präsentiert. An einer genauen Budgetierung führt folglich kein Weg vorbei, auch wenn man es eher als lästige Pflicht empfindet. Im Budget verteilt man die zur Verfügung stehenden Ressourcen so auf die einzelnen Instrumente, dass die definierten Ziele sicher erreicht werden. Der Kommunikationsmanager IK hat dabei vor allem die Proportionen zwischen Kosten, Qualität, Zeit und Personaleinsatz auszuloten.

Wir gehen davon aus, dass der IK-Manager für seine Jahresplanung von der Unternehmensleitung bereits bei der Aufgabenstellung eine Budgetvorgabe erhalten hat. Wenn nicht, dann sollte er nachhaken. Man kann kein schlüssiges Konzept entwickeln, solange man die zur Verfügung stehenden Etatmittel nicht einschätzen kann. Ein Jahresetat von 100.000 Euro erfordert eine vollkommen andere konzeptionelle Ausrichtung als ein Etat von 200.000 Euro.

Leider, leider stehen in vielen Unternehmen für das interne Kommunikationsmanagement nur wenige Mittel zur Verfügung. Die interne Kommunikation scheint ein Ressort zu sein, bei dem gerne gespart wird. „Da stecken wir nicht so viel Etat rein, das ist doch nur für die Mitarbeiter." Diese Aussage klingt uns des Öfteren in den Ohren nach.

Im Kontext der Instrumentensteckbriefe hat schon eine erste Einzelbudgetierung in groben Etatansätzen stattgefunden, die nun präzisiert wird. Am Ende steht unter dem Strich das benötigte Soll-Budget. Häufig liegt es über dem zur Verfügung stehenden Ist-Budget. Kann der IK-Manager es gut begründen, sollte er versuchen, zusätzliche Budgetmittel zu bekommen. Aber dieser Versuch endet nicht selten fruchtlos. Deshalb bleibt ihm am Ende nichts anderes übrig, als zu kürzen. Kürzen darf aber nie bedeuten, dass man an die Substanz geht und die Ziele gefährdet. Die große Kunst ist es, Etatposten zu finden, die noch Polsterungen und Dekors beinhalten, auf die man zur Not auch verzichten kann.

Im Rahmen der Budgetierung erfasst der Kommunikationsmanager IK in der Regel die folgenden Kostenarten:

> **Konzeptions- und Planungskosten** – Auch die gesamte konzeptionelle Denkarbeit stellt einen Wert dar, der entsprechend angesetzt werden sollte.

> **Kreativ- und Gestaltungskosten** – Broschüren müssen layoutet, Artikel für den Mitarbeiterrundbrief getextet und Fotos für die Intranetgalerie geschos-

sen werden. All das kostet Geld, und falls man auf externe Leistungen zurückgreift, kommt hier einiges an Honoraren zusammen.

› **Produktionskosten** – Bei Druckerzeugnissen sind das z. b. Papier, Druck, Kopier- oder Fotoarbeiten, bei elektronischen Medien Providerkosten und technische Ausstattung (Laptops, Programme), bei Veranstaltungen zum Beispiel Catering, Miete, Gage, Dekoration, Give-Aways und manches mehr.

› **Personalkosten** – Neben der eigenen Arbeitskraft muss der IK-Manager auch alle anderen Beteiligten einkalkulieren, zum Beispiel die technische Betreuung von Veranstaltungen, die redaktionelle Betreuung der Mitarbeiterzeitschrift oder die Umsetzung des neuen Corporate Designs.

› **Streu- und Verteilkosten** – Hier fallen in der internen Kommunikation meist überschaubare Beträge an. Zum Beispiel für den Versand eines Vorstandsbriefs per Post nach Hause. Oder für die Auslieferung und Verteilung der Mitarbeiterzeitschrift an den verschiedenen Standorten.

› **Dokumentation und Marktforschung** – Zu diesem Posten gehören u. a. Kosten für Archivierung, für Recherchearbeiten sowie die Kosten, die während der Erfolgskontrolle anfallen.

› **Büro- und Verwaltungskosten** – Das sind die üblichen Aufwendungen wie zum Beispiel Telefongebühren, Porto oder Büromaterial.

› **Sonderkosten** – Alles, was sonst noch so anfällt, wie zum Beispiel Kurierdienste, GEMA-Gebühren, Reise- und Bewirtungskosten.

Grundsätzlich zu unterscheiden sind die internen und die externen Kosten. Die Umsetzung der internen Kommunikation erfolgt nicht allein mit Kräften aus dem eigenen Hause, oft werden zusätzlich externe Dienstleister beauftragt. So unterstützt beispielsweise eine Eventagentur aus der Region die Organisation eines internen Familientages. Oder die redaktionelle Betreuung der Mitarbeiterzeitschrift erfolgt durch ein professionelles Redaktionsteam. In beiden Beispielen fallen externe Honorarkosten an, die meist deutlich höher anzusetzen sind als die Selbstkosten. Sollte der IK-Manager lieber sparen und auf externe Verstärkung verzichten? Entscheidend ist die Qualität der Leistung. Solange die Qualität stimmt, kann er alles mit seinen eigenen Leuten realisieren. Sind spürbare Qualitätsminderungen zu erwarten, greift er, wenn irgend möglich, auf externe Profis zurück.

Jedes Unternehmen hat ein eigenes Prozedere, wie Kosten oder Leistungen intern verbucht werden. Entsprechend dieser vorgegebenen Verfahrensweise wird das Budget kalkuliert. Die Kostenrechner und Controller im Unternehmen wissen genau, was da zu beachten ist. Wir wissen es nicht. Darum können wir an dieser Stelle nur einige grundlegende Hinweise geben:

> **Immer mit der externen Kommunikation abstimmen** – Eine Zusammenarbeit mit den Abteilungen Unternehmenskommunikation bzw. Marketingkommunikation kann ungeheure Kostensynergien erzeugen. Es ist ratsam, dass sich der Kommunikationsmanager IK gründlich mit den anderen Kommunikationsbereichen abstimmt, um möglichst viele Einsparmöglichkeiten zu nutzen. Da kann zum Beispiel der externe Messestand für eine interne Ausstellung genutzt werden. Oder Recherchen und Artikel der Kundenzeitschrift müssen nur leicht modifiziert werden, um sie auch im Mitarbeiterrundbrief zu veröffentlichen. Oder aus der großen Fotosession für die Imagebroschüre lassen sich bisher nicht verwendete Fotos für das neue Faltblatt zum Verhaltenskodex verwenden.

> **Notreserve einplanen** – Die interne Kommunikation ist keine exakte Wissenschaft und deshalb läuft in der Realisierung auch immer einiges anders als geplant. Für unvorhergesehene Ereignisse aller Art sollte eine Reserve von fünf bis zehn Prozent des Budgets eingeplant werden. In manchen Unternehmen pflegen die Controller diesen Posten zu kassieren. In diesem Fall empfiehlt es sich, innerhalb der Einzelbudgetierung versteckt, entsprechende Reserven „aufzupolstern".

> **Einspar-Potenziale einplanen** – Führungskräfte sind heutzutage auf Einsparen geeicht. So kommt es, wie es kommen muss, der IK-Manager stellt seine systematische Jahresplanung vor und bekommt als Resonanz von oben: „Der Aufsichtsrat legt großen Wert auf eine Kostenführerschaft. Deshalb müssen auch Sie noch ein paar Prozent runtergehen." Der kluge Kommunikationsmanager hat vorgebeugt und bereits entsprechende Einsparpotenziale im Hinterkopf, die er jetzt einbringen kann, ohne dass es an seine Substanz geht.

> **Kreativ Töpfe öffnen** – Budgetnot sollte erfinderisch machen. In der internen Kommunikation gibt es immer wieder Positionen, die bei entsprechender Interpretation auch anderen Kostenstellen zugeordnet werden können. Eine Sondernummer der Mitarbeiterzeitschrift zur Kapitalbeteiligung der Kollegen könnte von der Personalabteilung mitfinanziert werden. Die Anschaffung eines Schwarzen Brettes lässt sich mit etwas Geschick aus dem Topf „Sonstige Geschäftsausstattung" bezahlen.

> **Disproportionen vermeiden** – Die Gewohnheit ist eine beharrende Kraft. Sie kann dazu führen, dass Etatmittel als fest verplant und unverrückbar gelten, obwohl die Instrumente, die dahinterstehen, unterproportional wenig zur Kommunikationswirkung beitragen. Da fließt beispielsweise 70% des Etats in die Mitarbeiterzeitschrift, die mit großem Aufwand gestaltet, doch

im Kollegenkreis nur oberflächlich überblättert wird. Ein anderes Unternehmen schafft sich für viel Geld multimediale Kioskterminals zur Mitarbeiterinformation an, die völlig unbeachtet vor sich hinflackern. Da sie teuer waren, traut sich keiner, den Fehler einzugestehen, und auch im nächsten und übernächsten Jahr fließen weiterhin erkleckliche Mittel in deren Pflege und redaktionelle Gestaltung. Solche Schlagseiten in der Kostenstruktur sind unbedingt zu vermeiden.

# Durchführung.
## Mit System durchstarten

Die Werkzeuge der Mitarbeiterkommunikation sind im ständigen Wandel. Gestern waren das Mitarbeitermagazin und das Intranet die zentralen Informationsinstrumente. Heute eröffnet das Web 2.0 in der internen Kommunikation neue Möglichkeiten des Dialogs und der Interaktion.

## Das Konzept präsentieren und abstimmen

Das Konzept für die Jahresplanung steht. Wenn der Kommunikationsmanager IK zugleich auch voll dahintersteht, weil er seine Arbeit strategisch durchdacht und folgerichtig aufgebaut hat, dann ist viel gewonnen. Als Nächstes folgt nun die Stunde der Wahrheit. Das fertige Konzept wird der Unternehmensleitung präsentiert. Der Präsentationstermin wird idealerweise so gewählt, dass die Unternehmensleitung nicht unter Zeitdruck steht. Maximal eine Stunde ist für den Termin angesetzt, wobei die Präsentation nicht länger als 30 Minuten dauern sollte. Ein gutes Konzept überzeugt auch durch eine kurze Vorstellung. Im Anschluss ist genügend Zeit für Fragen und Diskussionen. Zielsetzung der Präsentation ist, die nötige Zustimmung für die Durchführung zu erhalten.

Für den Termin werden zwei Unterlagen vorbereitet: die Präsentationsfolien, zumeist in Form einer Powerpoint-Präsentation, und das Konzeptpapier in Form einer prägnanten Zusammenfassung, die auf neudeutsch auch gerne „Management Summary" genannt wird. Eine ausführliche Schriftversion des Konzepts sollte es ebenfalls geben, um später in der Realisierungsphase eine Gebrauchsanweisung für alle Beteiligten zu haben. Dieses detaillierte Konzept ist für die Entscheider aber wenig interessant. Der IK-Manager hat das Booklet allenfalls in der Tasche, um es im unerwarteten Fall der Nachfrage auf den Tisch legen zu können.

Versuchen Sie für Ihr fertiges Konzept immer eine mündliche Präsentation im Hause durchzusetzen. Lediglich das Konzeptpapier in die Gremien zu geben, führt zu unkontrollierbaren Entscheidungsprozessen mit bösen Überraschungen. Die Präsentation von Angesicht zu Angesicht ist dagegen eine große Chance. Sie geben das Heft des Handelns nicht aus der Hand. Sie brennen für Ihr Konzept, setzen sich dafür ein – und das spüren alle Anwesenden. Dadurch steigt die Chance gewaltig an, dass Sie Ihr Konzept durchsetzen.

Eine mündliche Präsentation will gut vorbereitet sein. Das fängt schon bei den Powerpoint-Folien an. Insgesamt passen 16 bis 20 Folien in einen Zeitraum von 30 Minuten. Es kommt darauf an, sie geschickt einzusetzen. Sie unterstützen den Vortrag, ersetzen ihn aber nicht. Sie sind wie Ausrufezeichen für das Gesagte. Textwüsten und Animationsshows verbieten sich: Alle Folien kommen mit wenig Text aus. Die Texte sind gut strukturierte, aussagekräftige Stichworte, auf ausformulierte Sätze sollte man verzichten. Um die Schwelle für Störungen anzuheben, findet die Präsentation möglichst nicht im Büro der Leitung statt, sondern in einem separaten Präsentationsraum. Alles ist fertig aufgebaut, die Technik wurde vorher getestet, so dass es sofort losgehen kann und die Geduld des Chefs nicht auf die Probe gestellt wird.

Das komplette Konzept will keiner hören, auch wenn noch so viel Arbeit drinsteckt. Die Präsentationszeit ist kurz und der Kommunikationsmanager konzentriert sich auf die Kernaussagen. Falls möglich, bittet der IK-Manager in einem Rutsch durchpräsentieren zu dürfen, ansonsten muss er damit leben, mitten in seinen Ausführungen immer wieder unterbrochen zu werden. Den analytischen Teil handelt er mit wenigen Sätzen und einer Folie ab. In der Regel sind die Zuhörer nämlich nicht an der Ist-Situation interessiert, sie wollen die Lösung hören. Im strategischen Teil verdichtet er von den Zielen über die Bezugsgruppen hin zur „Dreifaltigkeit" von Positionierung, Kernbotschaften und Themen. Vor allem die Themenausrichtung der internen Kommunikation müssen die Entscheider verstanden haben und bewusst mittragen. Im dritten Teil der Präsentation schließen sich die Instrumente an. Die Instrumente sind möglichst anschaulich und griffig zu präsentieren. Bei jedem Instrument muss klar sein, dass sich sein Einsatz auszahlt. Mit Spannung wird immer die Folie mit den Kosten erwartet. Bei internen Präsentationen kann der IK-Manager sie nicht weglassen. Er sollte die Zahlen jedoch so übersichtlich wie möglich halten, auf die kalkulatorischen Details verzichten und nur die großen Eckpfeiler auflisten. Speziell, was die Kosten angeht, ist im Anschluss an die Präsentation stets mit regen Nachfragen zu rechnen.

Während der Präsentation spricht der Kommunikationsmanager frei. Ein Stichwortzettel oder mehrere Stichwortkarten leiten ihn durch den Vortrag. Er sollte keinen vorformulierten Text vorlesen oder direkt von den Folien ablesen, denn das mindert seine Überzeugungskraft. Bei seinem Vortrag muss er immer daran denken, dass seine Zuhörer keine Kommunikationsprofis sind. Die Zusammenhänge werden für den Laien verständlich erklärt, auf das übliche Kommunikationskauderwelsch ist zu verzichten. Sätze wie: „... dann primen wir die internen Stakeholder mit einem holistischen Issue Management" gehören nicht in seine Präsentation.

In der anschließenden Diskussion werden alle offenen Fragen geklärt und vertiefend diskutiert. Der Kommunikationsmanager versucht, dabei einen guten Mittelweg zu finden. Er kann seine Vorgesetzten nicht einfach abblocken, gleichzeitig sollte er sein konzeptionelles Fähnchen aber auch nicht nach dem Wind hängen.

Um zu vermeiden, dass das Konzept in der Schublade verschwindet, präsentiert der Kommunikationsmanager IK innerhalb der Diskussion bereits eine konkrete Vorgehensweise mit den nächsten operativen Umsetzungsschritten. An erster Stelle ist die Bestätigung des Konzeptes durch die Unternehmensleitung genannt. Die nächsten Punkte beschreiben die Meilensteine und Arbeitsschritte der Realisierung. Mit der Unternehmensleitung muss auch abgeklärt werden, inwieweit sie in den Realisierungsprozess im Laufe des Jahres eingebunden werden will.

Zum Abschluss seiner Präsentation verteilt der Kommunikationsmanager das besagte „Management Summary". Die Unternehmensleitung hat die Möglichkeit, auf zwei bis drei Seiten die wesentlichen Aspekte der Jahresplanung noch einmal in Ruhe nachzulesen. Sollte die Leitung Änderungswünsche haben, so arbeitet der Kommunikationsmanager IK diese im Anschluss in das Konzept ein und lässt sie in einer Folgebesprechung bestätigen.

Ein diskreter Hinweis noch zum Schluss: Die interne Kommunikation muss immer auch eine Bühne für die Leitung bieten. Denken Sie daran, entsprechende Auftritte des Chefs im Laufe des Jahres einzuplanen und in der Präsentation klar herauszuarbeiten. Denn sobald Ihre Entscheider spüren, dass sie in der internen Kommunikation gut dastehen, sehen sie alles andere wesentlich entspannter.

## Die Planung wird Realität

Die Unternehmensleitung hat grünes Licht gegeben. Jetzt kann es losgehen. Falls viele Kollegen und Abteilungen an der Umsetzung beteiligt sind, empfehlen wir, mit einer kleinen Informationsveranstaltung einen gemeinsamen „Kick-off" zu markieren. Im Rahmen der Veranstaltung erläutert der Kommunikationsmanager IK die interne Kommunikation des nächsten Jahres und zeigt die Schnittstellen für die Beteiligten auf. Eine Agenda für das Treffen könnte wie folgt aussehen:

› **Vorstellung aller Beteiligten** – Welche Kollegen sind mit im IK-Boot und haben welche Funktionen?

› **Erläuterung des Konzeptes** – Wie sieht das strategische Raster aus und was ist konkret auf der operativen Ebene geplant?

› **Abstimmung von Ablauf und Schnittstellen** – Wie arbeiten die Beteiligten zusammen? Wer macht was bis wann?

› **Bestimmung von Kapazitäten und Kompetenzen** – Was wird an speziellem Engagement benötigt? Welches Fachwissen muss noch aufgebaut werden?

› **Organisatorische Details** – Wie laufen die Informations- und Entscheidungswege? Wie können die Beteiligten die Arbeit einfacher gestalten?

Im Anschluss an den Vortrag des Kommunikationsmanagers bekommen die Zuhörer die Möglichkeit, Fragen zu stellen, Einwände zu äußern und ihre eigenen Ideen einzubringen. Ein Gesprächsbericht erfasst die Ideen und Anregungen, die, soweit möglich und sinnvoll, in die Umsetzung einfließen.

Schon vor dem Starttreffen hat der Kommunikationsmanager IK mit der Projektplanung begonnen. Die großen Richtlinien des Konzepts werden jetzt in detaillierte Planungsschritte ausgearbeitet. Je näher eine Aktivität heranrückt, desto präziser wird die Planung. Konkrete Gestaltungs- und Produktionsprozesse werden festgelegt. Je nach Planung müssen externe Angebote eingeholt und Dienstleister engagiert werden. Jede Aktivität ist mit einer Zeitaufwandsschätzung hinterlegt und terminiert, d. h. der Anfangstermin und der Fertigstellungstermin liegen fest. Dabei sind Pufferzeiten einzuplanen. Auch Ausfälle durch Urlaub oder Krankheit kalkuliert der IK-Manager ein. Die Projektplanung beweist die erforderliche Flexibilität, je nach den realen Entwicklungen wird sie angepasst und weiterentwickelt. Das Muster eines solchen Projektplans finden Sie im Anhang (Seite 221).

Das heißt in letzter Konsequenz auch, dass alle Instrumente im Laufe des Jahres ständig überprüft werden müssen. Stimmen die Planungsvoraussetzungen noch, oder haben sich gravierende Änderungen ergeben? Falls erforderlich, passt der Kommunikationsmanager das Konzept dann entsprechend an. Im Laufe des Jahres entstehen so neue Konzeptversionen, ähnlich wie bei Softwareprogrammen entwickelt er die Versionen 1.5, 2.0, 2.2 und so weiter. Eins darf der IK-Manager dabei nie aus den Augen verlieren: seine ursprüngliche Strategie! In der Praxis begegnet uns bisweilen, dass IK-Verantwortliche nach der Präsentation ihren Plan in der Schublade verschwinden lassen und sich von der Macht des Faktischen mal hierhin und mal dorthin treiben lassen. So weit darf es nicht kommen! Das Konzept bleibt immer auf dem Arbeitsplatz liegen und wird zur Bedienungsanleitung für alle Aktivitäten. Komme, was da wolle, der Kommunikationsmanager behält seinen roten Faden fest in der Hand, der sich durch das ganze Jahr zieht.

In der Realisierungsphase sind dem IK-Manager die Instrumente ziemlich nahe, dennoch fixiert er sich nie auf die Werkzeuge. Er versteht sich nicht als Handwerker, sondern als Architekt. Auch in der Tagesarbeit geht er die interne Kommunikation stets von den Themen her an. Als IK-Manager ist er sozusagen der Manager der Themen. Er tut alles, damit sie Karriere machen und er arbeitet mit Nachdruck und System an ihrer Karriere. Bei jedem anstehenden Thema überlegt er, wie er dieses am besten in die Köpfe der Bezugsgruppen bekommt. Danach baut er ein Netzwerk von Mitteln und Maßnahmen auf, die das Thema emotional aufbauen und inhaltlich vermitteln.

Als Manager der Themen hat er stets im Hinterkopf, dass zu viele Informationen dem Thema eher schaden. Folglich konzentriert er jedes Thema auf wenige markante Aussagen, die er mit sinnlich fassbaren Reizen verbindet und wiederholt und wiederholt und wiederholt. Da die Bezugsgruppen wenig Zeit und Aufnahmekapazität haben, ist das seine einzige Chance, die Themen in den Köpfen zu verankern.

Bei wichtigen Themen ist es sinnvoll, dass man die Themenkarriere in einem Ablaufplan grob skizziert. Wie wird das jeweilige Thema von den Instrumenten aufgenommen und weitertransportiert? Es reicht, den Plan grob mit der Hand zu skizzieren. Die bildliche Darstellung regt das Vorstellungsvermögen an und es wird wesentlich einfacher, Lücken und Fehler zu entdecken. Direkt unterhalb finden Sie ein Anschauungsbeispiel für ein solches Bild. In besagtem Fall wird die Einführung von neuen Kernarbeitszeiten zum Thema der internen Kommunikation.

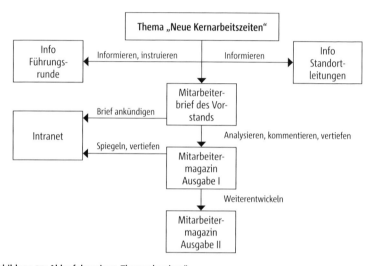

Abbildung 35: Ablaufplan einer „Themenkarriere"

Auch wenn der Alltag noch so stressig wird, die interne Kommunikation darf nie zur Routine werden. Spult der IK-Manager nur noch pflichtbewusst seine Themenschablonen ab, dann wird er eher heute als morgen die Aufmerksamkeit seiner Kollegen verlieren. Das gesamte Jahr über muss die Kommunikation quicklebendig bleiben. Sie muss informieren und unterhalten, anregen und aufregen, faszinieren und provozieren. Sie hat viele Freiheiten, nur eins ist ihr strengstens verboten: zu langweilen.

Um einen optimalen Wirkungsgrad zu gewährleisten, findet eine permanente Recherche und Erfolgskontrolle statt. Der IK-Manager ist zu etwa 30 % seiner Arbeitszeit draußen oder telefonisch unterwegs. Er redet mit Mitarbeitern, holt Meinungen und Neuigkeiten ein. Er beobachtet die relevanten Ereignisse des Unternehmens direkt vor Ort. Er lässt sich in wichtige Netzwerke des Hauses einbinden. Er pflegt Beziehungen und macht seine Beziehungen für andere nutzbar. Er ist ein Jäger und Sammler von Informationen, der Mensch mit den spitzesten Ohren im gesamten Unternehmen. Wenn möglich, baut er hierzu ein Netzwerk auf, mit dem er sich regelmäßig austauscht.

Als Bindeglied zwischen Führungsspitze und Mitarbeiterbasis braucht er einen guten Draht zu den Führungsebenen, um bestehen zu können. Er fungiert als Übersetzer, dem es gelingt, die Entscheidungen und Strategien der Führungsebene in die Denkweise und Sprache der Mitarbeiter zu transformieren. Er macht sich in der Chefetage als Berater in allen Fragen der internen Kommunikation unentbehrlich. „Geh nicht zu deinem Fürst, wenn du nicht gerufen wirst.", heißt eine alte Volksweisheit. Für den Kommunikationsmanager IK gilt diese Weisheit nicht.

Der Kommunikationsmanager IK kann aus einer großen Fülle von Instrumenten auswählen. Er kann sich inspirieren lassen durch externe Medien, Fernsehen, Feste, Vernissagen, Bücher und Fachveranstaltungen. Er kann selbst kreativ werden. Alles, was zur Strategie, zur Zielerreichung und zur Bezugsgruppe passt, ist erlaubt. Jetzt, in der Realisierung, konzentriert er sich allerdings auf ein überschaubares Repertoire von Mitteln und Maßnahmen. Eine Auswahl der wichtigsten internen Instrumente, die in vielen Unternehmen den Kommunikationsalltag bestimmen, wollen wir im Folgenden schlaglichtartig vorstellen. Die Beispiele kommen aus allen drei Fächern des Instrumentenkastens:

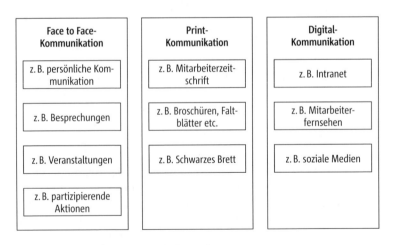

Abbildung 36: Beispielhafte Instrumente in der Praxis

## z. B. persönliche Kommunikation

Unter persönlicher Kommunikation fällt für uns alles, was in direktem Kontakt stattfindet, zum Beispiel Personalversammlungen, Kamingespräche, Arbeitsessen, Mitarbeiterfeste und vieles mehr. Solche persönlichen Plattformen eignen sich besonders in Situationen, in denen Vertrauen aufgebaut und Wertschätzung entgegengebracht werden soll. Komplexe Sachverhalte können anschaulicher dargestellt und im direkten Dialog interpretiert werden. Die Eindrücke der Mitarbeiter sind emotionaler und nachhaltiger.

In der persönlichen Kommunikation kommt es besonders auf das professionelle Kommunikationsverhalten der Akteure an. Sie sollten gut vorbereitet und sicher in der Präsentation sein. Denn neben den bewussten Informationen vermitteln sie gleichzeitig auch unzählige unterschwellige Eindrücke. Sind bewusste und unbewusste Signale nicht stimmig, dann wird Misstrauen erzeugt und Distanz aufgebaut. Da die Kompetenzen im Kommunikationsverhalten unterschiedlich ausgeprägt sind, darf sich der Kommunikationsmanager IK nicht scheuen, die an der Front stehenden Akteure durch entsprechende Workshops und Schulungen zu trainieren. Bei jedem Training sollte darauf geachtet werden, dass der einzelne Akteur durch und durch „echt" bleibt. Rhetorik und Gestentraining sind eine gute Sache, sie dürfen jedoch nicht dazu führen, dass die Face to Face-Kommunikation aufgesetzt und wie einstudiert wirkt.

Zur persönlichen Kommunikation zählt auch die informelle Kommunikation. In immer mehr Unternehmen wird die informelle Kommunikation nicht mehr als Gefahr, sondern als Chance gesehen. Es werden gezielt Plaudersofas, Treffpunkttische oder Chill-Rooms installiert. Es entstehen freie Biotope des Mitarbeiteraustausches. Gut so! Interne Kommunikation muss keine gegängelte Kommunikation sein, der Kontrollzwang gehört längst der Vergangenheit an.

Persönliche Kommunikation bedeutet auch, dass die gesamte Arbeitszeit nicht streng durchrationalisiert ist und keiner, der einen Kollegen nur aus reiner Sympathie anspricht, sofort ein schlechtes Gewissen haben muss. Für kurze, informelle Begegnungen ist im Unternehmen der Zukunft immer Zeit. Die Führungskraft geht morgens durch die Abteilung und begrüßt die Mitarbeiter. In der Teeküche werden die neuesten Nachrichten besprochen, auf dem Plaudersofa tauschen sich zwei Abteilungen auf dem kleinen Dienstweg aus. Die Kommunikationskultur ist menschlich und vermittelt Geborgenheit.

Wer seinen Mitarbeitern das letzte Quäntchen Effizienz abfordert, hat zwar bessere Zahlen in der Bilanz, er wird aber auf lange Sicht verlieren. Wer dagegen seinen Mitarbeitern Freiräume für persönliche Kommunikation lässt, der tätigt eine blendende Investition in die Zukunft seines Unternehmens.

Persönliche Kommunikation darf sich auch nie auf simples Nachbeten der medialen Kommunikation beschränken. Ein einfaches Wiederholen der medialen Inhalte über den persönlichen Weg hat keinen Erfolg. Mitarbeiter wollen Informationen, die sie bereits über andere Medien zur Genüge kennen, nicht noch einmal von ihrem Chef hören. Deshalb sollte persönliche Kommunikation entweder der medialen Kommunikation vorgelagert werden oder die Themen der medialen Kommunikation vertiefen und weiterentwickeln.

## z. B. Besprechungen

Ein Großteil der Arbeitszeit wird in Besprechungen verbracht. Untersuchungen zeigen, dass Manager in manchen Unternehmen bis zu 70% ihrer Arbeitszeit in den berühmt berüchtigten „Meetings" sitzen. Überraschenderweise wird dem Instrument der Besprechung in der internen Kommunikation kaum Aufmerksamkeit geschenkt. Der Kommunikationsmanager IK ist in der Regel damit beschäftigt, die Mitarbeiterzeitschrift oder das Intranet auf Vordermann zu bringen. Um die Besprechungskultur kümmert er sich (noch) viel zu selten, obwohl das kein großer Akt wäre. Eigentlich müssen nur wenige Spielregeln erstellt und von allen Mitarbeitern und Führungskräften als verbindlich anerkannt werden. Vor allem die Führungskräfte sollten sich dabei an die eigene Nase fassen und mit gutem Beispiel vorangehen. Bei unseren Beratungen regen wir zum Beispiel folgende Regeln an:

> Jede Besprechung hat ein Ziel. Das Ziel wird am Anfang der Besprechung eindeutig definiert und unterwegs nie aus den Augen verloren.

> Nur die Teilnehmer werden eingeladen, die zur Zielsetzung beitragen. Es zählen keine Hierarchien, sondern Kompetenzen.

> Eine Agenda mit genauer Zeitangabe und Vorbereitungshinweisen geht im Vorfeld an alle Teilnehmer. Das Lesen und Einarbeiten ist Pflicht.

> Jeder Teilnehmer erscheint pünktlich, vorbereitet und mit ausgeschaltetem Handy. Auch Blackberrys, iPhones und ähnliche Störenfriede sind verboten.

> Ein Moderator führt durch die Besprechung und behält die Zeit und die Regeln im Auge. Er hat die Autorität, jeden, der gegen die Regeln verstößt, zu stoppen, auch den Chef persönlich.

> In direktem Anschluss an die Besprechung wird ein Ergebnisprotokoll erstellt mit einer Aktionsliste, in der die Verantwortlichkeiten und Termine festgelegt sind.

Da sich Kulturen bekanntermaßen nur langsam bewegen, ist es wichtig, die Veränderung der Besprechungskultur immer wieder zu thematisieren.

Eine neue Spielart der Besprechung sind sogenannte „Telepresence-Systeme". Diese Systeme ermöglichen die Besprechungen via Videokonferenz, allerdings mit einem realitätsnahen und authentischen Raumgefühl. Die zugeschalteten Teilnehmer werden am Bildschirm in Lebensgröße dargestellt. Mehrere Kameras übertragen die Besprechungen so, dass „Blickkontakt" und nonverbales Feedback möglich sind. Mit Telepresence-Systemen wird Reisezeit und Treibstoff eingespart, was in Zeiten, in denen die Welt „green" wird, eine wichtiger Vorteil ist. Aber Vorsicht! Diese Konferenzart ist nicht für jede Art der Besprechung geeignet und verlangt hohe kommunikative Kompetenz, insbesondere im Konfliktfall.

## z. B. Veranstaltungen

Interne Veranstaltungen oder Events für Mitarbeiter in Unternehmen fallen unter die persönliche Kommunikation, obwohl es bei immer mehr Veranstaltungen Überlappungen zur digitalen Kommunikation gibt. Da wird die Rede des Vorstands über das Intranet live übertragen oder eine Preisverleihung für das Unternehmen als Videostream ins Netz gestellt. Der virtuellen Möglichkeiten sind viele, doch wir wollen an dieser Stelle erst einmal nur das konventionelle Event betrachten.

Auf Veranstaltungen und Events können definierte Gruppen von Mitarbeitern gleichzeitig und in direkter Ansprache erreicht werden. Herausragender Vorteil ist, dass Events Themen und Botschaften sinnlich fassbar machen und emotionale Tiefenwirkung haben. Das menschliche Gehirn lernt über Ereignisse wesentlich stärker als über Texte in Broschüren und im Intranet. Events für Mitarbeiter lassen sich gut in Gegensatzpaare unterteilen:

› **„Face to Medium"-Events** (zum Beispiel Ausstellung, Filmvorführung) und **„Face to Face"-Events** (zum Beispiel Betriebsversammlung, Weihnachtsfeier)

› **Sach-Events** (zum Beispiel Führungsrunde, Expertenhearing) und **Soft-Events** (zum Beispiel Freitagstalk, Kollegen-Party, Lauftreff)

› **Dialog-Events** (zum Beispiel World Café, Intranet-Chat) und **Monolog-Events** (zum Beispiel Rede des Vorstands, Präsentation der Personalabteilung)

› **Social Events** (Mitarbeiter helfen anderen und organisieren zum Beispiel ein Kaffeekränzchen im Altenheim) und **Incentive Events** (Mitarbeiter werden belohnt, zum Beispiel durch einen Segeltörn auf der Ostsee)

Natürlich kann es auch Mischformen geben. In ein Sach-Event kann durchaus ein Soft-Event integriert werden oder umgekehrt. Wenn im Anschluss an eine Klausurtagung der Führungskräfte alle zusammen auf den Golfplatz gehen, dann kann das den Tag erst so richtig rund machen. Wenn allerdings bei einem Mitarbeiterfest der Vorstand eine ellenlange Rede hält, dann wird das fast immer als Störung empfunden und nicht selten mit Pfiffen beantwortet.

Events müssen nicht unbedingt den Absender Unternehmensleitung haben. Diese Art der internen Kommunikation eignet sich auch ideal für Initiativen an der Basis. Mehrere Mitarbeiter, die eigenständig ein Event organisieren, sorgen für frischen Wind und sichern dem Event wahrscheinlich eine höhere Akzeptanz bei den Kollegen.

Events eignen sich besonders, um das Stimulanz-Motiv der Mitarbeiter anzusprechen. Neuheiten oder Überraschungen, Abenteuer und Erfolgserlebnisse passen ideal in den Rahmen. In die Vorbereitung sollte der Kommunikationsmanager IK deshalb besonders viel Kreativität einbringen, wobei oft schon kleine Überraschungen eine große Wirkung erzielen können. Man stelle sich zum Beispiel vor, dass statt eines teuer bezahlten TV-Stars ein Kollege als talentierter Showmaster auftritt, der souverän und mit viel Witz ein Quiz mit seinen Kollegen als Kandidaten dirigiert. Über ein solches Ereignis wird noch monatelang gesprochen.

Überhaupt denken die meisten IK-Manager zu groß, sobald sie an Events denken. Dabei liegen die wirklich berührenden Ereignisse oft im Kleinen. Da wird in einer kleinen Firma täglich ein gemeinsames Frühstück organisiert, oder zum Gewinn eines Auftrags spendiert der Chef eine Runde Champagner für alle Kollegen. Gerade solche kleinen Gesten heben die Stimmung und binden die Mitarbeiter in die Gemeinschaft ein. Die Botschaft kommt an: Der Mitarbeiter wird als Mensch wertgeschätzt.

## z. B. partizipierende Instrumente

Eine andere Art der persönlichen Instrumente kommt in letzter Zeit immer stärker ins Spiel – die der partizipierenden Instrumente. Diese Instrumente zeigen, dass neue Wege nicht unbedingt auf moderner Kommunikationstechnik basieren müssen, sondern erfolgreich auf alten Regeln des sozialen Verhaltens und des Gemeinschaftsgefühls aufbauen. Das könnte so aussehen:

› Mitarbeiter gestalten in Eigenregie eine externe Ausstellung über ihr Unternehmen. Die Ausstellung wird in den Tageszeitungen der Region hoch gelobt.

› Mitarbeiter finden sich zu einem Hilfsprojekt zusammen und unterstützen Notleidende durch eigenes Engagement. Das Hilfsprojekt wird zu einer festen Institution, auf die alle stolz sind.

› Mitarbeiter in kleinen Unternehmen kaufen ein, kochen abwechselnd und essen mittags gemeinsam. Bekanntlich geht der soziale Zusammenhalt durch den Magen.

› Eine Gruppe von Mitarbeitern baut eine kleine Fachbibliothek auf, eine andere Gruppe stellt ein Drachenboot-Team zusammen und nimmt erfolgreich an Rennen teil.

### z. B. Mitarbeiterzeitschrift

Durch den verstärkten Einsatz des Intranets wandelt sich die Rolle der Mitarbeiterzeitschrift fundamental. Die Übermittlung von Nachrichten und aktuellen Informationen gehört nicht mehr zu den Kernkompetenzen. Ihre Aufgabe ist heute das Interpretieren, Inszenieren und Vertiefen von Themen. Die Mitarbeiterzeitschrift ist emotionaler, bunter geworden und in der emotionalen Kraft übertrifft sie das Intranet bei Weitem. Sie ist wie eine Bühne. Wer auf dieser Bühne steht, ragt heraus und fühlt sich ausgezeichnet. Das Intranet bleibt dagegen alltägliche Inforoutine. Es kann die Mitarbeiterzeitschrift nicht ersetzen.

Die Mitarbeiterschaft im Unternehmen ist wie eine kleine Gesellschaft, und die Mitarbeiterzeitschrift berichtet über Personen und Ereignisse von gesellschaftlichem Rang. Wenn die Zeitschrift auf einer Doppelseite eine Abteilung oder ein Team vorstellt, wird damit gesellschaftlicher Rang verliehen und das Ansehen gestärkt. Die Mitarbeiterzeitschrift funktioniert wie ein gesellschaftlicher Spiegel für die interne Öffentlichkeit. Mitarbeiterzeitschriften kommen immer dann schlecht an, wenn sie im Sinne der modernen Hofberichterstattung nur den Vorstand und die Führungskräfte widerspiegeln. Die Mitarbeiter fühlen sich automatisch herabgesetzt. Der Kommunikationsmanager IK hat deshalb allen Tendenzen zur Hofberichterstattung entgegenzuwirken. Er muss sich vielmehr den Interessen der Leser verpflichtet fühlen. In einem Redaktionsstatut werden die Aufgaben, Rechte und Pflichten des Mediums festgelegt. Das Statut enthält Informationen über die Redaktion und den Redaktionsausschuss, über die inhaltliche Verantwortung und über die Entscheidungshoheit. Es empfiehlt sich, die Leserorientierung im Statut zu verankern und gegen alle Angriffe zu verteidigen.

Man darf dabei nicht vergessen, dass Mitarbeiter hohe Erwartungen an ein Printmedium haben. Sie legen bei internen Instrumenten den gleichen Bewertungsmaßstab an, mit dem sie externe Medien beurteilen. Sie erwarten einen hohen Nutzwert. Sie wollen etwas über sich und ihre Leistungen und Ziele des Unternehmens erfahren. Sie wollen Ideen und Inspirationen für die eigene Arbeit bekommen und dazu auch noch gut unterhalten werden. Das Leseverhalten hat sich in den letzten Jahren stark geändert. Lange Artikel, sachlich trockene Informationen zünden nicht mehr. Die Kollegen haben immer weniger Zeit und wollen die Informationen schnell und schlüssig aufnehmen. Der Kommunikationsmanager IK muss dem gerecht werden.

Die emotionale Ansprache der Mitarbeiter wird durch eine Vielfalt der Themenaufbereitung und der journalistischen Darstellungsform erreicht. Das Spektrum reicht von der Reportage über das Interview bis hin zur angesagten „Home Story". Neben Texten gewinnen Layout und vor allem Bilder stark an Bedeutung. Die Mitarbeiterzeitschrift von heute ist keine graue Infozeitung mehr, sondern ein professionelles Magazin, das sich sehen lassen kann.

Jede gute Mitarbeiterzeitschrift präsentiert sich als ein gekonnter Mix aus harten und weichen Themen, aus Fakten und Unterhaltung. Optimal ist der Wirkungsgrad einer Mitarbeiterzeitschrift, wenn die Mitarbeiter sie mit einem gewissen Stolz zum Lesen auch an Freunde und Familienangehörige weitergeben. Sagen wir es andersherum: Sobald Mitarbeiterzeitschriften bemüht und wenig spannend sind, wie eine Pflichtübung ohne Strahlkraft wirken, dann sind sie rausgeschmissenes Geld und sollten eingestellt oder gründlich überarbeitet werden.

In vielen Gesprächen mit Redakteuren haben wir erfahren, dass Mitarbeiterzeitschriften regelmäßig und in festen Perioden erscheinen müssen. Die Kollegen wollen sich auf ihr Medium verlassen können. Der Erscheinungstag wird als kleines Ereignis gesehen. Wie oft eine Zeitschrift erscheint, wie viele Seiten sie hat und wie sehenswert ihr Inhalt ist, hängt von den Themen, der Kapazität des Kommunikationsmanagers IK und dem Budget ab. Grundsätzlich lässt sich sagen, dass eine Mitarbeiterzeitschrift zwar nicht aufwändig sein muss, es sollte aber auf den ersten Blick erkennbar sein, dass sie mit Liebe gemacht wurde und nicht an Schwindsucht leidet.

Eine Spielart der Mitarbeiterzeitschrift ist das E-Journal. Die Mitarbeiter können das E-Journal (oder auch E-Paper oder Onlinemagazin) am Bildschirm lesen. Im Gegensatz zur Papierversion lassen sich Links, Audio- und Videodateien integrieren. Da es jedoch den einen oder anderen gibt, der auf den Ausdruck nicht verzichten will, ist eine gute Druckqualität wichtig.

Früher einmal wurde die Mitarbeiterzeitschrift als Sozialleistung für die Mitarbeiter gesehen. Kam das Unternehmen in die Krise, dann wurde diese Sozialleistung kurzerhand zusammengestrichen. Relikte dieser Auffassung lassen sich noch heute beobachten. Doch wer die Rolle der Mitarbeiterzeitschrift so holzschnittartig zu sehen pflegt, bei dem sind Klimakatastrophen in der Unternehmens- und Kommunikationskultur schon vorprogrammiert.

## z. B. Handbücher, Broschüren, Faltblätter & Co.

In Handbüchern werden allgemeine Informationen und Regeln zum Unternehmen und zu wiederkehrenden Arbeitsabläufen kommuniziert. Broschüren, Faltblätter und Handzettel informieren über aktuelle Themen und Ereignisse. Alle Instrumente werden im Corporate Design gestaltet. Sie sind offizielle Informationen des Unternehmens. Damit der Kommunikationsmanager IK mit seinen Printinstrumenten erfolgreich ist, sollte er gründlich abwägen. Massen- und Alltagsinformationen gehören nicht gedruckt, sondern werden heutzutage über das Intranet oder andere elektronische Medien transportiert.

Ein Thema zu drucken, bedeutet, es herauszuheben und wichtig zu machen. Wir haben von einer Studie gelesen, die festgestellt hat, dass gedruckte Handbücher wortwörtlich „mehr wiegen" und ernster genommen werden als die digitalen Ausgaben. Wer diese Bedeutung richtig einsetzt, der kann auch heute noch mit seinen Druckwerken eine nachhaltige Resonanz im Kollegenkreis erzielen. Wer jedoch die Waage nicht hält und zu viel in Druck gibt, der hat die Aufmerksamkeit der Mitarbeiter bald verspielt. Die teuren Drucksachen bleiben ungelesen liegen.

## z. B. Schwarzes Brett

Das Schwarze Brett ist unmodern und langweilig. Das sagen alle. Trotzdem brechen wir eine Lanze für das Brett und fordern eine Rehabilitierung. Unserer Erfahrung nach ist das Schwarze Brett, wenn es gehegt und gepflegt wird, im Unternehmen eines der wichtigsten Informationsmedien und erreicht auch die Mitarbeiter, die keinen Intranetzugang haben. Und selbst in Unternehmen, wo die Tafel ein Schattendasein führt, genügen meist eine neue Aufmachung und mehr Schwung, um mit minimalen Kosten hohe Aufmerksamkeit zu erzeugen und Themen unübersehbar zu vermitteln.

Die Mitarbeiter scheinen einen siebten Sinn zu haben. Tagelang gehen sie achtlos an der Tafel vorbei. Aber kaum, dass die interne Kommunikation eine neue Meldung platziert hat, bleiben alle stehen und lesen. Dann dauert es meist nur wenige Stunden und die Neuigkeit ist im ganzen Haus bekannt.

## z. B. Intranet

Das Intranet hat die interne Kommunikation revolutioniert: Interessierte Mitarbeiter sind durch gut ausgebaute Intranets heute oft besser informiert als die Führungskräfte. „Wissen" stellt kein knappes Gut mehr dar, das an bestimmten Stellen gebunkert wird. Die interne Öffentlichkeit ist in vielen Unternehmen zu einer schlauen Informationsgesellschaft geworden.

Das Intranet versteht sich als eine Kommunikations-, Arbeits- und Wissensplattform. Es ist multimedial, hypermedial, interaktiv und unabhängig von Zeit und Ort einsetzbar. Jedem Mitarbeiter, sofern er einen Intranetzugang hat, stehen genau die Informationen zur Verfügung, die er für seine Arbeit braucht. Flexibel, aktuell und immer verfügbar: das ideale Instrument.

Soweit die Theorie. Die Realität sieht anders aus. In vielen mittelständischen Unternehmen, die wir in den letzten Jahren besuchten, wirkt das Intranet auf uns wie ein kümmerlicher Baum, der zu wenig Licht und Wasser bekommt. Karge Textkolonnen, dürre Infos, veraltete Neuigkeiten und fantasielose Gestaltung führen in den Unternehmen dazu, dass viele Mitarbeiter das interne Netz schlichtweg ignorieren. Auch ist uns aufgefallen, dass viele Intranets zu viele Stufen und Verästelungen in ihrer Struktur haben. Informationen verlieren sich wie in einem Labyrinth und werden nicht gefunden. Ein funktionierendes Netz braucht eine permanente redaktionelle Bearbeitung, eine nutzerfreundliche Oberfläche und dazu Inhalte, die mit kurzen knackigen Texten sowie mit Fotos und Schaubildern zum Lesen einladen.

Um die Akzeptanz des Intranets zu erhöhen, ist nicht nur die permanente Bereitstellung aktueller Informationen wichtig. Auch im Netz spielt der Zeitdruck der Mitarbeiter eine Rolle: Sie wollen Informationen schnell und unkompliziert aufnehmen. Die Texte sind darum kurz und so gegliedert, dass sie sofort zu erfassen sind. Die Navigation muss leicht zu bedienen und für alle intuitiv verständlich sein.

Ähnlich wie bei der Mitarbeiterzeitschrift muss der Kommunikationsmanager IK auch beim Intranet ein Statut für die Veröffentlichung der Inhalte und den Freigabeprozess entwickeln. Wichtig sind eindeutige Regelungen. In einigen Unternehmen haben zu viele Mitarbeiter Zugriff auf die Informationsgestaltung. Das Netz wirkt wie ein Flickenteppich, es fehlt ein klares redaktionelles Profil. Weiterhin sollte festgelegt werden, wie und wann Seiten aus dem Netz genommen und archiviert werden. Veraltete Informationen und Datenfriedhöfe sorgen mit Gewissheit für Frust.

Durch den Intraneteinsatz kommt es in manchen Unternehmen zu einer Zweiklassengesellschaft: Im Produktions- und Gewerbebereich gibt es viele Mitarbeiter, die nicht an der Quelle sitzen und damit in der internen Informationsgesellschaft abgehängt werden. Das ersatzweise Aufstellen von Intranet-Terminals in Kantinen und Umkleideräumen ist meist nur ein schmaler und nicht funktionierender Ersatz. Zwar wäre eine praktikable Lösung, große Teile des Intranets in eine geschlossene Benutzergruppe im Internet auszusiedeln, auf die dann mit Passwort vom heimischen PC zugegriffen werden kann. Aber viele IT-Abteilungen lehnen diesen offenen Weg kategorisch ab.

Das Intranet ist inzwischen das wichtigste interne Kommunikationsinstrument geworden. Das hat Vor- und Nachteile. Intranet-Informationen sind schneller und aktueller, aber auch wesentlich flüchtiger und leichtgewichtiger. Es zeigt sich immer deutlicher, dass das Netz Print- und persönliche Kommunikation zwar schlagkräftig ergänzen, aber nicht wirklich ersetzen kann.


## z. B. Mitarbeiterfernsehen

Mitarbeiterfernsehen wird in den einschlägigen Fachzeitschriften auch „Corporate TV" genannt. Corporate TV, das sind „bewegte Bilder" über das Unternehmen, die nicht unter den Begriff Werbung fallen. Corporate TV wird in drei Ebenen eingeteilt:

› **Funktional** – zum Beispiel Mitarbeiter- oder Kundenfernsehen
› **Inhaltlich** – zum Beispiel Unternehmenskommunikation oder E-Learning
› **Technisch** – zum Beispiel über Kabel, Video-Podcast oder Live-Streaming.

In den 90er Jahren sorgte das Mitarbeiterfernsehen in Großunternehmen für Furore. Viele Konzerne stürzten sich auf Pilotprojekte. Die Begeisterung hielt allerdings wegen der hohen Kosten nicht lange an. Mittlerweile gibt es eine neue Generation des Mitarbeiterfernsehens, die auf moderner Digitaltechnik und dem Internet basiert. Die Kosten für Videoproduktionen und Übertragungskosten sinken permanent bei besserer Qualität und liegen inzwischen sogar für mittelständische Unternehmen im Bereich des Bezahlbaren. Der technische Fortschritt ermöglicht einfacheren Empfang, oft sogar am Arbeitsplatz per Computer. Im Gegensatz zu den Anfängen, wo Nachrichtenformate vorherrschten, setzt Mitarbeiterfernsehen mittlerweile vermehrt auf emotionale Ansprache. Vor diesem Hintergrund wagen wir zu prophezeien, dass die große Zeit des Mitarbeiterfernsehens gerade erst anbricht.

Der Vorteil von Mitarbeiterfernsehen ist die gleichzeitige Ausstrahlung an mehreren Standorten. Viele Mitarbeiter können synchron erreicht werden. Audiovisuelle Übertragung, also das gleichzeitige Hören und Sehen, bleibt besser im Gedächtnis haften und hat einen höheren Faszinationsgrad.

Will der Kommunikationsmanager das Mitarbeiterfernsehen im Unternehmen neu einführen, überprüft er anhand der Strategie, ob der Einsatz ins Raster passt und von den Bezugsgruppen akzeptiert wird. Wenn ja, dann braucht er noch ein angemessen hohes Budget, um auf Sendung zu gehen. Vorsicht allerdings vor zu großen Erwartungen! Erste Versuche, die wir bisher zu Gesicht bekamen, wirkten doch meist noch arg bemüht und laienhaft.

## z. B. soziale Medien & Web 2.0

Jede Gemeinschaft entsteht erst durch Kommunikation. Kommunikation ist immer ein sozialer Akt. Die unter dem Begriff „Web 2.0" zusammengefassten sozialen Medien besinnen sich auf diesen Ursprung und entwickeln ein neues, starkes Gemeinschaftsgefühl. Zu den Medien und Instrumenten gehören Social Communities, Weblogs, Podcasts und Wikis. Sie dienen dem Austausch von Informationen, Meinungen, Eindrücken und Erfahrungen. Im Vordergrund stehen Dialog und Interaktion.

Die sozialen Medien machen auch vor der Tür der internen Kommunikation nicht halt, wahrscheinlich haben sie sogar schon den Fuß in der Tür. Der IK-Manager kommt an ihnen früher oder später nicht vorbei. Vor allem bei überdurchschnittlich jungen und gut gebildeten Belegschaften dürfte der Einstieg eher früher erfolgen.

Noch ist die interne Kommunikation auf der Basis von Web 2.0 in der Entdeckerphase. Bei Gesprächen hören wir immer wieder die Frage: „Web 2.0 liegt doch voll im Trend, müssen wir da nicht auch einsteigen?" Unsere Antwort dämpft die aufkommende Euphorie. Die Medien 2.0 sind keine Modeerscheinungen, sondern neue soziale Plattformen, die Offenheit und Verantwortung, Kontinuität und Konsistenz erfordern. Wenn Unternehmen dazu (noch) nicht bereit und in der Lage sind, sollten sie den Einstieg aufschieben. Wer anfängt, die sozialen Medien im alten Stil zu dirigieren und zu redigieren, gerät schnell ins Abseits und schadet dem Unternehmen mehr als er ihm nutzt.

Im zweiten Kapitel dieses Buches haben wir uns über die Kommunikationskultur Gedanken gemacht und Sie aufgefordert, die Kulturmerkmale Ihres Unternehmens in einer Checkliste festzuhalten (Seite 43). Was sagt Ihre Checkliste? Ist die Kultur offen und dialogisch oder zumindest auf dem Weg dahin? Dann sind Sie „Ready for Web 2.0". Oder würde der offene Dialog in Ihrem Hause eher zu einem Kulturschock führen? Dann ist es ratsam, mit Bedacht einen Kulturwandel anzustoßen und im Zuge dieses Wandels Schritt für Schritt in die Welt der sozialen Medien einzusteigen.

Den Einstieg sollte der IK-Manager nicht im Alleingang angehen, sondern interessierte Mitarbeiter in den Entstehungsprozess einbeziehen. Web 2.0 versteht sich als Gemeinschaftswerk. In den ersten Monaten sind kleine Schritte zu empfehlen, die das Dialogprinzip testen und das Terrain erkunden.

Bei unseren ersten Web 2.0-Projekten fiel uns auf, dass vor allem Führungskräfte große Probleme mit dem sozialen Netz haben. Im Web 2.0 gibt es keine Kommunikationshierarchie, innerhalb der die Führungsebene die Diskussion von oben bestimmen und die Themendiskussion kontrollieren kann. Web 2.0-Kommunikation ist vom Selbstverständnis her stets Equal to Equal-Kommunikation. Besonders „ältere Semester" unter den Vorgesetzten reagieren irritiert. Die Hierarchie ist für sie immer auch Schutz und Deckung – und im Web 2.0 wird ihnen diese Deckung genommen.

Bei der Einführung der sozialen Medien im Bereich der internen Kommunikation sind wenige, aber wichtige Grundregeln zu beachten:

› **Alle sind dabei** – Die sozialen Medien im Unternehmen stehen offen für alle Mitarbeiter. Niemand darf ausgeschlossen oder eingeschränkt werden.

› **Die Führung macht mit** – Die Führungsebene darf den sozialen Mediendialog nicht nur dulden, sie muss aktiv mitmachen. Um Rückfälle in den alten Führungshabitus zu verhindern, ist der Umgang mit den neuen Medien ausreichend vorzubereiten.

› **Die Ziele sind klar** – Das Web 2.0 wird zur breit akzeptierten Kommunikationsweise. Die Ziele und soziale Funktionen der neuen Medien im Unternehmen sind allen Mitarbeiter bekannt und werden von allen verstanden.

› **Die Meinung ist frei** – Im Dialog dürfen alle Beteiligten ihre Meinung frei äußern. Es darf keine Nachteile oder gar Sanktionen geben, darauf muss jeder Mitarbeiter unbedingt vertrauen können. Natürlich gibt es Schranken: Mobbing, Beleidigung, Diskriminierung und Rassismus haben in den sozialen Medien keine Chance.

› **Brücken schlagen** – Die konventionellen Instrumente der internen Kommunikation werden systematisch mit den sozialen Medien verknüpft. Umgekehrt spiegeln die sozialen Medien immer auch die Kommunikation der konventionellen Instrumente wider.

› **Engagiert moderieren** – Alle sozialen Medien brauchen eine gute Moderation. Für uns ist der Moderator in aller Regel der Kommunikationsmanager IK. Er achtet auf die Einhaltung der vereinbarten Regeln, setzt Impulse und schlichtet Dispute. Seine Moderation bedeutet aber nie Zensur.

› **Erfolge kontrollieren** – Gerade in der Anfangsphase ist es unerlässlich, dass der IK-Manager den Dialog permanent beobachtet und auswertet, um Konstruktions- und Interaktionsprobleme der Medien schnell aufzuspüren und zu beheben.

> **Ausgangspunkt Intranet** – Zum Start konzentriert sich der Mitarbeiterdialog am besten auf das Intranet, das damit automatisch zum Intranet 2.0 wird. Erst wenn sich der Dialog im Kollegenkreis eingespielt hat, können einzelne Medien (z. B. der Blog eines Mitarbeiters) auch extern für alle Welt offen auf die Website gestellt werden.

> **Eile mit Weile** – Sie sollten sich Zeit lassen und die sozialen Medien in kleinen Schritten einführen und weiterentwickeln. Wir raten zum jetzigen Zeitpunkt von großen Sprüngen ab. Noch sind die Medien zu neu und es liegen kaum Erfahrungswerte für die interne Kommunikation vor.

Empfehlenswert ist der vorsichtige Einstieg mit nur einem Web 2.0-Instrument in einer Pilotphase. Der IK-Manager kann „geschützt" probieren und die Mitarbeiter haben Zeit, sich an den neuen Stil zu gewöhnen. Erste Erfahrungen zeigen, dass sich nicht alle Mitarbeiter ins virtuelle Gespräch bringen lassen. Eine kräftige Dialog-Promotion ist erforderlich, um die Zahl der Dialogteilnehmer zu steigern. Zum Beispiel praktizieren einige Unternehmen seit Jahren Mentorenprogramme, die man neu ins Spiel bringen könnte. Statt wie üblich „Alt hilft Jung" werden umgedreht junge Auszubildende den älteren Mitarbeitern zur Seite gestellt und beide testen gemeinsam die neuen Medien. Die Jungen sind „Digital Natives", sie gehen mit den sozialen Medien unverkrampft um und können ihre unkomplizierten Umgangsformen an die älteren Kollegen weitergeben.

Die Bandbreite der Gestaltungsmöglichkeiten ist vielseitig und für kleinere und mittlere Unternehmen oft verwirrend. Der Einsatz der Instrumente darf sich nicht nach den Bauchgefühlen und den Trendvorlieben des Kommunikationsmanagers IK richten, sondern einzig und allein nach der strategischen Eignung. Nur wenn die neuen Instrumente einen wesentlichen Beitrag zur Erreichung der Kommunikationsziele leisten und sauber in die Strategie passen, wird eine Einführung angedacht. Als Web 2.0-Instrumente für die interne Kommunikation kommen u. a. in Betracht:

> **Interne Blogs – für den persönlichen Eindruck:** Einige Unternehmen setzen auf spezielle Weblogs zur Ansprache der Mitarbeiter. „Weblogs" oder kurz „Blogs" sind digitale Tagebücher mit Dialogfunktion. Da gibt es Unternehmen, die ihren Vorstand in einem CEO-Blog kommunizieren lassen. Andere Blogs werden von ausgewählten Mitarbeitern geführt, die aus ihrem Arbeitsbereich berichten. Manche Blogs erfreuen sich vieler Besucher, andere werden schon nach wenigen Wochen mangels Masse wieder eingestellt. Wir beobachten mit Interesse, dass immer mehr Unternehmen im Rahmen des internen Wissensmanagements spezielle Themen-Blogs installieren – zum Beispiel zu Themen wie Innovationsmanagement oder Qualitätssicherung. Hier bloggen oft ganze Teams, die ihre Informations- und Erfahrungsbasis

kontinuierlich erweitern. Wir kennen auch den Einsatz von Blogs in der Projektarbeit, wo man sich schnell, aktuell und flexibel über den Projektstand austauschen kann. Jeder ist auf dem neuesten Stand und nach Ablauf der Projektzeit wird der Blog abgeschaltet und archiviert.

Zu erwähnen sind noch die Blogs im externen Einsatz, in denen zwar Mitarbeiter bloggen, der Blog aber für das Massenpublikum sichtbar im Internet steht. Hier verwischen die Grenzen zwischen interner und externer Kommunikation. Einige dieser Blogs scheinen uns kosmetisch geglättet und haben eher Imagefunktion nach außen. Damit sind sie nicht für die interne Kommunikation geeignet. Interne Blogs leben durch ehrliche Einträge, durch den authentischen Ton und einen kollegialen Stil.

› **Mikroblogs – für die schnelle Nachricht**: Ein Mikroblog ist eine Art „Mini-Blog", bei dem kurze Textnachrichten möglichst aktuell veröffentlichen werden. Diese Nachrichten können über unterschiedliche Kanäle, wie PC, Notebook oder Smartphone eingestellt, und von Interessenten, die „Follower" heißen, abonniert werden. Der bekannteste Mikroblogging-Dienst ist Twitter. Die Länge der Nachrichten darf meist nicht mehr als 200 Zeichen betragen, bei Twitter sind es sogar nur 140 Zeichen. Das Schreiben eines Beitrags heißt „twittern" (zwitschern), der Beitrag selbst ist ein „Tweet".

Der Vorteil von Mikroblogs liegt darin, dass die Nachrichten in Echtzeit als eine Art „Newsticker" übermittelt werden. Wir gehen nicht davon aus, dass die interne Kommunikation so viel aktuellen Stoff zur Verfügung hat, dass permanent mehrere interessante Tweets pro Tag veröffentlicht werden können. Deshalb empfehlen wir Mikroblogging in Unternehmen hauptsächlich als temporäres Instrument. Die interne Kommunikation berichtet topaktuell in einem begrenzten Zeitraums (der heißen Phase) über ein Ereignis (z. B. eine Fachmesse) oder ein Thema (z. B. eine wichtige Produktneuheit). Durchaus denkbar ist, dass mehrere Autoren gemeinsam twittern, z. B. von der Fachmesse berichten oder ihre Erfahrungen mit der Produktneuheit einbringen. Die Eindrücke werden in Echtzeit übermittelt und wenn es gut gemacht ist, bekommen die Mitarbeiter als „Follower" fast das Gefühl, mitten im Geschehen zu sein. Auch beim Mikroblogging ist es möglich, geschützte Bereiche mit einem Link aufs Intranet einzurichten, so dass ausschließlich die interne Bezugsgruppe die Informationen abrufen kann.

› **Podcasting – für den auditiven Eindruck:** Podcasts sind kurze Sprach-, Reportage-, Interview-, Talk-Beiträge, die die Kollegen als Audiodateien im Internet bzw. Intranet finden und über Smartphone, MP3-Player und Computer jederzeit und an jedem Ort anhören können. Oft sind Podcasts als eine Art Radioserie mit regelmäßigen Fortsetzungen konzipiert. Die einzelnen Podcasts werden kurz gehalten, in der Regel um die 3 Minuten pro Beitrag. Wenn sie mit Sprecher arbeiten, dann kann der Sprecher gern aus dem eigenen Unternehmen kommen, er sollte aber Talent und eine angenehme Sprechstimme haben.

Ein Weblogeintrag lässt sich sehr schnell und aktuell erstellen. Für die Herstellung von professionellen Podcasts braucht es dagegen mehr Zeit und Technik. Ein Mikro, ein gutes Aufnahmegerät und eine Audio-Software, um den Beitrag zu bearbeiten, sind unbedingt erforderlich. In der internen Kommunikation machen Podcasts nur Sinn, wenn sie relativ kontinuierlich eingesetzt und zu einem akzeptierten Medium werden. Im Idealfall warten die Mitarbeiter schon neugierig auf den nächsten Beitrag, was an den hohen Download-Zahlen kurz nach der Einstellung zu erkennen ist. Wie die Mikroblogs so können auch Podcasts nur gezielt für einen bestimmten Zeitraum installiert werden, um ein Thema oder ein Ereignis besonders zu akzentuieren. Hat der Podcast neben Ton auch Bild, so nennt man ihn Video-Podcast oder Vodcast.

› **Wiki – für transparentes Wissen im Unternehmen:** Das größte und bekannteste externe Wiki ist Wikipedia, das Online-Lexikon. Bei einem internen Wiki sammeln die Kollegen ihr Wissen zu einem bestimmten Thema oder Fachbereich. Alle können Wissen einstellen, pflegen und nutzen. Wikis leben vom gemeinschaftlichen Arbeiten an Wissenssammlungen. Alle sind sich einig: das Wissen soll fließen. Die Einsatzmöglichkeiten im Unternehmen sind vielseitig. Zum Beispiel bauen die Mitarbeiter einer Firma, die stark im Afrikageschäft engagiert ist, eine nützliche Wissensbibliothek mit Infos und Tipps rund um Dienstreisen nach Afrika auf. Oder die Makler eines großen Immobilienunternehmens stellen eine Dokumentationssammlung über aktuelle Marktentwicklungen an den verschiedenen Standorten zusammen. Oder Vertrieb und Kommunikationsabteilung erfassen über Jahre hinweg alle Ideen, Programmpunkte und Erfahrungen rund um die Messeauftritte und erleichtern so die Planungen für das nächste Jahr.

Bei Wikis sind die Grenzen zwischen der jobbezogenen Fachkommunikation und dem internen Kommunikationsmanagement fließend. Wichtig ist, dass festgelegt ist, wer die Verantwortung für die Pflege des Instrumentes hat. Falls der IK-Manager ein Wiki initiieren will, sollte er sicher sein, dass er genügend „Mitwisser" findet, die über einen längeren Zeitraum ihr Wissen einbringen. Mehr als die Hälfte aller Wikis trocknen aus, weil der Informationsfluss nach der Welle der Einstiegseuphorie versiegt.

Kritiker von Wikis bemängeln, dass das eingestellte Wissen bisweilen fehlerhaft ist. Das mag sein, aber wir bauen auf die soziale Kontrolle und das wache Engagement aller Mitarbeiter. Ein lebendiges Wiki lernt aus Fehlern und entwickelt sich weiter. Problematischer erscheint uns da schon eher, dass in vielen Unternehmen Wissen Macht bedeutet und deshalb nicht geteilt, sondern in den Abteilungen gebunkert wird. In einer solchen Kommunikationskultur hat ein Wiki keine Chance.

› **Social Communities – für ein stärkeres Gemeinschaftsgefühl**: Gemeint ist ein internes, soziales Medium in der Art von „Facebook" oder „Xing". Es soll die Verbindungen der Kollegen untereinander stärken. Eine Social Community beginnt dann Sinn zu machen, wenn die Kollegen sich nicht mehr alle kennen und sich nicht mehr auf den Fluren persönlich begegnen. Wenn wir ehrlich sind, ist uns bis jetzt noch keine „richtige" funktionierende Social Communitiy in der internen Kommunikation begegnet. Die Entwicklung steht noch ganz am Anfang. Besonders interessant erscheint uns ein Community-Netz für dezentrale Firmen mit mehreren Niederlassungen oder Filialen. Jeder Mitarbeiter legt seine persönliche Profilseite mit Foto an, die für jeden anderen Kollegen einsehbar ist. Da kann man berufliche Erfahrungen und fachliche Kenntnisse nachlesen. Die Kollegen stellen Projekte vor, an denen sie gerade arbeiten. Aber auch private Informationen wie Hobbys oder Freizeitbeschäftigungen sind dort zu finden. Sensible Daten wie die Privatadresse haben auf der Profilseite nichts zu suchen.

Mal angenommen, jemand hat Probleme beim Umgang mit dem Präsentationsprogramm Powerpoint, dann sucht er in der Community jemanden, der sich dabei auskennt, und bittet denjenigen um Unterstützung. Ein anderer Mitarbeiter will eine Betriebsfußballmannschaft gründen. Über das Netz hat er schnell raus, wer in seinem Unternehmen fußballerische Ambitionen hat. Oder einige Kollegen gründen ein virtuelles Forum, das sich Gedanken über Work-/Life-Balance am Arbeitsplatz machen. Vieles ist möglich. Damit das Netzwerk funktioniert, braucht es zahlreiche Querverbindungen. Bei internen Mails hat die Signatur am Ende des Mails einen Link zur Profilseite. Zusätzlich kann man mit einer Suchfunktion alle Profilseiten schnell finden und nach relevanten Kriterien durchforsten. Eine fehlende Absprache mit dem Betriebsrat kann interne Communities in Schwierigkeiten bringen, denn der Betriebsrat hat bei der Freigabe von persönlichen Daten ein Wörtchen mitzureden. Beziehen Sie ihn rechtzeitig in Ihre Überlegungen ein.

› **Instant Messaging – für den Blitzaustausch zwischendurch:** Die einen nennen es „digitales Über-den-Schreibtisch-rufen", die anderen zucken nur verständnislos die Schultern. Instant Messaging ist eine Kommunikationsform, bei der sich zwei oder mehrere Mitarbeiter über ein spezielles Computerprogramm in Echtzeit unterhalten. Die Nachricht kommt in Echtzeit beim Empfänger an und ein kurzer Dialog entsteht. Über die Statusmeldung ist sichtbar, wer gerade online ist und „mitreden" kann. Das Ganze ist ein Zwischending irgendwo zwischen E-Mail und Chat. Falls ein Instant Messaging-System im Haus installiert ist, sollte es der Manager IK vor allem in Teamsituationen für einen kurzen spontanen Blitzdialog nutzen. Man stelle sich vor, er kann sich nicht entscheiden, welches Thema auf den Titel des neuen Mitarbeitermagazins soll. Mit einer kurzen „Message" an alle Kollegen, die ihn als freie Redakteure unterstützen, holt er sich schnell ein Meinungsbild ein.

> **Apps – für alle, die nicht am PC sitzen:** Apps sind kleine Mini-Programme, die (fast) alle Anwendungen aus dem Social Media-Bereich auch auf das Smartphone oder das Handy bringen. So kann die interne Kommunikation auch Kollegen, die ständig unterwegs sind bzw. keinen PC am Arbeitsplatz haben, direkt erreichen und in den Dialog einbeziehen.

Ganz gleich, welches Web 2.0-Medium oder welche Anwendung zum Einsatz kommt, die interne Kommunikation wird nur dann dauerhaft Erfolg haben, wenn sich der Dialog für die Mitarbeiter nützlich macht und Probleme lösen hilft. Der schöne Schein des neuen Trends ist schnell verblasst. Social Media braucht Substanz.

## PRAXIS LIVE

Das Konzept hatte Ribbeck bei seinem Chef ohne große Korrekturen durchbekommen. Vor allem das Managerfrühstück hatte es Dr. Velten angetan. Er war sogar auf der Stelle bereit, das Frühstück komplett aus seinem eigenen Etat zu finanzieren. Da der Navigator eine Co-Finanzierung mit Personalabteilung und Beratungszentrum wurde, sah es am Ende mit den Kosten gar nicht mehr so dramatisch aus. Mit dem Personalproblem ging es nicht so einfach über die Bühne. Glücklicherweise hatte Ribbeck einen cleveren Praktikanten bekommen, der ihm viel Kleinarbeit abnahm.

Ein wichtiger Einstiegserfolg war der Aufbau des kleinen „Expertenteams" für den Rundbrief. Expertenteam hatte Ribbeck die redaktionelle Verstärkung durch die Mitarbeiter getauft. Beide altgedienten Mitarbeiter, die er als Multiplikatoren ins Auge gefasst hatte, waren sofort dabei. Von den Lesern kam schon nach der ersten Ausgabe im neuen Jahr viel Lob und so manches Schulterklopfen. Vor allem, dass sich Ribbeck entschlossen hatte, Fotos in den Rundbrief aufzunehmen, hatte den emotionalen Reiz wesentlich erhöht.

Aber einige Wochen später passierte es dann. Die Beratertrainings starteten – und wurden nur mit Widerwillen aufgenommen. Die Personalabteilung hatte die „Großwetterlage" unter den Mitarbeitern falsch eingeschätzt und war auf die Idee verfallen, die Trainings auf das Wochenende zu legen, was zu einem Sturm der Entrüstung im Kollegenkreis führte.

Ribbeck wurde von dieser Entscheidung überrascht. Auf gut deutsch: Die Abstimmung lief „besch...". Opfer des Konflikts war der mit großen Ambitionen gestartete Navigator. Die erste Ausgabe zum Thema Training ignorierten die Kollegen demonstrativ. Das Display mit den Broschüren vor dem Personaleingang wurde eines Morgens umgestoßen, so dass alle Navigatoren auf dem Boden landeten und unzählige Fußtritte bekamen. Wie der Zufall es wollte, hatte Dr. Velten die Schweinerei entdeckt und Ribbeck zum Rapport bestellt. Das Donnerwetter war riesengroß. Um die Wogen zu glätten, marschierte Ribbeck durch alle Abteilungen und lieferte den Navigator persönlich ab. Auf diesem „Bußgang" musste er ständig den Kopf einziehen und sich so einiges anhören. Im Stillen fluchte er über seinen Tatendrang. In einem abschließenden Gespräch mit der Personalabteilung versuchte er einen besseren Draht zu ihr aufzubauen, um solchen Überraschungen zukünftig vorzubeugen.

Noch einen zweiten Flop galt es zu vermelden. Der Start des Wissensmanagements musste kurz vor dem Termin um mehrere Monate verschoben werden. Der schon gedruckte Navigator wurde solange im Lager auf Halde gelegt. Aber Gott sei Dank blieb Ribbeck in diesem Fall aus der Schusslinie. Den schwarzen Peter bekamen die IT-Leute, die dieses Mal allen Grund zur Phobie hatten.

Die Begleitung der internen Kommunikation zu den Schwerpunktthemen „Beratungsmobil", „Verbraucherstudie zur Versorgungssicherheit" und „Boom-Tendenzen in der Beratung" liefen dagegen wie am Schnürchen. Als sensationeller Erfolg, mit dem Ribbeck gar nicht gerechnet hatte, entpuppte sich der Blitzrundbrief zur Energiesparkonferenz. SüdWatt wurde eingeladen, die Regierung zu beraten? Diese Anerkennung von neutralen Dritten gab dem Selbstbewusstsein der Mitarbeiter einen gewaltigen Auftrieb. Man meinte fast, die frische Brise zu spüren. Nichts ist so mitreißend wie der Erfolg.

# Erfolgskontrolle.
## Nur kein
## Mittelmaß

Permanente Erfolgskontrolle kann die Kondition der Kommunikation erheblich verbessern. Im internen Bereich erfordert die Kontrolle vergleichsweise wenig Aufwand. Oft reichen einfache „Bordmittel", um zu erkennen, wo es gut läuft und wo es kritisch wird.

## Ohne Erfolgskontrolle geht es nicht

„Mache ich die Dinge richtig und mache ich die richtigen Dinge?" fragt sich der Kommunikationsmanager, wenn er die laufenden Aktivitäten der internen Kommunikation unter die Lupe nimmt. Und er muss sich diese Frage ehrlich beantworten, um weiterzukommen. Die Erfolgskontrolle hilft ihm dabei. Unter Erfolgskontrolle verstehen wir den Einsatz von speziellen Werkzeugen und Methoden, die mit ihren Sensoren den gesamten konzeptionellen Prozess auf seine Wirksamkeit hin überprüfen.

Der Kommunikationsmanager kontrolliert Effektivität und Effizienz der aktuellen Jahresplanung. Er erkennt Fehler und kann diese Fehler in der nächsten Konzeptionsrunde vermeiden oder sogar schon während der laufenden Umsetzung ausgleichen. Aber nicht nur fehlerhafte Maßnahmen werden identifiziert. Zugleich erkennt der IK-Manager auch besonders aussichtsreiche Aktivitäten und kann sie in der Folge noch gezielter akzentuieren. Alles in allem ist die Erfolgskontrolle für ihn ein wichtiger Weg der Weiterbildung.

Mit den Ergebnissen der Erfolgskontrolle stellt der Kommunikationsmanager IK auch unter Beweis, dass er betriebswirtschaftlich denkt und messbare Werte liefert. In vielen Unternehmen ist die Orientierung an Daten und Fakten wichtig für das Controlling und den Rückhalt in der Leitungsebene.

Die Erfolgskontrolle findet permanent während des gesamten Planungsjahres statt und umfasst sogar die Kontrolle selbst. Denn auch die Erfolgskontrolle wird zum Gegenstand einer Kontrolle, verbunden mit der Frage: „Kontrollieren wir den Erfolg mit den richtigen Messinstrumenten?"

Abbildung 37: Zeitliche Phasen der Erfolgskontrolle

Je nach Messzeitpunkt unterscheidet man in der internen Kommunikation drei Arten der Erfolgskontrolle:

> **Eignungskontrolle** – Viele Risiken lassen sich schon im Vorfeld identifizieren. Bei der Konzepterstellung kann der Kommunikationsmanager zur Risikominimierung bestimmte Tests durchführen. Ein klassischer Test der Eignungskontrolle ist der Pretest. Im Vorfeld werden Mitarbeiter nach einem festgelegten Schema beispielsweise zum neuen Layout der Mitarbeiterzeitschrift befragt: „Gefällt euch das Design? Steht ihr dahinter?"

> **Einsatzkontrolle** – Die Einsatzkontrolle findet begleitend zu den Kommunikationsmaßnahmen statt und ermöglicht es, korrigierend einzugreifen. Sie ist eine Art Frühwarnsystem, das Schwachstellen noch während der Laufzeit der Maßnahmen aufdeckt. So z. B. eine spezielle Software, die Nutzung des Intranets kontinuierlich zu beobachten und beim Eintreten bestimmter negativer (oder auch positiver) Indikatoren automatisch Alarm zu geben.

> **Ergebniskontrolle** – Die Ergebniskontrolle findet nach dem Kommunikationseinsatz statt. Zum Jahresende wird kontrolliert, ob die im Konzept festgelegten Ziele tatsächlich erreicht wurden. Als Messinstrument eignet sich zum Beispiel eine Mitarbeiterbefragung oder die Auswertung der Leser-E-Mails eines Jahrgangs der Mitarbeiterzeitschrift. Zur Ergebniskontrolle gehören auch die Nachkalkulation des Budgets und die Überprüfung aller Instrumente.

## Die Kontrolle hat drei Dimensionen

Bei der Messung des Kommunikationserfolges werden drei Dimensionen unterschieden, die alle parallel in den Fokus rücken sollten:

> **Strategische Kontrolle** – Sind die Bezugsgruppen und die Ziele erreicht? Ist die Positionierung umgesetzt?

> **Inhaltliche Kontrolle** – Sind Kernbotschaften und Themen verstanden und von allen relevanten Bezugsgruppen akzeptiert worden?

> **Operative Kontrolle** – Haben die Instrumente reibungslos funktioniert? Hat die Zeitplanung gestimmt? Ist das Budget eingehalten worden?

Die möglichen Messinstrumente sind überschaubar. Der Kommunikationsmanager greift zurück auf quantitative und qualitative Mitarbeiterbefragungen, Beobachtungen sowie die Auswertungen von Sekundärmaterial. Dabei sollte der IK-Manager die Kontrollen nicht nur anderen überlassen, sondern selbst den Kontakt suchen, um authentische Eindrücke aus erster Hand zu sammeln. Im Kapitel zur Recherche (Seite 63) sind Instrumente beschrieben, die ebenfalls bei der Kontrolle zum Einsatz kommen.

Qualitative Befragungen eignen sich vorzugsweise für die inhaltliche Kontrolle: Sind unsere Themen und Botschaften verstanden worden? Haben sie die beabsichtigte Wirkung erzielt? Eine solche Befragung muss nicht unbedingt „formell" im Runden-Tisch-Gespräch stattfinden, sondern kann auch „informell" direkt auf dem Flur erfolgen: „Du warst doch gestern auch auf der Betriebsversammlung. Welchen Eindruck hattest du? Was könnte man verbessern?" Standardisierte Befragungen kommen hauptsächlich zum Einsatz, um Bekanntheitsgrade, Erinnerungswerte und Verhaltensweisen abzufragen: „An welche Artikel in der letzten Ausgabe der Mitarbeiterzeitschrift kannst du dich erinnern? Wie lange hast du die Ausgabe gelesen?"

Beobachtungen eignen sich zum Beispiel für die Auswertung von Aktionen und Events: „Wie verhalten sich die Mitarbeiter beim Eintreten in den Saal? Wo gehen sie zuerst hin? Wie lange bleiben sie stehen?"

Sekundärmaterialien geben unter anderem Auskunft, ob der Krankenstand gestiegen oder die Mitarbeiterfluktuation gesunken ist. Man kann auswerten, welche Mitarbeiter gekündigt haben und welche neu eingestellt wurden, wie sich die Preise in der Kantine entwickelten und wie viele neue Verträge zur betrieblichen Altersversorgung abgeschlossen wurden. Alle Daten, die ihm helfen, seinen Kommunikationserfolg in der großen Linie wie im kleinen Detail zu messen, wird der Kommunikationsmanager IK heranziehen.

In der internen Kommunikation werden die Möglichkeiten der Erfolgskontrolle bis dato zu wenig genutzt. Oft bleiben die Resultate der internen Kommunikation im Nebel verborgen. Dabei ist eine Erfolgskontrolle gar nicht kompliziert und kann oft mit einfachen Mitteln angegangen werden. Aber andererseits ist auch nicht alles, was sich messen lässt, hinterher sinnvoll nutzbar. Der Kommunikationsmanager IK muss daher mit Überblick und Intuition Kosten und Nutzen der Kontrolle in ein gesundes Verhältnis setzen.

Eine rein sachlich konstatierende Wiedergabe der Resultate nützt weder dem Kommunikationsmanager IK noch dem Unternehmen. Deshalb muss er analysieren, woran Pleiten, Pech und Pannen gelegen haben und wie man Fortschritte, Vorsprung und Erfolge noch intensiver nutzen kann. Hierfür stellt er die Maßgaben des Konzepts und die erreichten Messergebnisse der Erfolgskontrolle gegenüber. Das Ergebnis sollte eine offene und ehrliche Bewertung sein, verbunden mit ersten Vorschlägen und guten Ideen, was im nächsten Jahr verbessert werden könnte.

Eine zentrale Rolle spielt in diesem Zusammenhang die Überprüfung der Kommunikationsziele. Immerhin sind sie die Hauptmesslatte der internen Kommunikation. Diese Messlatte darf nicht nur eine theoretische Planungsgröße des Konzeptes bleiben, sondern sollte als Prüfinstrument konkret angelegt werden.

Zu diesem Zweck nutzt der Kommunikationsmanager IK am besten den klassischen Soll-/Ist-Vergleich. Beim Soll-/Ist-Vergleich werden die Zielvorhaben vor dem Start mit der Zielerreichung zum Abschluss des Jahres verglichen, um mögliche Lücken und Fehlentwicklungen aufzudecken:

› **Zielwert SOLL** – In diese Spalte werden alle innerhalb der strategischen Planung definierten Kommunikationsziele untereinander eingetragen.

› **Ergebniswert IST** – In der zweiten Spalte nebenan trägt man die aufgrund der Erfolgskontrolle bilanzierten Ergebnisse ein. Sollten die Ziele messbar sein, stehen an dieser Stelle die konkret erreichten Werte plus Interpretation und Bewertung. Wurden die Ziele allgemein formuliert, dann schreibt der IK-Manager lediglich eine kommentierende Einschätzung.

Verzichten Sie nicht auf die Kontrolle der Ziele! Die Kontrolle stellt sicher, dass Sie die kritischen Stellen in der internen Kommunikationsarbeit Ihres Unternehmens erkennen und dort im Folgejahr punktgenau den Hebel ansetzen können. Die Checkliste für die Zielkontrolle sollte etwa wie folgt aussehen:

| SOLL | IST |
| --- | --- |
| Die in der Strategie vorgegebenen Ziele ... | ... werden dem Erreichten gegenübergestellt. |

**Check 23: Die Zielkontrolle**

Ihre Gegenüberstellung darf nicht geschönt sein, sondern zeigt ungeschminkt die Realität. Es verlangt ja keiner, dass Sie eventuelle negative Ergebnisse an die große Glocke hängen. Es reicht schon aus, wenn Sie nur für sich die Soll- und die Ist-Seite gegenüberstellen. Das konzeptionelle Arbeiten steigert Ihre Erfolgschancen, wenn Sie wissen, wo genau die kritischen Stellen liegen, an denen Sie zukünftig den Hebel ansetzen müssen.

Ein neues Thema im Kontext der Erfolgskontrolle ist das „Kommunikationscontrolling". Da fallen Begriffe wie Output, Outflow oder KPI (Key Performance Indicator). Für uns sind die großen Hoffnungen, die mit diesem Thema verbunden werden, nur zum Teil nachvollziehbar, denn wir beobachten mit Sorge, dass das quantitative Controlling anfängt, die qualitative Konzeption zu bevormunden. Sobald das Kommunikationscontrolling sich als Richtschnur der Ziel- und Strategieentwicklung etabliert, wird für uns das Pferd von hinten aufgezäumt. Wir bleiben dabei: Zuerst kommen Ziele und Strategie und erst dann wird über das Kommunikationscontrolling nachgedacht. Nicht umgekehrt! Falls Sie sich in Ihrem Unternehmen besonders stark für das Konzept und die Umsetzung der internen Kommunikation rechtfertigen müssen, haben wir Ihnen im Serviceteil eine Mustervorlage für eine detaillierte Erfolgskontrolle mit „KPI" abgebildet (Seite 220).

Und noch ein Modell zur Erfolgskontrolle geistert durch die Fachwelt: Die Balanced Score Card. Fast ängstlich bekommen wir zu hören: „Brauchen wir eine Balanced Score Card für die Kommunikation? Müssen wir das Instrument einsetzen?" Mit der Balanced Score Card werden, ausgehend von der Vision und Strategie eines Unternehmens, ausbalancierte Ziele für die Aspekte Kunden, Prozesse, Finanzen und Mitarbeiter festgelegt. Der Einsatz einer Balanced Sore Card ist eine strategische Unternehmensentscheidung der Geschäftsführung, die dann im Unternehmen auf die einzelnen Bereiche heruntergebrochen wird. Es wird also nicht so sein, dass allein die Kommunikationsabteilung die Balanced Score Card einführt. Falls allerdings die Führung dieses Instrument firmenübergreifend implementiert, sind auch Sie dabei. Wir finden es richtig, wenn gesetzte Ziele im Rahmen eines Konzepts evaluiert werden. Die Balanced Score Card passt jedoch nur bedingt in die Kommunikation. Interne Kommunikation ist kein technischer Vorgang, keine empirische Wissenschaft. Zu komplex sind die Prozesse, zu emotional die Hintergründe, zu groß die Überraschungen und zu differenziert der Kollegenkreis. Die Balanced Scorecard wird dieser Komplexität und Emotionalität nicht gerecht. Oder würden Sie auf die Idee kommen, Ihr Familienleben in einer Balanced Score Card zu erfassen?

## Eine Abschlusspräsentation zieht Bilanz

Die Abschlusspräsentation informiert die Unternehmensleitung und die Kollegen über die Ergebnisse des vergangenen Jahres. Sie beinhaltet einen Rückblick auf die Konzeption, die Umsetzung sowie eine Vorstellung der Kontrollergebnisse mit Bewertung und einen Ausblick auf das nächste Jahr. Die Präsentation dient gleichzeitig als Basis für die Aufgabenstellung des neuen Jahreskonzeptes. Der Kommunikationsmanager IK lädt die Leitungsebene und alle an den Aktivitäten beteiligten Mitarbeiter zur Abschlusspräsentation ein. Neben seiner eigenen Präsentation kann er auch die Beteiligten mit Erfahrungsberichten und eigenen Bilanzen zu Wort kommen lassen. Im Wechselgespräch findet eine gemeinsame Manöverkritik statt. Verbesserungsvorschläge für die nächste Konzeption werden aufgenommen.

Der allerletzte Akt des Prozesses ist die Dokumentation, die oft als lästige Pflicht empfunden wird. Wir finden allerdings, dass sie zu einem souveränen Kommunikationsmanagement unbedingt dazugehört. Die Dokumentation dient als Referenz und Arbeitsnachweis und vor allen Dingen als Erfahrungsschatz für zukünftige Jahresplanungen. Sie besteht aus fünf Teilen:

› Ursprüngliches Gesamtkonzept
› Darstellung der Umsetzung mit allen relevanten Ereignissen
› Detaillierter Kostenplan mit Ist-/Soll-Vergleich
› Ergebnisse der Erfolgskontrolle und der Bewertung der erreichten Ziele
› Abschließendes Fazit mit Blick in die Zukunft

Und eines darf zu guter Letzt auf keinen Fall vergessen werden: der Dank an alle, die mitgearbeitet haben. Vielleicht erinnern Sie sich, dass kleine Events große Wirkung haben können? Wie wäre es deshalb, wenn Sie alle Beteiligten anschließend zu einer kleinen After-Work-Party einladen würden?

## PRAXIS LIVE

Ein ganzes Jahr war vergangen. Ribbeck saß hinter seinem Schreibtisch und blätterte noch einmal durch sein altes, schon leicht zerfleddertes Konzeptpapier. An ein paar Stellen hatte er zurückstecken müssen, aber unter dem Strich ging seine konzeptionelle Rechnung auf. Ribbeck war zufrieden. In den nächsten Tagen hatte er fest eingeplant, mit dem internen Kommunikationskonzept für das neue Jahr zu beginnen.

Als abschließende Kontrolle wollte er seine geplanten Ziele mit dem aktuellen Status vergleichen. Diesen Vergleich würde er nur für sich ganz persönlich machen, um eine ehrliche Bilanz zu ziehen. Er hatte schon im ursprünglichen Konzept die Wege der Erfolgskontrolle festgelegt und sich im Laufe des Jahres an diese Kontrollvorgaben gehalten, so dass er nach zwölf Monaten ein relativ klares Bild der Ist-Situation hatte. Er hatte Dr. Velten sogar eine Abschlusspräsentation angeboten. Der war jedoch mal wieder im Terminstress und hatte abgewinkt. Verglich man Soll mit Ist, dann waren die Baustellen für das nächste Jahr nicht zu übersehen. Um die „Verweigerer" auf der Führungsebene würde sich Dr. Velten kümmern.

Beim „kundenorientierten Energieberater" würde Ribbeck selbst am Ball bleiben müssen. Diese zentrale Aufgabe würde ihn sicherlich auch in den Folgejahren noch weiter beschäftigen. Aber die dringendste Soll-/Ist-Konsequenz war, dass er endlich anfing, die klaffende Lücke zwischen Verwaltung und Technik zu überbrücken. Die Erfolge in der Verwaltung durften ihn nicht darüber hinwegtäuschen, dass es in der Technik noch jede Menge Distanz zu überwinden gab. Eine innere Stimme sagte ihm, das würde heftig werden. Doch zumindest hatten ihn die Kollegen im Kraftwerk und in den Werkstätten seit einigen Monaten als den Ansprechpartner für interne Kommunikation akzeptiert. Somit hatte er einen Brückenkopf erobert. Und gerade vorgestern kam ein Anruf von den Technikern, die ihn zu ihrem nächsten Stammtisch einladen wollten. Das war ein Privileg, das gar nicht hoch genug einzuschätzen war. Seines Wissens hatte in den letzten drei Jahren kein Mitarbeiter aus der Verwaltung die Ehre gehabt. Ribbeck würde auf jeden Fall hingehen, auch wenn ein Kegelabend angekündigt war und seine Kegelkünste mehr als miserabel waren. Er würde die Kugel ins Rollen bringen, und allein darauf kam es an.

| SOLL | IST |
|------|-----|
| **Dach** | |
| Bis Ende 2013 haben sich alle Mitarbeiter der SüdWatt AG mit dem „kundenorientierten Energieberater" identifiziert und handeln in diesem Sinne. Das neue Selbstverständnis prägt die Unternehmenskultur. | Zumindest die Mitarbeiter in der Verwaltung fangen an, sich neu zu orientieren. In der Technik herrscht noch der alte Trott. Leider! |
| **Ziele Richtung Mitarbeiter** | |
| Über 90% Mitarbeiter der SüdWatt AG haben bis zum Ende des Jahres durch intensive interne Kommunikation die Anforderungen und Vorteile der neuen kundenorientierten Sicht verstanden und verinnerlicht. | Fast alle haben verstanden, dass sich SüdWatt in Richtung Kunden bewegt. Ob Sie es verinnerlicht haben? In der Technik wohl eher nicht. |
| Bis zum Ende des Jahres sind mehr als 50% der Mitarbeiter im Kundenkontakt offensiv bereit, für das neue Selbstverständnis zu lernen und zu trainieren. | Die Bereitschaft ist da, wenn auch der Start durch den Fehler der Personalabteilung etwas verunglückt ist. |
| Bis zu den Sommerferien wurde die interne Informationsarbeit des Pressesprechers beschleunigt und mindestens zwei Drittel der Mitarbeiter fühlen sich ausreichend informiert. | Hier hat es einen deutlichen Schub gegeben. Fast alle Mitarbeiter fühlen sich informiert – ein voller Erfolg. |
| **Ziele Richtung Führungskräfte** | |
| Ab sofort unterstützen Vorstand und Führungskräfte die Mitarbeiter konsequent in der neuen Selbstsicht als kundenorientierte Energieberater. | Im Grundsatz ja! Im Detail gibt es Probleme. Bestimmte Führungskräfte müssten unbedingt ihre Teamkommunikation verbessern. |
| Vorstand und Abteilungsleiter geben nach kurzer Vorbereitung alle für die Mitarbeiterkommunikation relevanten Nachrichten routinemäßig an den Pressesprecher weiter. | Bis auf zwei bis drei notorische Verweigerer klappt das schon ganz gut. |
| Alle Führungskräfte nutzen ab sofort und auf Dauer die neu geschaffenen Vernetzungswege und tauschen sich untereinander aus. | Auch hier gibt es Probleme mit den Verweigerern. Ich komme da nicht weiter und brauche die Hilfe von Dr. Velten. |

# Das letzte Wort ist ein Blick nach vorn

In vielen Unternehmen wurde die Effizienz-Spirale in letzter Zeit sicherlich auch aufgrund der Finanzkrise hart überdreht und den Mitarbeitern immer mehr Spielräume genommen. Changeprozesse, „Outplacement" und Kurzarbeit waren und sind an der Tagesordnung. Aus dem inneren Getriebe dieser Unternehmen hören wir inzwischen ein vernehmliches Krachen, und bald dürfte der Bogen überspannt sein.

Wir sind Optimisten und meinen, am Horizont langsam, aber sicher einen Wertewandel auszumachen. Die Zeiten der grenzenlosen Effizienzsteigerung und Gewinnmaximierung scheinen zu Ende zu gehen. In Zukunft dürften Unternehmen in Deutschland wieder mehr Verantwortung für die Gesellschaft und für ihre Mitarbeiter übernehmen. Sie bekennen sich zu ihrem sozialen Selbst, dessen nachhaltiges Erfolgsrezept nicht allein auf dem Return on Investment, sondern auch auf solidarischem Verhalten, verlässlichen Regeln und Entfaltungsspielräumen für die Mitarbeiter basiert. Innerhalb dieser Entwicklung wird es eine Renaissance der internen Kommunikation geben, die im Sinne einer internen „Corporate Social Responsibility" plant und handelt. Diskussionen um Burnout, Gesundheitsmanagement und Work-Life-Balance schwappen aus der externen Öffentlichkeit in die Unternehmen. Diese Entwicklung gibt den Kommunikationsmanagern IK zukünftig neue Gestaltungsmöglichkeiten und einen größeren Verantwortungsbereich.

In den nächsten Jahren wird es in der internen Kommunikation spannend werden. Es entwickeln sich viele neue Chancen und Herausforderungen. Die Unternehmen werden durch die moderne Kommunikationstechnik immer gläserner. „Betriebsgeheimnisse" gibt es nur noch eingeschränkt. Gleichzeitig wird der Kreis der Mitarbeiter immer lockerer und ungebundener. „Die verschworene Gemeinschaft" der Kollegen ist selten geworden. Es gibt immer mehr mobile Arbeitsplätze, Zeitarbeiter und freie Mitarbeiter. In Bereichen wie IT oder Werbung liegt der Anteil der freien Mitarbeiter inzwischen schon bei nahe 20%. Hinzu kommt: Mitarbeiterschaften werden – nicht nur in Großunternehmen, sondern auch im Mittelstand – immer globaler, internationaler und interkultureller. Die Auswirkungen der demografischen Entwicklung werden die Unternehmen und die Kommunikation verstärkt zu spüren bekommen. Vor allem die jüngeren Mitarbeiter öffnen sich für ganz neue Wege der Kommunikation. Fachleute sprechen von „Digital Immigrants" und „Digital Natives".

Gleichzeitig erweitert sich das Spektrum der internen Kommunikation in rasanter Weise. Die Perspektiven reichen von der Informationsvermittlung per Smarttelefon, über das ip-TV als Mitarbeiterfernsehen bis hin zum Blended Learning direkt am Arbeitsplatz. Wir könnten uns vorstellen, dass virales

Marketing in immer mehr Firmen zur Mitarbeiteransprache eingesetzt wird, dass ein systematisches Wissensmanagement bald eine Selbstverständlichkeit ist. Wir sehen Netzwerkbildung und den Aufbau von Mitarbeitercommunities als Ansatzpunkte für eine neue Qualität der internen Kommunikation.

Was sind die Herausforderungen der Zukunft? Wie schafft es das interne Kommunikationsmanagement bei aller Komplexität seine Strategien, Themen und Instrumente so bereitzustellen, dass alle Mitarbeiter informiert, motiviert und integriert werden? Für Sie als Kommunikationsmanager in der internen Kommunikation heißt es, Augen, Ohren und Geist offen zu halten und permanent neue Perspektiven für die Mitarbeiteransprache zu entwickeln – mit System, versteht sich.

08

info

# **Serviceteil.** Infos, die sich nützlich machen

Die nächsten Seiten helfen Ihnen weiter: mit ausführlichen Checklisten, mit kommentierten Büchertipps und Website-Hinweisen sowie einem Schlagwortregister für die gezielte Suche.

# Der Phasenplan für das Kommunikationsmanagement

Wie kommt System in die interne Kommunikation? Der Phasenplan verdichtet die gesamte Schrittfolge der konzeptionellen Arbeit übersichtlich auf zwei Seiten.

## Phase 1: Analyse
### Aufgabe und Mandat der Leitung
› **Aufgabenstellung.** Am Anfang steht das Problem, welches es mittels des Konzeptes zu lösen gilt. Zum Beispiel soll der Krankenstand gesenkt werden, ein neues Produkt dem Vertrieb vorgestellt oder die Jahresstrategie allen Mitarbeitern vermittelt werden. Oder es kann sich generell um die Steigerung der Mitarbeiterzufriedenheit handeln.
› **Exposé mit Präsentation und Abstimmung.** Im Exposé wird der Unternehmensleitung präsentiert, wie die Umsetzung der Aufgabenstellung angedacht ist, welche Ressourcen dafür gebraucht und welcher Zeitrahmen gesteckt werden. Mit der Genehmigung des Exposés liegt offiziell ein Mandat der Unternehmensleitung vor.

### Analytischer Bereich
› **Recherche und Faktenspiegel.** In der Recherche werden alle für die Kommunikationsaufgabe relevanten Fakten gesammelt und in einem Faktenspiegel zusammenfasst. Die Recherche variiert je nach Umfang der Aufgabenstellung und nach Vorkenntnissen des Kommunikationsmanagers IK.
› **Analyse.** Mithilfe des Faktenspiegels werden die gesammelten Fakten gewichtet und in der Statusanalyse in Zusammenhang gebracht. Die Analyse ist das Sprungbrett zur Strategieentwicklung.

## Phase 2: Planung
### Strategischer Bereich
› **Ziele.** Hier beginnt die Strategieentwicklung. Aus der ursprünglichen Aufgabe werden Kommunikationsziele abgeleitet.
› **Bezugsgruppen.** Es folgt die Bestimmung der Personen, die angesprochen und bei der die Ziele erreicht werden.
› **Positionierung.** Es wird festgehalten, welches Bild die Führungskräfte und die Mitarbeiter vom Unternehmen haben bzw. haben sollen.
› **Botschaften und Themen.** Diese Positionierung spiegelt sich in den Botschaften und Themen wider, mit denen die Bezugsgruppen angesprochen und die Ziele umgesetzt werden.
› **Strategische Konkretisierung.** Die Strategie wird konkretisiert und mit Instrumenten verknüpft.

**Operativer Bereich**

› **Instrumente.** Die Instrumentenauswahl wird konkretisiert.
› **Zeitplan.** Die Themen und Instrumente werden unter zeitlichen und dramaturgischen Gesichtspunkten eingeplant.
› **Budget.** Die finanzielle und personelle Planung erfolgt.
› **Erfolgskontrolle.** Instrumente zur Messung der Effizienz und Effektivität werden geplant.

## Phase 3: Durchführung
### Präsentation

› **Präsentation und Abstimmung.** Die Konzepterstellung schließt mit der Präsentation ab. Dem Auftraggeber, also der Unternehmensleitung, wird das Konzept präsentiert und „verkauft". Mit der Zustimmung beginnt die Phase der Umsetzung.

### Umsetzung

› **Umsetzung.** Die eigentliche Installation der Instrumente beginnt. Am Anfang steht eine Projektplanung.

## Phase 4: Kontrolle
### Erfolgskontrolle

› **Messung der Wirksamkeit.** Die festgelegten Messinstrumente werden eingesetzt und die Wirkung der Kommunikation gemessen.
› **Analyse Verbesserungspotential.** Schwachstellen werden identifiziert und als Verbesserungspotenzial aufgenommen.
› **Abschlusspräsentation.** Die Umsetzung und die Erkenntnisse aus der Erfolgskontrolle werden präsentiert. Gleichzeitig dient die Abschlusspräsentation als Start für die neue Konzeption.
› **Dokumentation.** Der komplette Prozess und die Erkenntnisse werden dokumentiert.

# Der Zeitplan für die Konzeption

Für die Entwicklung eines größeren Konzepts – wie zum Beispiel eines Jahreskonzeptes – empfiehlt sich eine zeitliche Vorplanung der Arbeitsschritte. Dies gilt vor allem, wenn mehrere Personen am Konzeptprojekt beteiligt sind. Das folgende Beispiel kann als Vorlage dienen.

| Aktion | Bemerkung | Beteiligte | Aufwand | Frist | ✓ |
|---|---|---|---|---|---|
| Rahmenbedingungen festlegen (Rollen, Kultur etc.) | › Checklisten abarbeiten › evtl. recherchieren | M. Döllmeier | 16 Std. | 26.09. | |
| Aufgabenformulierung | › Arbeitsthese erstellen › Konzeption gedanklich durchspielen | M. Döllmeier | 2 Std. | 30.09. | |
| Exposéerstellung | › Management Summary erstellen | M. Döllmeier | 2 Std. | 02.10. | |
| Abstimmung Externe Kommunikation | › Präsentation mündlich › Exposé zwei Tage vorher zur Vorbereitung verschicken | M. Döllmeier H.Overmann | 1 Std. | 06.10. | |
| Präsentation Leitung | › Achtung: Urlaub Dr. Otto (03.10. – 21.10.) › Generalprobe einplanen › Besprechungsraum reservieren › Beamer testen | M. Döllmeier Dr. Otto H. Overmann | 2 Std. (mit Generalprobe) | 07.10. | |
| Bestätigung an Leitung ggf. Korrektur | › unbedingt bestätigen lassen | M. Döllmeier | 1 Std. | 07.10. | |
| Recherchearbeit | › Rechercheplan wird extra erstellt | M. Döllmeier | 24 Std. | 17.10. | |
| Erstellung Faktenspiegel | › Pinnwand reservieren | M. Döllmeier | 4 Std. | 18.10. | |
| Bearbeitung Statusnavigator | › Pinnwand reservieren | M. Döllmeier | 4 Std. | 20.10. | |
| Formulierung Ziele & Bezugsgruppen | › Pufferzeit für evtl. Nacherecherche ist einkalkuliert | M. Döllmeier | 4 Std. | 21.10. | |

| Aktion | Bemerkung | Beteiligte | Aufwand | Frist | ✓ |
|---|---|---|---|---|---|
| Formulierung Positionierung | › 1 Klausurtag einplanen ‹ Kollegen als Sparingspartner › Besprechungsraum, Pinnwände, Mittagessen reservieren › Statusnavigator, Ziele, Bezugsgruppen am 22.10. verschicken | M. Döllmeier O. Hausen A. Brendmeyr K. Drescher | 1 Klausurtag | 24.10. | |
| Formulierung Botschaften & Themen | › per Themenkonferenz | | | | |
| Strategische Konkretisierung | › Strategieraster im Überblick erstellen | M. Döllmeier | 3 Std. | 28.10. | |
| Feedbackschleife Externe Kommunikation | › Arbeitsstatus wird mündlich präsentiert | M. Döllmeier H.Overmann | 1 Std. | 29.10. | |
| Entwicklung Instrumente | › 1 Klausurtag für die Planung der operativen Schritte | M. Döllmeier | 1 Klausurtag | 30.10. | |
| Festlegung Zeitplan | › Layout Zeittabelle vorbereiten (12 Monate) | | | | |
| Festlegung Budget | › Rücksprache Controllingabteilung (DO'S/DONT'S) | | | | |
| Festlegung Messinstrumente | | | | | |
| Abstimmung Externe Kommunikation | › Unterlagen vorab zur Vorbereitung verschicken | M. Döllmeier H.Overmann | 1 Std. | 05.11. | |
| Erstellung Präsentationsunterlagen | › Powerpoint-Präsentation › 3 x Management Summary › 1 x komplettes Strategiepapier | M. Döllmeier | 8 Std. | 06.11. | |
| Präsentation Leitung | › Generalprobe › Raum reservieren › Beamer testen | M. Döllmeier | 1 Std. | 11.11. | |

| Aktion | Bemerkung | Beteiligte | Aufwand | Frist | ✓ |
|---|---|---|---|---|---|
| Feedbackschleife | › vorsichtshalber 1 Tag reservieren, für evtl. Nachrecherche | M. Döllmeier | 8 Std. auf Reserve | 12.11. | |
| Kick-Off Beteiligte | › TODO-Liste erstellen › Give-Away bereithalten › Im Anschluss Mittagessen organisieren | M. Döllmeier H.Overmann O. Hausen A. Brendmeyr K. Drescher F. Tesch | 4 Std. (inkl. Vorbereitung) | 14.11. | |
| Erfolgskontrolle | › eigenen Zeitplan erstellen und Wiedervorlagen anlegen | M. Döllmeier | 1 Std. | nach 14.11. | |
| Abschlusspräsentation (für Ende nächsten Jahres einplanen) | › Wiedervorlage für nächsten November anlegen: › Terminabsprache › Vorbereitung Unterlagen | M. Döllmeier | | 14.11. | |

# Das Muster eines Rechercheplans

In der Recherche kann man sich in der Vielfalt der Informationen verirren und viel Zeit verlieren. Bei Recherchearbeiten, die längere Zeit in Anspruch nehmen, empfiehlt sich deshalb ein Rechercheplan als Grundlage der Arbeit.

| Recherche-thema | Dauer der Recherche | Verant-wortlich | Termin | Instru-ment | Zielgruppe Befragung |
|---|---|---|---|---|---|
| Unternehmenskultur | 4 Std. | K. Lünemann | 5.09. | Interviews | Führungskräfte und Mitarbeiter getrennt; Anzahl der zu Befragenden: n = 20 |
| Bezugsgruppe, insbesondere › Probleme, Fronten › Themen › Mediennutzung | 12 Std. (dient gleichzeitig als Evaluation und wird jährlich wiederholt) | A. Stolzenburg | 1.09. | standardisierte Befragung | Anzahl der zu Befragenden: n = 100 |
| Instrumentenstruktur | 4 Std. | H. Lehmann | 2.09. | persönliche Befragung | O. Grotemann N. Rumpel B. Lüdersdorf H. Kastelmann |

## Die Vorgehensweise Mitarbeiterbefragung

In vielen Problemfällen der internen Kommunikation ist eine Mitarbeiterbefragung als analytische Entscheidungsgrundlage notwendig. Damit die Ergebnisse sicheren Aufschluss geben, sind systematische Vorgehensweise und methodische Gründlichkeit erforderlich. Das Schaubild stellt die Schrittfolge dar.

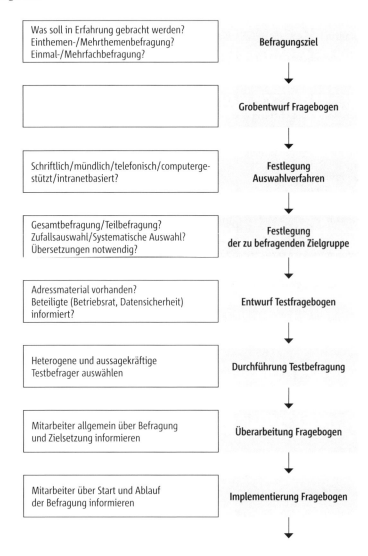

## Die Inhalte des Faktenspiegels

Im Faktenspiegel werden alle für die Kommunikationsaufgabe relevanten Daten, Fakten und Hintergrundinformationen erfasst. Nur, welche Fakten gehören in den Spiegel? Das ist von Aufgabe zu Aufgabe ganz unterschiedlich. Die nachfolgende ausführliche Faktenstruktur bietet mit Recherchefragen eine allgemeine Orientierungshilfe.

### Normen

#### Vision – Mission – Leitbild

› Kennen Sie die Vision, die Mission und das Leitbild?
› Was sind unsere Werte und Grundsätze?
› Richten Sie sich in Ihrer Arbeit nach diesen Vorgaben?

#### Unternehmenskultur

› Was zeichnet unser Unternehmen aus? (Wandel/Beständigkeit, Tradition/Innovation, Sachlichkeit/Emotionalität, Mensch im Mittelpunkt/System im Mittelpunkt)
› Was gefällt Ihnen besonders gut / was nicht?
› Worauf sind Sie stolz, wenn Sie an unser Unternehmen denken?
› Wie ist das Betriebsklima?
› Wie ausgeprägt sind die Hierarchiestufen?
› Wie geht das Unternehmen mit Veränderungen um?
› Wie geht das Unternehmen mit den Mitarbeitern um?
› Wie gehen wir mit Fehlern um?
› Wie gehen wir mit den Interessen einzelner um?
› Wird Eigenverantwortlichkeit gefördert?

#### Kommunikationskultur

› Fühlen Sie sich ausreichend informiert, um Ihre Tätigkeit gut ausüben zu können?
› Mit wem kommunizieren Sie hauptsächlich? (zum Beispiel Führungskraft, Mitarbeiter, Teamkollegen)
› Wo kommunizieren Sie mit diesen Personen? (zum Beispiel Besprechungen, per E-Mail, Flur)
› In welchen Situationen treten aus Ihrer Sicht Kommunikationsprobleme auf?
› Welches sind nach Ihrer Ansicht Ursachen für schwierige Gespräche? Was zeichnet ein schwieriges Gespräch aus?
› Zwischen welchen Personen bzw. Abteilungen/Gruppen gibt es nach Ihrer Sicht die häufigsten Kommunikationsprobleme?
› Was zeichnet die Besprechungskultur aus? Wie beurteilen Sie sie? Welche Probleme sehen Sie?
› Was zeichnet die E-Mail-Kultur aus? Wie beurteilen Sie sie? Welche Probleme sehen Sie?

### Richtlinien

> Welche Richtlinien sind für die interne Kommunikation bindend?
> Welches Corporate Design gilt?

## Organisation
### Prozesse und Strukturen

> Wie gestalten sich die Redaktions-, Produktions- und Verteilprozesse?
> Wie schnell werden die Informationen erstellt?
> Wie schnell werden sie verteilt?
> Wie ist der Zugriff organisiert?
> Wie wird archiviert?
> Wie ist der Freigabeprozess?

### Kommunikationswege

> Mit wem kommunizieren Sie hauptsächlich? Mit wem am liebsten?
> Über welches Instrument kommunizieren Sie hauptsächlich? Mit welchem am liebsten?

## Strategie
### Unternehmensziele

> Kennen Sie die Unternehmensziele?
> Sind die Unternehmensziele auf Ihren Arbeitsplatz heruntergebrochen?
> Kennen Sie Ihre Ziele?
> Orientieren Sie sich bei Ihrer Arbeit an diesen Zielen?
> Sind Ihre Ziele messbar? Werden sie gemessen?
> Führen Sie Zielgespräche mit Ihrer Führungskraft? Falls ja, wie oft?

### Positionierung

> Was finden Sie an unserem Unternehmen besonders gut? Was erzählen Sie Freunden von unserem Unternehmen?
> Welches Bild haben Sie im Kopf, wenn Sie an unser Unternehmen denken?
> Wenn Sie unser Unternehmen charakterisieren, welche Eigenschaften fallen Ihnen ein? (Denken Sie an die Persönlichkeit eines Menschen oder an die Eigenschaften eines Tieres, zum Beispiel gutmütig, altmodisch, aufbrausend.)

### Bezugsgruppen

> Was brauchen Sie an Informationen, um Ihre Arbeit richtig leisten zu können?
> Welche Informationen hätten Sie gerne als „Bonbon", die nicht unbedingt zu Ihrem Arbeitsplatz gehören?
> Fühlen Sie sich ausreichend informiert?
> Falls nein, warum nicht?

- › Falls ja, was wünschen Sie sich noch besser?
- › Über welche Themen möchten Sie noch informiert werden?
- › Was wünschen Sie sich im Kommunikationsverhalten Ihrer Führungskraft?
- › Was wünschen Sie sich im Kommunikationsverhalten der Mitarbeiter?
- › Welche Erwartungen haben Sie an die Institution Interne Kommunikation?

## Operation
### Instrumente
- › Wie sind die Medien gestaltet?
- › Wie aktuell sind die Medien?
- › Wie viele Mitarbeiter können erreicht werden?
- › Welche Inhalte/Themen werden transportiert?
- › Wie werden die Medien genutzt (in welchen Situationen)?
- › Welche Relevanz haben die Medien bei den Bezugsgruppen?
- › Wie zufrieden sind die Mitarbeiter im Hinblick auf Inhalt und Gestaltung?
- › Wie teuer sind die einzelnen Instrumente in der Herstellung/Verteilung?

### Extern
- › Welche externen Entwicklungen gibt es, die die interne Kommunikation beeinflussen (Politik und Gesetzgebung, wirtschaftliche Bedingungen, Megatrends, Modetrends)?
- › Wie entwickelt sich der Wettbewerber?
- › Wie entwickelt sich der Markt?

# Die Instrumenteninventur

In einer Inventur werden alle vorhandenen Instrumente erfasst und bewertet. Die Inventurliste definiert den Ist-Zustand und dient als Entscheidungsgrundlage für die operative Soll-Planung.

| | Mitarbeiterzeitschrift | Intranet | CEO-Mittagessen | Betriebsversammlung |
|---|---|---|---|---|
| Sprache | › deutsch<br>› englisch | › deutsch<br>› englisch | › deutsch | › deutsch |
| Bezugsgruppe | Mitarbeiter aller Standorte | Mitarbeiter aller Standorte | Abteilungs- und Unterabteilungsleiter | Mitarbeiter vom Standort Stuttgart |
| Ziel / Funktion | › Information über Strategiethemen | › Information über Neuigkeiten<br>› Arbeitsmittel | › Netzwerk der FK<br>› Teambuilding<br>› Information | › Information<br>› Motivation |
| Themen | › Unternehmensstrategie<br>› Aktuelles | › Aktuelle Entwicklungen | › Unternehmenskultur<br>› Strategie | › Status Strategie<br>› Lagebericht Abteilungen |
| Absender | Redaktionsteam | › News: IK-Manager<br>› Abteilungsleiter | CEO – Dr. Löfler | Vorstand: Dr. Löfler, Herr Meiens |
| Frequenz | 4 x im Jahr | News: einmal in der Woche | 1 x im Monat, 1½ Stunden | 2 x im Jahr |
| Schnelligkeit (Vorbereitungs- / Einstellzeit) | 4 Wochen | 1 Stunde | 1 Tag | 4 Wochen |
| Reichweite | 100 % | 67 % | 80 % | 90 % |
| Kosten | pro Ausgabe und Mitarbeiter 2,50 EUR | Serverkosten werden von der IT-Abteilung getragen | Bewirtungskosten trägt der Vorstand | pro Person und Veranstaltung: 75 EUR |
| Stärken | › hohe Akzeptanz<br>› hohes journalistisches Niveau | › Newsbereich hat hohe Klickraten<br>› ansprechendes Layout | › hohe Akzeptanz | › hohe Akzeptanz |
| Schwächen | › Themenmanagement schwerfällig<br>› Redaktionsprozess zu lang | › Archivierungsprozess unklar<br>› 33 % der Bezugsgruppe werden nicht erreicht | › Dialog kommt schleppend in Gang | › hoher personeller Aufwand<br>› Engagement der Abteilungsleiter zu gering |

# Der Themensteckbrief

Nicht die Instrumente, sondern die Themen sind die Leitsterne eines systematischen Themenmanagements. Zumindest die maßgeblichen Leitthemen sollten deshalb in einem kurzen Themensteckbrief charakterisiert werden. Der Steckbrief ist bindende Vorlage für die gesamte Ansprache.

| Themensteckbrief: Unternehmensstrategie | |
| --- | --- |
| Ziel | › Alle MitarbeiterInnen kennen innerhalb von 3 Monaten die Strategie.<br>› 90% der MitarbeiterInnen identifizieren sich innerhalb von 6 Monaten mit der Strategie unter der Prämisse, dass die Strategie vom Management/den Führungskräften auf die eigenen Abteilungen heruntergebrochen wurde. |
| Bezugsgruppen | › Schlüssel: Alle Mitarbeiterinnen<br>› Mittler: Management/Führungskräfte, Personalabteilung und ausgesuchte Mitarbeiter<br>› Rahmen: Familien |
| Botschaften | Wir setzen uns gemeinsam Ziele und erreichen diese Ziele gemeinsam. Das sichert unseren Unternehmenserfolg und unsere Arbeitsplätze. |
| Themenaufbereitung und Tonalität | 1. Information<br>› Tonalität: Sachlichkeit/Faktenbasis<br>2. Interpretation/Fokussierung<br>› Tonalität. Episodenbasis<br>3. Personalisierung<br>› Tonalität: Emotionalität und Storytelling |
| Zeitpunkt/Dramaturgie | 1. Phase (Monat 1): verstärkte Info<br>2. Phase (Monat 1-5): Interpretation/Fokussierung<br>3. Phase (Monat 3-6): Personalisierung |
| Instrumente | begleitend: Mitarbeiterrundbrief und Intranet<br>› Phase 1:<br>› Tag 1: Vorabinfo an die Führungskräfte/Personalversammlung<br>› Tag 5: Kick-Off mit Mitarbeiterversammlung und Neujahrsfest<br>› Abteilungsbesprechung<br>› Phase 2:<br>› Vorstandsfrühstück<br>› Abteilungsbesprechungen<br>› Hausmesse mit Infopoints der Abteilungen/Personalabteilung<br>› Phase 3:<br>› Plakate<br>› Abteilungsbesprechungen jeweils mit Besuch des Vorstands |
| Schnittstelle externe Kommunikation | › erfolgt im Rahmen des Jour Fixe<br>› Messestand und Plakataktion werden zusammen geplant › Synergie |

# Der Instrumentensteckbrief

Im Rahmen der operativen Planung bekommt jedes Instrument in einem Steckbrief eine passende Aufgabe mit entsprechenden Funktionen zugeordnet. Das Kommunikationsmanagement nutzt den Steckbrief als eine Gebrauchsanweisung für die zukünftige Mitarbeiteransprache. Auf der nächsten Seite wird der Instrumentensteckbrief anhand des Beispiels der Mitarbeiterzeitschrift erläutert.

| Instrumentensteckbrief | |
|---|---|
| Positionierung Instrument | Die Positionierung ergibt sich aus dem Positionierungskreuz |
| Funktion | Die Funktion ergibt sich aus der Zielsetzung. |
| Erfolgshebel | Der Erfolgshebel beschreibt, warum dieses Instrument eingesetzt werden soll. Das ergibt sich aus den Kriterien der Instrumente. |
| Sprache | Bei international tätigen Unternehmen oder bei einer hohen Ausländerquote im Unternehmen werden die Instrumente zum Teil zwei- oder mehrsprachig angeboten. |
| Absender | Jedem Instrument wird ein Absender zugeordnet. |
| Bezugsgruppen | Die angesprochenen Bezugsgruppen werden dokumentiert. |
| Themen | Die angesprochenen Themen werden dokumentiert. |
| Frequenz | Die Anzahl der Einsätze wird dokumentiert. |
| Kosten | Die Gesamtkosten werden kalkuliert und dokumentiert. |
| Messinstrument | Für jedes Instrument sollte es mindestens ein Messinstrument geben, um zu überprüfen, ob der Einsatz effektiv und effizient abläuft. |
| Schnittstelle externe Kommunikation | Die Möglichkeit einer Zusammenarbeit und evtl. Kosteneinsparungen werden dokumentiert. |
| Statut/Richtlinien/Spielregeln | Für jedes Instrument gibt es ein Statut, Richtlinien oder Spielregeln. Sie werden als Anlage aufgenommen. |
| Unterschrift [Ersteller] Unterschrift [Absender] Unterschrift [Unternehmensleitung] | Der Absender des Instruments und die Unternehmensleitung akzeptieren mit ihrer Unterschrift das Statut. Ersteller des Instrumentensteckbriefs ist in der Regel der Kommunikationsmanager IK. |

# Der Instrumentensteckbrief am Beispiel einer Mitarbeiterzeitschrift

| Instrumentensteckbrief Mitarbeiterzeitschrift | |
| --- | --- |
| Positionierung Instrument | Leitmedium der gesamten internen Kommunikation |
| Funktion | Interpretation und Bewertung, Wissensvermittlung |
| Erfolgshebel | Vermittlung von Emotionen durch Bilder und entsprechende Berichterstattung |
| Sprache | deutsch |
| Absender | Chefredakteurin Frau X |
| Bezugsgruppen | gesamte Mitarbeiterschaft |
| Themen | › Unternehmensstrategie – übergreifend Produktentwicklung & Qualitätsinitiativen – übergreifend<br>› pro Heft weitere Themenschwerpunkte gemäß Redaktionskonferenz |
| Frequenz | 6 x im Jahr |
| Kosten | › pro Ausgabe insgesamt (Gesamtkosten): X EUR<br>› pro Kopf der erreichten Zielgruppe: X EUR |
| Messinstrument | › jährliche Mitarbeiterbefragung<br>› jährliches Prozessaudit |
| Schnittstelle externe Kommunikation | gemeinsamer Druck mit externem Kundenmagazin |
| Statut/Richtlinien/Spielregeln | Das Redaktionsstatut liegt als Anlage bei und ist verbindlich. |
| Unterschrift [Ersteller] Unterschrift [Absender] Unterschrift [Unternehmensleitung] | Der Absender und die Unternehmensleitung akzeptieren mit ihrer Unterschrift den Steckbrief und das Statut. |

# Das Strategieraster im Überblick

Der Kommunikationsmanager kontrolliert, ob alle Schritte der Konzeption übersichtlich und stringent sind. Dafür schreibt er alle Richtwerte der strategischen Phase auf und kürzt sie auf die wichtigsten Schlagworte ein. Die Anzahl der waagerechten Felder wird je nach Konzeption unterschiedlich sein. Um das Raster zu komplettieren, kann der IK-Manager auch die Instrumente, die Zeit- und Budgetplanung sowie die Kontrollinstrumente aufnehmen.

## Ziele

**Dachziel:**
90% der Mitarbeiter stimmen nach drei Jahren dem Satz zu: „Unsere Unternehmenskultur hat sich wesentlich verbessert."

## Bezugsgruppen

| Schlüssel | Mittler | Rahmen | Externe |
|---|---|---|---|
| › alle Mitarbeiter<br>› alle Führungs-<br>  kräfte | › Leitung Personal<br>  und Qualitäts-<br>  management<br>› Arbeitnehmer-<br>  vertreter | › alle festen Mitar-<br>  beiter<br>› Zeitarbeiter | › Kundenstamm<br>› Aufsichtsrat |

## Positionierung

Wir sind eine vielfältige und schlagkräftige Mannschaft in einem Boot, die gemeinsam die See befährt und auf das Ziel zusteuert.

## Botschaften

**Dachbotschaften:**
Eine starke Unternehmenskultur ist die Basis für unser Geschäft, sichert unsere Arbeitsplätze und ermöglicht uns weiterhin, die Nummer 1 in der Region zu bleiben.

## Themen

› Führung und Zusammenarbeit
› Team und Motivation (Beispiele anhand der WM und der deutschen Mannschaft)
› Umgang nach innen und außen (Kunden)
› Ausrichtung auf die Ziele

## Instrumente

zunächst für das erste Jahr:
› begleitend: Mitarbeiterzeitschrift und Intranet
› Blog zur Unternehmenskultur
› Mitarbeiterfest mit Teambuildingmaßnahmen (Thema: Motivation und Team)
› Führungskräftetagung mit dem Fokus „U-Kultur"
› Abteilungsbesprechungen
› Arbeitskreis „U-Kultur"

## Kontrollinstrumente

› Mitarbeiterbefragung nach 3 Jahren
› Einsatzkontrolle mit Fokusgruppen nach jeweils einem halben Jahr
› operative Kontrolle der Instrumente: Blog (zunächst monatlich) und jeweils nach Einsatz

## Das Muster für einen Evaluationsbogen

Ausführlich dokumentiert der Evaluationsbogen die Zielerreichung anhand eines Indikators. In der Fachsprache heißt dieser Messwert „Key Performance Indicator" (KPI)

| | |
|---|---|
| **Zieldefinition SOLL** | Die technische Reichweite des Intranets wird am Standort Stuttgart innerhalb eines Jahres (bis zum 31.12.10) von 50 auf 80% gesteigert. |
| **Messwert IST** | 78% |
| **Berechnung/Kennziffer (Key Performance Indicator)** | (Anzahl der Mitarbeiter mit Intranetzugang x 100) : (Gesamtanzahl der Mitarbeiter) |
| **Messinstrument** | Anzahl Netzzugänge durch Dokumentation EDV-Abteilung |
| **Erhebungsfrequenz** | einmalig, Messung: Januar 2011 |
| **Verantwortlich** | Frau Schader |

# Der Projektplan

Der Projektplan beschreibt die relevanten Parameter eines Kommunikationsprojekts. Ein solcher Plan kann für eine interne Hausmesse genauso erstellt werden wie für die Entwicklung einer Mitarbeiterbroschüre oder für einen SMS-Infodienst für Außendienstmitarbeiter.

| Projektplan: Organisation Hausmesse, 15. Juni, Standort Stuttgart | | | | | |
|---|---|---|---|---|---|
| **Projektschritte** | **Verantwortlich** | **Start** | **End-termin** | **Bemerkungen** | **✓** |
| **Einladung** | | | | | |
| Teilnehmer-kreis festlegen | Herr Ücker | - | 15. April | | |
| Konzeption | Frau Norndel | 16. April | 20. April | Zusammen mit Agentur Green X | |
| Druck | Frau Norndel | 21. April | 25. April | | |
| Versand | Frau Braun | 30. April | 3. Mai | Adressmaterial kommt aus der Personalabteilung | |
| **Messestand** | | | | | |
| Konzeption | Frau Birten | 16. April | 16. Mai | Zusammen mit Agentur Green X, Abstimmung mit Frau Nornbach | |
| Korrektur-schleife | Frau Birten | 16. Mai | 20. Mai | | |
| Herstellung | Frau Birten | 21. Mai | 8. Juni | | |
| Aufstellung | Frau Braun | 13. Juni | 14. Juni, 18:00 | | |
| **Catering** | Frau Norndel | | | | |
| ... | | | | | |
| **Begleitende Kommunikation** | Herr Ücker | | | | |
| Micro-Site Intranetseite | Herr Ücker | 15. Mai | 16. Mai | | |
| ... | | | | | |

# Literaturliste „Interne Kommunikation"

Die Fülle an Fachliteratur ist beeindruckend, und Online-Buchhändler machen es uns leicht, Fachbücher zu den verschiedenen Spezialgebieten zu recherchieren. Eine einfache Literaturliste macht deswegen keinen Sinn. Wir haben Ihnen unsere persönliche und kommentierte Literaturliste erstellt. Sie enthält Bücher, die in unseren Bücherschränken zu finden sind, die nützlich sind und auf die wir gerne zurückgreifen.

## Interne Kommunikation

**Interne Unternehmenskommunikation – Siegfried Schick – Schäfer Poeschel Verlag 2010:** Wer detailliert in die Thematik interne Kommunikation einsteigen möchte, sollte zu diesem Fachbuch greifen. Siegfried Schick bietet praxisnahe Einsichten in die interne Kommunikation und geht u.a. ausführlich auf die Balanced Score Card ein. Das Kapitel „Unternehmenskommunikation organisieren" erklärt anschaulich, wie interne Kommunikation im Unternehmen umgesetzt werden kann.

**Interne Kommunikation – Dieter Herbst – Das professionelle 1 x 1 – Cornelsen 1999:** Als Einstieg ist dieses Buch empfehlenswert. Obwohl bereits 1999 erschienen, hat es an Aktualität kaum verloren. Dieter Herbst erläutert Grundlagen, Strukturen, Prozesse und Instrumente der internen Kommunikation in ansprechender und leicht verständlicher Sprache. Checklisten und Vorlagen, zum Beispiel zur Mitarbeiterbefragung oder zum Redaktionsstatut, erleichtern die operative Arbeit des Kommunikationsmanagers.

**Instrumente und Techniken der internen Kommunikation: Trends, Nutzen und Wirklichkeit – Lars Dörfel (Hrsg.) – scm 2008:** Methoden, z.B. Storytelling oder Erkenntnisse der Neurowissenschaften, Wirkungskontrollen und insbesondere neuen Medien (Social Media und Web 2.0) werden beleuchtet. Die namhaften Autoren kommen aus der Praxis und wissen, wovon sie schreiben. Ein informativer Sammelband, der schnell einen Überblick über die relevanten Branchenthemen gibt.

**Interne Kommunikation, Die Kraft entsteht im Maschinenraum – Lars Dörfel (Hrsg.) – scm 2007:** Die Autoren dieses Sammelbandes gehen auf die verschiedenen Blickwinkel der internen Kommunikation ein, z.B. als strategisches Führungsinstrument oder als aktiver Part in Veränderungsprozessen. Besonders nützlich finden wir die Informationen zu den neuen Medien (Social Media und Web 2.0) und zu Corporate-TV, die einen guten Einstieg in die Materie bieten.

**Interne Kommunikation in der Praxis – Andreas Jäggi, Viviane Egli (Hrsg.) – Verlag Neue Zürcher Zeitung 2007:** Andreas Jäggi und Viviane Egli lassen unter den Rubriken „Sieben Analysen, sieben Fallbeispiele, sieben Meinungen" verschiedene Autoren zu Wort kommen. Die Themen reichen von Führung und Kommunikation über Employer-Branding-Konzepte bis hin zum Corporate Wording. Sehr inspirierend.

**Handbuch für eine aktive und systematische Mitarbeiterkommunikation – Louis Gfeller – Praxium-Verlag Zürich 2007:** Louis Gfellers Fachbuch ist ein ungewöhnlicher Schatz an Informationen, Checklisten, Merkblättern und Vorlagen. Kommunikationsinstrumente, die gerne im Schatten der „spannenden" Instrumente stehen, werden detailliert behandelt, insbesondere das Mitarbeitergespräch, Besprechungen oder Präsentationen. Für Kommunikationsmanager, die eng mit der Personalabteilung verzahnt sind, ist dieses Buch empfehlenswert.

**Erfolgreich durch effektive Mitarbeiterkommunikation – Claudia Mast – Deutscher Sparkassenverlag 2004:** Claudia Masts Leitfaden richtet sich vorrangig an Führungskräfte in Kreditinstituten. Es wäre allerdings schade, wenn ihr Wissen auf diese Zielgruppe beschränkt bliebe. Sie bietet in kompakter Form Ideen, Verbesserungsvorschläge und Lösungen zu Themen wie Gerüchte und zu Instrumenten wie Intranet oder Mitarbeiterzeitschriften. Mit ihrer Crossmediastrategie, bei der das Themenmanagement als grundlegendes Element etabliert wird, spricht sie uns aus der Seele.

**Jahrbuch Interne Kommunikation, 2007, 2008, 2009 – Hermann-Josef Berg, Michael Kalthoff-Mahnke, Eberhard Wolf (Hrsg):** Die Jahrbücher bieten ein breites Themenspektrum von Flurfunk über Themenmanagement bis hin zur Präsentation der Preisträger und Teilnehmer des inkom.Grand Prix, der jährlich an die besten Mitarbeiterzeitschriften und Mitarbeiterzeitungen in Deutschland vergeben wird. Namhafte Autoren stehen für interessante Artikel.

**Unternehmens- und Markenkommunikation – Manfred Bruhn – Verlag Vahlen 2005:** Das rund 1.400 Seiten umfassende Werk bietet Theorie und Praxis im Überfluss und ist ein Nachschlagewerk. Auf knapp 100 Seiten erläutert Manfred Bruhn den Einsatz der Mitarbeiterkommunikation, die Bedeutung und Definition interner Kommunikation, den Planungsprozess, die Strategie und die Instrumente. Für uns ist es eine gelungene wissenschaftliche Abhandlung über interne Kommunikation.

## Spezielle und benachbarte Themen

**Corporate TV – Thomas Mickeleit, Birgit Ziesche (Hrsg.) – Helios Media GmbH 2006:** Die Autoren geben einen Überblick über das Medium Corporate TV, erläutern die verschiedenen Techniken, Trends und juristische Fragen. Zahlreiche Praxisbeispiele aus Unternehmen wie VW, BASF oder IBM zeigen Einsatzmöglichkeiten. Ein gelungener Sammelband, um Lust auf Corporate TV zu machen und Berührungsängste zu nehmen.

**Das Intranet – Claus Hoffmann, Beatrix Lang – UVK 2008:** Wer mit der Aufgabe betraut wurde, ein Intranet aufzubauen, sollte zu diesem Fachbuch greifen. Die Autoren erläutern die Schritte von der Projektstartphase über die Pilot- bis hin zur Evaluationsphase und bieten praxisnahe Checklisten. Sogar den Mitarbeitern, die sich der Einführung des Intranets verweigern könnten, ist ein Kapitel zu Veränderungsprozessen gewidmet.

**Mitarbeiterzeitschrift – Klaus Viedebantt – Frankfurter Allgemeine Buch 2005:** Klaus Viedebantt zeigt auf, wie Mitarbeiterzeitschriften wirkungsvoller eingesetzt werden können. Er beschreibt die Konzeption und die Planungsphase, geht auf Inhalte ein und gibt nützliche Hinweise für die Redaktion. Kommunikatoren, die eine Mitarbeiterzeitschrift neu etablieren oder eine alte neu positionieren wollen, ist das Buch zu empfehlen.

**Die Mitarbeiterzeitschrift – Daniel Marinkovic – UVK 2009:** Der Autor greift auf verschiedene „Best-Pratice-Beispiele" zurück. Wer keinen Zugang zu anderen Mitarbeiterzeitschriften hat, kann sich hier inspirieren lassen. Die Themen sind vielfältig und reichen von der Heftdramaturgie bis hin zu Beruf und Ausbildung. Ein ausführliches Kapitel widmet sich „Corporate Publishing", indem aktuelles Studienmaterial zusammengetragen ist. Für Einsteiger eine hilfreiche Lektüre.

**Elektronische Mitarbeiterkommunikation – Frank Martin Hein – Edition-Horizont 2008:** Frank Martin Hein hat ein beeindruckendes und umfassendes Werk zur Kultur und Führung im elektronischen Unternehmenszeitalter verfasst. Der Autor geht der These fundiert und umfassend nach, dass interne Kommunikation und Unternehmenskultur eng mit den elektronischen Medien verknüpft sind. Dem Autor gelingt es, Wissenschaft und Praxis spannend zu verbinden.

**Social Web – Anja Ebersbach, Markus Glaser, Richard Heigel – UVK 2008:** Die Entwicklung des Social Web ist schnell, und so erscheint das Fachbuch, welches Twitter nur kurz und als Trend bezeichnet, schon veraltet. Wir nutzen es trotzdem, weil es die Grundlagen, Kriterien und Anwendungsgebiete der Medien umfangreich und sachlich beschreibt. Besonders interessant fanden wir die Kapitel zu den Gruppenprozessen, Geschäftsmodellen und der rechtliche Seite.

**Corporate Blogs, Unternehmen im Online-Dialog zum Kunden – Klaus Eck – orell füssli Verlag 2007:** Web 2.0 macht vor den Unternehmenstüren nicht halt. Klaus Eck bietet mit seinem Buch einen guten Einstieg für Neulinge, die sich mit dem Instrument Corporate Blog auseinandersetzen wollen. Er beschreibt u.a., wie Blogs ins Leben gerufen werden, welche technischen Voraussetzungen notwendig sind und wie das Instrument für die interne Kommunikation genutzt werden kann.

**Social Media Marketing – Strategien für Twitter, Facebook & Co – Tamar Weinberg – Verlag O-Reilly 2010:** Die Autorin kommt aus den USA und entsprechend sind auch die Beispiele auf die amerikanische Situation zugeschnitten. Das ist aber der einzige Wermutstropfen. Ansonsten gelingt es Tamar Weinberg gut, den Außenstehenden in die neue Welt des Social Media Marketings einzuführen und aufzuzeigen, welche Chancen und Risiken das Netz für die Unternehmenskommunikation hat.

**Connected – Die Macht sozialer Netzwerke und warum Glück ansteckend ist – Nicholas A. Christakis, James H. Fowler – Fischer Verlag 2010:** Den Untertitel „… und warum Glück ansteckend ist" empfinden wir als Zumutung. Er kommt im englischen Original gar nicht vor. Das Buch ist kein populärer Heilsbringer, sondern baut auf wissenschaftlichen Studien auf. Das Spannende an der Lektüre ist für uns, dass „Connected" weit über die angesagten Trends der sozialen Netzwerke im Internet hinausgeht und sich mit politischen, kulturellen, sozialen und gesellschaftlichen Wechselwirkungen von Netzwerken allgemein beschäftigt. Die großen Zusammenhänge werden deutlich. Wir erkennen, dass nicht der freie Wille, sondern die Einbindung in das soziale Geflecht unser Kommunizieren und Handeln bestimmt.

**Veränderungskommunikation – Jörg Pfannenberg – Frankfurter Allgemeine Buch 2009:** Veränderungskommunikation ist der Schlüssel für Change-Management und zielt auf die Verhaltensänderung der internen und externen Bezugsgruppen ab. Jörg Pfannenberg erläutert Grundlagen, Phasen und Anforderungen. Die Praxisbeispiele sind anschaulich. Kommunikatoren bietet dieses Buch einen fundierten Einstieg und Überblick und dient nach der Lektüre als Nachschlagewerk.

**Krisen-PR – Ralf Laumer, Jürgen Pütz (Hrsg.) – Daedalus Verlag 2006:** Die Autoren dieses Sammelbandes beleuchten die Kommunikation in Krisenzeiten aus unterschiedlichen Blickwinkeln: Grundlagen werden praxisnah vermittelt und mit Checklisten versehen. Praxisbeispiele zeigen auf, wie es nicht laufen sollte, und die journalistische Sicht auf Krisen-PR kommt ebenfalls zu

Wort. Ein perfekter Einstieg in die Thematik und gleichzeitig als nützliches Nachschlagewerk anzuwenden.

**Storytelling, Das Praxisbuch – Karolina Frenzel, Michael Müller, Hermann Sottong – Hanser 2006:**. Die Autoren vermitteln die Grundlagen und beschreiben die Einsatzmöglichkeiten von Storytelling-Tools in der internen und externen Unternehmenskommunikation, Organisationsentwicklung und Führung. Uns hat deren Bedeutung als Analyse- und (internes) Marktforschungsinstrument besonders interessiert. Aber auch für die Vermittlung von Prinzipien beim Aufbau von Geschichten ist das Buch hilfreich.

**Brain Script – Dr. Hans-Georg Häusel – Haufe Mediengruppe 2006:** Der Psychologe Häusel erklärt leicht verständlich und unterhaltsam die Grundlagen des Neuromarketings. Er veranschaulicht, wo im Gehirn die Verarbeitung stattfindet, welche Hormone und Neurotransmitter beteiligt sind und welche Auswirkungen (bewusst und unbewusst) sich auf das menschliche Verhalten ergeben. Absolut spannend. Wir sind sicher, dass die Erkenntnisse des Neuromarketings die Kommunikationsarbeit nachhaltig verändern werden.

**Humanomics – Die Entdeckung des Menschen in der Wirtschaft – Uwe Jean Heuser – Campus 2008:** Zwar sind sich alle einig, dass der „Homo oeconomicus" mausetot ist, aber noch geistert er als Zombie durch viele Köpfe, Bücher und Fachveranstaltungen. Der Zeit-Redakteur und Wirtschaftsfachmann Heuser schafft es endlich, den Verwesungsgeruch der alten ökonomischen Modelle zu verjagen und den Blick für das Neue in der Wirtschaft zu öffnen. Eine Revolution ist im Gange – und wir sind dabei. Sie auch?

**Abschied vom Homo Oeconomicus – Gunter Dueck – Eichborn Verlag 2008:** Dueck ist Chef-Technologe bei IBM. Das macht seine Sicht der Dinge doppelt interessant. Sein Buch hat zwar das gleiche Grundthema wie das Heusers, aber die Argumente sind ganz andere. Seine volkswirtschaftliche Analyse der Wirtschaftszyklen hat uns fasziniert und zugleich nachdenklich gemacht. Wir finden, der Satz vom Klappentext bringt es auf den Punkt: Sein Buch ist ein kluges Plädoyer für eine neue wertorientierte, wirtschaftliche Vernunft.

**Spielräume – Projektmanagement jenseits von Burn-out, Stress und Effizienzwahn – Tom DeMarco – Hanser 2001:** DeMarcos Buch ist schon etwas älter und baut stark auf die amerikanischen Verhältnisse auf. Aber als wir es vor ein paar Jahren lasen, war es ein echtes Aha-Erlebnis. Was wir schon immer geahnt hatten, aber nie so richtig in Worte fassen konnten, stand da auf 214 Seiten. Wer interne Kommunikation macht, sollte dieses Buch kennen, denn DeMarco beschreibt zahlreiche Sackgassen im modernen Management, die den Mitarbeitern in Unternehmen auch heute noch als Zukunftsautobahn verkauft werden (nicht zuletzt mit Hilfe der internen Kommunikation).

**Intuition – Die Weisheit der Gefühle – Gerald Traufetter – Rowohlt 2007:**
Nein, keine Angst, das ist kein weiterer Seligkeitsratgeber, sondern ein kennt-
nisreiches Buch über unser Gehirn und wie es funktioniert, überaus flüssig
geschrieben vom Wissenschaftsredakteur des Spiegels. Auch wenn die Ökonomie nur in wenigen Kapiteln direkt angesprochen wird, ist es doch ein
Buch, das auf jeder Seite mit Wirtschaft und Kommunikation zu tun hat. „Ver-
gesst ‚USP' und ‚Consumer Benefit'" lautet die Botschaft zwischen den Zeilen.
Der Mensch ist ein emotionales Wesen mit Sehnsucht nach sozialen Bezü-
gen und Sicherheit, kein Nutzenoptimierer und kein rationaler Entscheider.

**Bauchentscheidungen – Die Intelligenz des Unbewussten – Gerd Gigeren-
zer – Bertelsmann 2007:** Prof. Gerd Gigerenzer ist Leiter des Max-Planck-
Instituts für Bildungsforschung in Berlin. Sein Buch, das sich übrigens völlig
unprofessoral anregend liest, zielt ebenfalls auf die Intuition wie Traufetter,
hat aber einen feineren Fokus. „Bauchentscheidungen" beleuchtet die Welt
der Heuristik in unserem Kopf. Gemeint ist ein genetisch im Mandelkern des
Gehirns angesiedelter Erfahrungsschatz, den wir tagtäglich einsetzen, um
die unendliche Komplexität der Realität in den Griff zu bekommen. Der Autor spezialisiert sich dabei auf emotionale Strategien, die uns in der heutigen
Welt der Informationsüberflutung intuitiv helfen zu wissen, was sich nicht
zu wissen lohnt.

## Konzeption

**Konzeptionspraxis – Renée Fissenewert, Stephanie Schmidt – Frankfurter
Allgemeine Buch 2009:** Mit dem Beuys-Zitat „Wer nicht denken will, fliegt
raus." wird dieses Fachbuch eingeleitet. Dass die beiden Autorinnen äußerst
kreativ denken, dabei noch unterhaltend sein können, zeigt dieser Band.
Die Konzeptionslehre ist eindringlich beschrieben. Der Gartenzwerg veranschaulicht als roter Faden die Theorie. Absolut lesenswert.

**Konzepte entwickeln – Jürg W. Leipziger – Frankfurter Allgemeine Buch
2007:** Jürg Leipziger vertritt die Ansicht, dass Konzeptionsentwicklung in
erster Linie ein mentaler Prozess ist. Die Fähigkeit, Konzepte zu entwickeln,
beruht nicht nur auf instrumentellen Fähigkeiten, sondern ist eine besondere Art zu denken und zu handeln. Dieses Buch ist aus Agentursicht geschrieben, lässt sich natürlich auch auf Unternehmenskommunikation übertragen
und eignet sich insbesondere für Fortgeschrittene.

**Strategic Planning für Public Relations – Ronald D. Smith – Verlag Rout-
ledge USA 2009:** Das englischsprachige Buch geht sehr gründlich und ausführlich auf alle wichtigen Schritte des PR-Konzepts ein. Viele Beispiele,
Checklisten und Übungen erleichtern den Umgang mit der strategischen

Kommunikation. Anfänger sind durch die Fülle der Themen und Informationen vielleicht etwas überfordert, aber alle anderen dürften in dem über 400 Seiten langen Buch einige „Nuggets" für die eigene Praxis entdecken.

## Internationale Kommunikation

**Internationale Werbung und Public Relations – Dieter Herbst – Cornelsen 2008:** Wie Werbung und Kommunikation im Zeitalter der Internationalisierung funktioniert, beschreibt Dieter Herbst in seinem Band. In seiner gewohnt einleuchtenden Weise zeigt Herbst die Grundlagen und Besonderheiten auf und sensibilisiert für die Herausforderungen der Globalisierung. Kurz und knackig geht er auf die Besonderheiten der internen Kommunikation in internationalen Firmen ein.

**Der Kultur-Code: Was uns trennt, was uns verbindet – Clotaire Rapaille – Goldmann 2007:** Der Psychologe und Marketing-Spezialist beschreibt nationale Besonderheiten und Wahrnehmungsmuster, vornehmlich in Bezug auf die USA und Frankreich. Nach der Lektüre werden Kommunikationsmanager erkennen, warum globale interne und externe Kampagnen zum Scheitern verurteilt sein könnten.

## Und noch ...

Darf ein Autor sein eigenes Buch kommentieren? Wir finden: nein. Ulrike Führmann übernimmt deswegen die Kommentierung von zwei Fachbüchern, die nach ihrer Meinung auf keinem Schreibtisch fehlen dürfen:

**Professionelles Briefing – Klaus Schmidbauer – Business Village 2007:** Klaus Schmidbauer erläutert die verschiedenen Prozesse des Briefings so anschaulich, dass jeder Kommunikationsmanager mit Feuereifer in sein nächstes Briefing gehen müsste. Hier schreibt ein Fachmann aus der Praxis, der seine Erfahrungen teilt, hilfreiche Checklisten liefert und die Sichtweisen von Auftraggeber und Agentur beleuchtet.

**Das Kommunikationskonzept – Klaus Schmidbauer, Eberhard Knödler-Bunte – university press UMC POTSDAM, 2004:** Während meine Familie im Sommerurlaub in der Ostsee planschte, konnte ich dieses Fachbuch nicht aus der Hand legen: Es war einfach zu spannend. In unterhaltsamer Weise erläutern die beiden Autoren die praxistauglichen Konzeptionsschritte. Das Buch eignet sich für Berufseinsteiger, um einen detaillierten Überblick zu erhalten, aber auch zur Spezialisierung für „alte Hasen" und als Nachschlagewerk bei der Konzeptionsarbeit.

## Internetlinks „Interne Kommunikation"

Das Internet bietet zu Kommunikationsthemen Informationen in Hülle und Fülle. Für unser Thema interne Kommunikation sieht es leider immer noch bescheiden aus. Wir haben die Links vor Redaktionsschluss noch einmal geprüft. Da das Internet aber bekanntlich schnelllebig ist, können sich einige Links schon überholt haben.

### Verbände

**www.prikom.de** – Endlich gibt es auch in Deutschland einen aktiven Verein für interne Kommunikation.

**www.dprg.de** – Die Deutsche Public Relations Gesellschaft e.V. mit ihrem Arbeitskreis Interne Kommunikation.

**www.communicationcontrolling.de** – DPRG-Arbeitskreis „Wertschöpfung durch Kommunikation" mit Informationen, die auch für die Evaluation der internen Kommunikation anwendbar sind.

**www.feiea.com** – DPRG ist Mitglied in der FEIEA („Federation of European business commmunicators associations"), einem Verband, der die Interessen von Kommunikationsmanagern für interne Kommunikation vertritt.

**www.svik.ch** – Der Schweizer Verband für Profis der internen Kommunikation, auch für deutsche IK-Verantwortliche interessant.

### Weblogs

**www.pr-blogger.de** – Blog von Klaus Eck mit Schwerpunkt auf den neuesten Entwicklungen der Kommunikation und PR.

**www.moderne-unternehmenskommunikation.de** – Die Betreiber des Blogs wollen Entwicklungen aus PR und Marketing und den Kommunikationstechnologien zusammenbringen. Interne Kommunikation kommt so gut wie gar nicht vor. Aber die Einträge zu den Trends und Technologien geben einen Überblick, was auch auf die interne Kommunikation in Zukunft zukommen könnte.

**http://unternehmenskultur.wordpress.com** – Artikelsammlung mit einem guten Einblick in den Status Quo und die Trends.

**www.personalberater-blog.de** – Information und Diskussion über Recruiting, Mitarbeitermotiviation, Personalmarketing und Social Media

**http://saatkorn.wordpress.com** – Ein Weblog, das „Employer Branding" in den Mittelpunkt stellt und zeigt, wie wichtig das Unternehmensimage für Mitarbeiterfindung und -bindung ist.

**http://mitarbeiterbindung.blog.de** – Der Blog beschreibt Strategien und Maßnahmen, um Mitarbeiter langfristig zu binden.

**www.melcrumblog.com/internal_comms** – Englischsprachiges Weblog rund um die interne Kommunikation ermöglicht interessante Vergleiche.

**http://intranetblog.blogware.com** – Englischsprachiges Weblog, das sich mit den Funktionen und Chancen des Intranets auseinandersetzt.

## Wissenswertes

**www.internalcommshub.com** – Englischsprachiges Portal für alle Interessenten und Akteure aus dem IK-Bereich

**socialsoftwarematrix.org** – Die englischsprachige Website stellt Programme und Anwendungen vor, die Unternehmen einsetzen können, wenn sie ins Web 2.0 einsteigen wollen.

**www.xing.com** – Hier gibt es die Gruppe „IK-Interne Kommunikation" mit Foren und Einträgen rund um das Thema.

**www.ctva.de** – Homepage der Corporate TV Association e.V. mit Informationen rund um Entwicklungen im Bereich Corporate TV

**www.management-radio.de** – Audio-Journal für Führungskräfte zu den Themen Unternehmenskommunikation und Trends (für interne Kommunikation auch: **http://interne-kommunikation.podspot.de**)

**www.business-wissen.de** – Homepage der b-wise GmbH mit zahlreichen Informationen, Checklisten, Marktstudien (gebührenpflichtig) zum Thema Marketing, PR und Kommunikation

**www.pr-journal.de** – Portale rund um PR und Kommunikation mit Branchennews, Studien und Personalien

**www.krisennavigator.de** – Homepage des Institutes für Krisenforschung mit Informationen zum Thema Krisen-PR und Kommunikation in Veränderungsprozessen

**www.rkw.de** – Die Homepage des „Rationalisierungs- und Innovationszentrum der Deutschen Wirtschaft e. V." bietet Informationen und Beratungsleistungen vor allem für den Mittelstand. Sie wollen vor allem Innovationen fördern und die Wettbewerbsfähigkeit sichern.

# Abbildungsverzeichnis

Abbildung 1:  Mehrwerte für die interne Kommunikation 19
Abbildung 2:  Die vier Konzeptphasen der internen Kommunikation 22
Abbildung 3:  Interne Kommunikation im Spannungsfeld 24
Abbildung 4:  Die internen Kommunikationsrichtungen 34
Abbildung 5:  Schnittstelle interne und externe Kommunikation 38
Abbildung 6:  Felddiagramm für die Kommunikationskultur 46
Abbildung 7:  Das Drei-Stufen-Konzept der internen Kommunikation 49
Abbildung 8:  Entwicklung der Kommunikationsaufgaben 56
Abbildung 9:  Inhalte des Exposés 60
Abbildung 10: Sekundär- und Primärrecherche 64
Abbildung 11:  Die Bereiche der Rechercheplanung 66
Abbildung 12: Systematik der Befragung 69
Abbildung 13: Faktenspiegel in Filterfunktion 71
Abbildung 14: Schema der Statusanalyse 73
Abbildung 15: Vereinfachte Zielhierarchie 83
Abbildung 16: Die drei Arten der Kommunikationsziele 85
Abbildung 17: Schrittfolge der Zielentwicklung 91
Abbildung 18: Die Bezugsgruppensystematik 94
Abbildung 19: Die drei fundamentalen Motive 100
Abbildung 20: Vorgehensweise Positionierung 104
Abbildung 21: Kernbotschaften im Kontext 110
Abbildung 22: Herleitung der Kernbotschaften 112
Abbildung 23: Aufbau der Botschaft 114
Abbildung 24: Dimension der Botschaft 119
Abbildung 25: Von der Positionierung über die Botschaft zum Thema 120
Abbildung 26: Themenhierarchie 122
Abbildung 27: Themenspektrum 122
Abbildung 28: Themenzyklus 125
Abbildung 29: Strategische Ausrichtung 134
Abbildung 30: Arten der internen Instrumente 142
Abbildung 31:  Instrumente im Einsatz 144
Abbildung 32: Ist-Koordinaten der Instrumentenpositionierung 148
Abbildung 33: Soll-Koordinaten der Instrumentenpositionierung 149
Abbildung 34: Muster für einen Zeitplan 157
Abbildung 35: Ablaufplan einer „Themenkarriere" 170
Abbildung 36: Beispielhafte Instrumente in der Praxis 171
Abbildung 37: Zeitliche Phasen der Erfolgskontrolle 192

# Checklistenverzeichnis

| | | |
|---|---|---|
| Check 1: | Kompetenzbereiche der internen Kommunikation | 26 |
| Check 2: | Die Rollenverteilung | 36 |
| Check 3: | Kooperation zwischen Intern und Extern | 39 |
| Check 4: | Die Merkmale der Unternehmenskultur | 43 |
| Check 5: | Planung Konzeptentwicklung | 51 |
| Check 6: | Aufgaben sammeln und filtern | 58 |
| Check 7: | Rechercheplanung | 67 |
| Check 8: | Die Statusanalyse | 74 |
| Check 9: | Die Instrumenteninventur | 77 |
| Check 10: | Ziele trennen, Kommunikationsziele ausbauen | 87 |
| Check 11: | Ziele nach Zeit ordnen | 88 |
| Check 12: | Bezugsgruppenstruktur | 96 |
| Check 13: | Bezugsgruppenprofil | 98 |
| Check 14: | Der Ziel-/Bezugsgruppen-Vergleich | 102 |
| Check 15: | Arbeitsschritte Positionierung | 106 |
| Check 16: | Überprüfung der Positionierung | 106 |
| Check 17: | Überprüfung der Beweiskraft | 114 |
| Check 18: | Strategische Themenstringenz | 123 |
| Check 19: | Zeitliche Dramaturgie der Themen | 128 |
| Check 20: | Zielausrichtung der Instrumente | 147 |
| Check 21: | Ist- und Sollbestimmung der Instrumentenpositionierung | 149 |
| Check 22: | Funktionsbeschreibung im Instrumentensteckbrief | 150 |
| Check 23: | Die Zielkontrolle | 195 |

# Stichwortverzeichnis

**A**

| | |
|---|---|
| Ablaufplan Themenkarriere | 170 |
| Absender | 152 |
| Abstimmung, Konzept | 166 |
| Analyse | 19, 21, 49, 55 |
| analytische Stufe | 49 |
| Apps | 187 |
| Arten der Kommunikationsziele | 85 |
| Aufgaben | 56 |
| Aufgaben der IK | 57 |
| Ausrichtung, instrumentelle | 135 |
| Auswahlkriterien Instrumente | 145 |

**B**

| | |
|---|---|
| Balance-Motiv | 100 |
| Befragungen | 69, 193 |
| Besprechungen | 173 |
| Betriebsrat | 33 |
| Beziehungskommunikation, personenbezogene | 25 |
| Bezugsgruppe | 93 |
| Bezugsgruppenprofil | 98 |
| Bezugsgruppenstruktur | 96 |
| Bezugsgruppensystematik | 94 |
| Bindung | 24 |
| Blogs | 183 |
| Blogs, Mikro- | 184 |
| Botschaften | 110, 116, 120 |
| Botschaften, Dimension | 119 |
| Bottom-Up-Richtung | 34 |
| Broschüren | 178 |
| Budget | 159 |
| Budgeteffizienz | 20 |

**C**

| | |
|---|---|
| Communities, Social- | 186 |
| Corporate TV | 180 |

**D**

| | |
|---|---|
| Dachkonzept | 38 |
| Definition Interne Kommunikation | 24 |
| Dialog-Event | 174 |

| Diffusionsmodell | 127 |
| digitale Instrumente | 143 |
| Dominanz-Motiv | 101 |
| Dramaturgie | 128 |
| Drei-Stufen-Konzept der IK | 49 |
| Durchführung | 22, 165 |

**E**

| Eignungskontrolle | 192 |
| Einsatzkontrolle | 193 |
| Einstellungsziele | 85 |
| elektronische Instrumente | 143 |
| elektronische Kommunikation | 143 |
| Emotionen | 100, 119, 130 |
| Equal to Equal on Bottom-Richtung | 35 |
| Erfolgskontrolle | 191 |
| Erfolgskontrolle, Phasen | 192 |
| Ergebniskontrolle | 193 |
| Ergebniswert | 195 |
| Evaluationsbogen | 220 |
| Event, Dialog- | 174 |
| Event, Face to Face- | 174 |
| Event, Face to Medium- | 174 |
| Event, Incentive- | 174 |
| Event, Monolog- | 174 |
| Event, Sach- | 174 |
| Event, Social- | 174 |
| Event, Soft- | 174 |
| Exposé | 59 |

**F**

| Face to Face-Event | 174 |
| Face to Medium-Events | 174 |
| Fachkommunikation, jobbezogene | 24 |
| Fach- und hierarchieübergreifende Richtungen | 35 |
| Faktenspiegel | 70, 212 |
| Faltblätter | 178 |
| Führungskräfte | 27, 34, 94 |

**G**

| gedruckte Instrumente | 143 |
| gedruckte Kommunikation | 143 |
| Gerüchte | 35 |
| Geschichten | 130 |

## H

| | |
|---|---|
| Handbücher | 178 |
| Handlungsziele | 86 |
| Human Relations | 24 |

## I

| | |
|---|---|
| Identifikation | 57, 111, 130 |
| Incentive Event | 174 |
| Information | 24 |
| Informationsgesellschaft | 10 |
| informelle Kommunikation | 35 |
| inhaltliche Kontrolle | 193 |
| Instant Messaging | 186 |
| Instrumeneneinsatz | 144 |
| Instrumente | 146, 171 |
| Instrumente, Arten | 142 |
| Instrumente, Auswahlkriterien | 145 |
| Instrumente, digitale | 143 |
| Instrumente, Face to Face | 142 |
| Instrumente, partizipierende | 175 |
| Instrumente, persönliche | 142 |
| Instrumente, Print | 143 |
| Instrumente, Zielausrichtung | 147 |
| Instrumentenauswahl | 146 |
| Instrumenteninventur | 77, 215 |
| Instrumentenkasten | 171 |
| Instrumentenmatrix | 149, 152 |
| Instrumentenpositionierung | 148, 149 |
| Instrumentensteckbrief | 150, 152, 217, 218 |
| integrierte Kommunikation | 24, 37 |
| interne Kommunikationsmanagement | 25 |
| interne PR | 24 |
| Intranet | 178 |

## J

| | |
|---|---|
| Jahreskonzept | 49 |
| jobbezogene Fachkommunikation | 24 |

## K

| | |
|---|---|
| Kampagnenkonzept | 48 |
| Kernbotschaften | 110 |
| Kernbotschaften, Aufbau | 114 |
| Kernbotschaften, Herleitung | 112 |
| Kommunikation, elektronische | 143 |

| | |
|---|---:|
| Kommunikation, externe | 37 |
| Kommunikation, gedruckte | 143 |
| Kommunikation, integrierte | 24, 37 |
| Kommunikation, persönliche | 142, 171 |
| Kommunikationsaufgaben | 56 |
| Kommunikationskultur | 45 |
| Kommunikationsmanagement, interne | 25 |
| Kommunikationsmanagement, Phasenplan | 204 |
| Kommunikationsmanagers IK | 30 |
| Kommunikationsrichtungen | 34 |
| Kommunikationsziele, aktivierende | 86 |
| Kommunikationsziele, Arten | 85 |
| Kommunikationsziele, emotionale | 85 |
| Kommunikationsziele, kognitive | 85 |
| Kompetenzbereiche | 26 |
| Kompetenzfeld | 23 |
| Kontrolldimensionen | 193 |
| Kontrolle | 22 |
| Kontrolle, inhaltliche | 193 |
| Kontrolle, operative | 193 |
| Kontrolle, strategische | 193 |
| Kontrolle, Ziel- | 195 |
| Konzept | 18 |
| Konzept, Jahres- | 49 |
| Konzept, Kampagnen- | 48 |
| Konzept, Maßnahmen- | 48 |
| Konzept, Projekt- | 48 |
| Konzept, Themen- | 48 |
| Konzeptentwicklung | 51 |
| Konzeption, Zeitplan | 206 |
| Konzeptionsprozess | 21 |
| Konzeptphasen | 22 |
| Kooperation intern/extern | 39 |
| Kosten | 159 |
| Kostenplanung | 159 |
| KPI | 195, 220 |
| Kreativität | 155 |
| Kultur | 41, 45 |

**L**

| | |
|---|---:|
| Leader | 28, 29 |
| Leitbild | 42, 66 |

## M

| | |
|---|---|
| Management by Communication | 28 |
| Management by Objectives | 28 |
| Marketingkommunikation | 38 |
| Maßnahmenkonzept | 48 |
| Medien | 146, 171 |
| Mehrwerte IK | 19 |
| Messinstrumente | 193 |
| Messmethode | 193 |
| Messwert | 89, 195 |
| Mikroblogs, Mikroblogging | 184 |
| Mission | 66 |
| Mitarbeiter | 29, 34, 94 |
| Mitarbeiterbefragung | 68 |
| Mitarbeiterbefragung, Vorgehensweise | 210 |
| Mitarbeiterfernsehen | 180 |
| Mitarbeiterkommunikation | 24 |
| Mitarbeiterzeitschrift | 176, 218 |
| Mittlerpersonen, - gruppen | 95 |
| Monolog-Event | 174 |
| Motivation | 24, 100 |
| Motive | 100 |
| Motive, Balance- | 100 |
| Motive, Dominanz- | 101 |
| Motive, Stimulanz- | 101 |

## N

| | |
|---|---|
| Netzwerke | 33, 35 |
| Newsletter | 143 |

## O

| | |
|---|---|
| Operation | 49 |
| operative Kontrolle | 193 |
| operative Planung | 142 |
| operative Stufe | 49 |
| Organisationskommunikation | 24 |

## P

| | |
|---|---|
| Personalabteilung | 33 |
| Personalinformation | 24 |
| personenbezogene Beziehungskommunikation | 25 |
| persönliche Kommunikation | 142 |
| Phasenplan, Kommunikationsmanagement | 204 |
| Planung | 21 |

| | |
|---|---|
| Podcasting | 184 |
| Positionierung, Arbeitsschritte | 106 |
| Positionierung, interne | 103 |
| Positionierung, Überprüfung | 106 |
| Präsentation, Konzept | 166 |
| Primärrecherche | 64 |
| Projektkonzept | 48 |
| Projektplan | 221 |
| Prozess | 21 |

**R**

| | |
|---|---|
| Rahmenpersonen, - gruppen | 95 |
| Recherche | 63 |
| Recherche, Primär- | 64, 65 |
| Recherche, Sekundär- | 64 |
| Rechercheplanung | 67, 209 |
| Ressourcen | 134 |
| Rollenverteilung | 36, 136 |

**S**

| | |
|---|---|
| Sach-Event | 174 |
| Schlüsselpersonen, - gruppen | 95 |
| Schnittstelle | 38 |
| Schwarzes Brett | 178 |
| Schwerpunktthemen | 128, 157 |
| Sekundärrecherche | 64 |
| Social Event | 174 |
| Soft-Event | 174 |
| Soziale Medien | 181 |
| Spannungsfeld IK | 24 |
| Statusanalyse | 72 |
| Stimulanz-Motiv | 101 |
| Storytelling | 69, 130 |
| Strategie/-entwicklung | 49, 81 |
| Strategieraster | 137, 139, 219 |
| strategische Ausrichtung | 134 |
| strategische Kontrolle | 193 |
| strategische Vorgehensweise | 133 |
| SWOT | 72 |

**T**

| | |
|---|---|
| Teamkoordination | 20 |
| Teilbotschaften | 116 |
| Telepresence | 174 |

| | |
|---|---|
| Themen | 119 |
| Themen, Ablaufplan | 170 |
| Themen, Schwerpunkt- | 157 |
| Themenfindung | 124 |
| Themenhierarchie | 122 |
| Themenkonzept | 48 |
| Themenmanagement | 121 |
| Themenplan | 129, 157 |
| Themenspektrum | 122 |
| Themensteckbrief | 216 |
| Themenstringenz | 123 |
| Themenzyklus | 125 |
| Top-Down-Richtung | 34 |
| Top-Management | 27 |
| Twitter | 184 |

**U**

| | |
|---|---|
| Umsetzungsplanung | 142 |
| Unternehmenskommunikation | 24, 38 |
| Unternehmenskultur | 41 |
| Unternehmenskultur, Merkmale | 43 |
| Unternehmensziele | 24, 43, 84 |

**V**

| | |
|---|---|
| Veranstaltungen | 174 |
| Verhaltensziele | 86 |
| Vertrauen | 33 |
| Video-Podcast | 185 |
| Vision | 66 |
| Vorgehensweise, strategische | 133 |

**W**

| | |
|---|---|
| Wahrnehmungsziele | 85 |
| Web 2.0 | 181 |
| Wiki | 185 |

**Z**

| | |
|---|---|
| Zeitplan | 156 |
| Ziele | 82 |
| Ziele, Abteilungs- | 84 |
| Ziele, Bereichs- | 84 |
| Ziele, Einstellungs- | 85 |
| Ziele, Handlungs- | 86 |
| Ziele, normative | 84 |

| | |
|---|---|
| Ziele, unternehmenspolitische | 84 |
| Ziele, Verhaltens- | 86 |
| Ziele, Wahrnehmungs- | 85 |
| Zielentwicklung | 91 |
| Zielgruppe | 93 |
| Zielhierarchie | 83 |
| Zielkern | 89 |
| Zielkonflikt | 90 |
| Zielkontrolle | 195 |
| Zielobjekt | 89 |
| Zielprämisse | 89 |
| Zielwert | 195 |
| Zielzeit | 89 |

# Autoren.
## Ein gemischtes Doppel

## Ulrike Führmann

Ulrike Führmann ist Expertin für interne Kommunikation und arbeitet als freie Konzeptionerin und Beraterin für die interne Kommunikation. Die Praxis der Unternehmenskommunikation kennt sie aus ihrer langjährigen Berufs-, Beratungs- und Lehrtätigkeit. Sie leitete in einem Großkonzern die weltweite interne und externe Kommunikation einer Geschäftseinheit. Darüber hinaus unterrichtete sie an einer privaten Fachhochschule mit dem Schwerpunkt „Interne Kommunikation". Sie hält Vorträge zum Thema „Interne Kommunikation" und „Vertrauenskommunikation" an Bildungseinrichtungen, in Verbänden und Unternehmen. Ulrike Führmann engagiert sich im Arbeitskreis „Interne Kommunikation" der Deutschen Public Relations Gesellschaft (DPRG) sowie im Verein für Professionelle Interne Kommunkation (prikom), in dem sie die Fachgruppe „Strategische Kommunikation" leitet. Sie lebt mit ihrer Familie in Berlin. Kontakt: www.interne-kommunikation.info

## Klaus Schmidbauer

Klaus Schmidbauer lebt mit seiner Frau und seinen beiden Kindern in Berlin. Ende der 70er Jahre studierte er Betriebswirtschaft an der FHW Pforzheim. Nach „wilden Jahren" im Musik-Business verschlug ihn der Zufall 1985 in die Werbe- und PR-Branche, wo er zuerst als Berater und später als Konzeptioner arbeitete. Seit November 1989 ist Klaus Schmidbauer als freier Kommunikationsstratege und Konzeptioner tätig. Im Laufe der Jahre entwickelte er zahlreiche Konzepte für Unternehmen, Institutionen und Behörden in ganz Deutschland, darunter auch viele Kampagnen der internen Kommunikation. Parallel vermittelt er als Dozent und Referent die Praxis der Konzeption. Zu seinen Veröffentlichungen gehören die Fachbücher „Das Kommunikationskonzept – Konzepte entwickeln und präsentieren" und „Professionelles Briefing – Marketing und Kommunikation mit Substanz." Kontakt: www. schmidbauer-berlin.de und www.konzeptionerblog.de.

# Wir sagen Danke!

Bei der zweiten Auflage haben wir wieder viel Rat, Tat und Geduld erfahren und bedanken uns bei allen, die uns unterstützt haben. Hedwig Blomeier und Swantje Weiss haben für die zweite Auflage das Manuskript erneut gelesen und aus ihrer Praxissicht wichtige Tipps gegeben. Nadine Sieders und Hilmar Ulrich begutachteten neu mit frischem Blick. Unser Dank gilt nach wie vor den Referenzlesern der ersten Stunde: Carola Backes und Ferdi Breidbach.

Unser Verleger Erwin Hasselberg vom Talpa-Verlag Berlin stand uns mit bemerkenswert angenehmer und partnerschaftlicher Art zur Seite. Richard Buhl sorgte mit großer Kreativität dafür, dass das Layout und die Grafiken ansprechend gelungen sind.

Erneut haben wir viele Stunden ins Buchschreiben und nicht ins Familienleben gesteckt: Ein großes Dankeschön an unsere Familien, Uwe und Friedrich, Monika, Alena und Maximilian, die uns immer wieder unterstützten und bestärkten.

Emanuel Gronostay, Referenzleser unserer ersten Auflage, ist im Frühsommer 2009 unerwartet verstorben. Wir möchten an ihn erinnern!